과학과 사회운동 사이에서

KB192393

과학과 사회운동 사이에서
68에서 게놈프로젝트까지

초판1쇄 펴냄 2009년 10월 10일
초판5쇄 펴냄 2023년 7월 28일

지은이 존 벡위드
옮긴이 이영희, 김동광, 김명진
용어 감수 전방욱
펴낸이 유재건
펴낸곳 (주)그린비출판사
주소 서울시 마포구 와우산로 180, 4층
대표전화 02-702-2717 | **팩스** 02-703-0272
홈페이지 www.greenbee.co.kr
원고투고 및 문의 editor@greenbee.co.kr

편집 이진희, 구세주, 송예진, 김아영 | **디자인** 권희원, 이은솔
마케팅 육소연 | **물류유통** 유재영, 류경희 | **경영관리** 유수진

독자의 학문사변행學問思辨行을 돕는 든든한 가이드 _(주)그린비출판사

68에서
게놈프로젝트
까지

존 벡위드 지음
이영희 · 김동광 · 김명진 옮김

과학과
사회운동
사   이에서

그린비

옮긴이 서문

과학자로서 성공적인 삶을 사는 것, 그리고 자신이 몸담고 있는 사회를 변화시키기 위한 활동에 적극적으로 참여하는 것, 과연 이 양자는 동시에 성취될 수 있을까? 우리는 통상적으로 훌륭한 과학자가 되려면 세상과 담을 쌓고 오직 수도승처럼 연구에만 몰두해야 한다는 이야기를 많이 듣는다. 그러나 존 벡위드Jon Beckwith가 쓴 자서전 격인 이 책은 과학과 사회활동은 동시에 추구될 수 있을 뿐만 아니라 어떤 점에서는 오히려 그렇게 함께 추구해야 과학적으로도 의미 있는 업적이 나올 수 있다고 주장하는 점에서 매우 흥미롭다고 할 수 있다.

벡위드는 이 책에서 1950년대 이후 반세기 동안의 격랑을 거치면서 과학과 사회운동 사이에서 고뇌하다가 이 둘을 나름대로 잘 조화시키고자 노력했던 자신의 파란만장한 삶을 회고하고 있다. 그는 또한 자신의 개인사 말고도 지난 반세기 동안 미국과 유럽에서 조성되었던 정치·사회적 분위기가 과학자 사회에 어떻게 투영되었는지, 그 과정에서 당대를 함께 살아가던 많은 동료 과학자들은 어떤 삶들을 개척해 갔는지 흥미진진하게 그려 주고 있다. 특히 1960년대 미국과 유럽의 지식인 사회에 몰아닥친 혁명의 분위기가 개개인들의 미시적인 삶의 양식을 어떻게 변모시켰는가에 대한 묘사는 마치 영화나 소설을 보는 것처럼 극적이고 감동적이다.

존 백위드는 현재 미국 하버드 의대에 유전학 교수로 재직하고 있다. 그는 과학자이지만 보통의 과학자들과는 매우 다른 삶을 살아왔다. 1960년대, 반전운동과 대항문화운동 등으로 대변되는 혁신적 분위기가 대학가를 휩쓸던 시기에 그는 과학자로서 아주 뛰어난 업적을 이룩하였음과 동시에 진보적 사회운동가로서 과학의 사회적 의미에 대해 고뇌하고 과학의 오용을 저지하기 위한 투쟁에 헌신하였다.

생화학과 유전학을 전공한 백위드는 그의 연구실 동료들과 함께 1969년에 대장균 박테리아에서 유전자를 분리해 내는 데 성공한다. 유기체의 염색체 안에 있는 유전자를 그것을 둘러싸고 있는 모든 다른 유전자들로부터 완벽하게 분리해 낸 것은 과학사상 이들이 처음이었다. 시험관 안에 유전자를 정제해 낼 수 있다는 것은 유전자들이 어떻게 작동하는지를 밝혀 줄 수많은 실험들이 이제 가능하게 되었음을 의미하는 것이었다. 이들의 연구결과는 그해 『네이처』*Nature*에 논문으로 발표되어 많은 과학자들의 주목을 받았다.

그러나 백위드와 그의 동료들은 자신들이 개발한 기술이 박테리아 이외의 유기체, 즉 인간으로부터 유전자를 분리해 내는 데로까지 확장될 수 있음을 인식하고, 자신들의 연구가 인간에 대한 유전공학적 처치를 가능케 하는 문을 열어 주는 계기가 되지나 않을까 우려하기 시작하였다. 인간에 대한 유전공학적 처치는 유전자 치료를 통한 질병 극복과 같은 긍정적인 결과를 가져올 수도 있지만 유전자가 개인에 대한 통제와 차별의 수단으로 악용될 수도 있다는 판단 때문이었다. 특히 당시는 베트남전쟁 시기로, 과학이 대량살상무기 개발에 쓰이는 것에 대한 과학자들의 우려가 점증하고 있던 때였다.

이러한 상황에서 벡위드와 그의 동료들은 자신들의 논문이 실린 『네이처』가 나오기로 되어 있던 바로 그 주에 기자회견을 연다. 이 기자회견은 여러 가지로 벡위드와 그 동료들의 삶에 커다란 전기로 작용한다. 기자회견에서 이들은 자신들의 연구 결과와 그것의 과학적 중요성을 설명한 다음, 예상되는 위험성에 대해서도 경고하였다. 벡위드는 자신들이 기자회견을 하게 된 이유를 다음과 같이 말하였다. "과학자들은 그들의 실험실에서 무슨 일이 일어나고 있는지 대중들에게 알려야 할 의무가 있다. 그래야 사람들이 자신들의 삶에 지대한 영향을 미치게 될 결정들에 대한 통제를 요구할 수 있기 때문이다."

당연한 것이겠지만, 이 기자회견은 과학계에 커다란 파장을 불러일으켰다. 분자생물학 분야에서 떠오르는 별이던 벡위드는 이 사건으로 인해 동료 과학자들로부터 과학의 반역자, 배신자로 취급되기까지 하였다. 일부 과학자들은 설령 인간 유전자를 조작하려는 시도가 이루어진다고 해도 앞으로 50년이나 60년 후에나 실현될 것이라고 하면서 벡위드의 기자회견이 지나치게 과장된 것이라고 맹렬히 비난했다. 그러나 기자회견 후 불과 5년도 지나지 않은 1973년에 'DNA 재조합' 기법이 발견되고 인간에 의한 생명조작의 가능성이 바로 현실화되자 이에 놀란 과학자들이 저 유명한 아실로마 회의를 소집하고 이에 대한 대책을 논의하게 되는 과학사의 기념비적인 한 장면이 연출된 바 있음을 우리는 잘 알고 있다.

그러나 어쨌든 벡위드에게 이 기자회견이 갑작스러운 것은 아니었다. 그는 이미 1960년대 초반부터 과학자로서의 삶과 더불어 사회 운동가로서의 삶을 살아오고 있었기 때문이다. 1962년 프린스턴 연구원 시절에 그와 그의 부인은 사회학자 모리스 체이틀린, 철학자 로버트 노지크, 그리고 이들의 부인들과 함께 쿠바 미사일 사태에 대한 미국 정부의 호전적 태도에 항의하는 시위를 벌이기도 했고, 다음해 런던으로 이사 가서는 핵무기에 반대하는 대규모 국제적 시위행진에 참여하기도 했으며, 1965년에는 파리에 있는 파스퇴르 연구소에서 박사후 연구원으로 일하면서 미국인 동료 연구원들과 함께 미국 대사관을 방문하여 미국의 베트남전쟁 개입에 항의하기도 했다.

1965년 하버드 의대 교수로 보스턴으로 다시 돌아온 그는 베트남전쟁 반대운동에 더욱 깊이 관여하였고, 1968년에 마틴 루터 킹 목사가 암살되고 나서는 흑인 문제에 관심을 가지게 되었다. 그는 자신 가까이에 있는 문제부터 시작하였다. 당시 하버드 의대 신입생 150명 중에서 흑인은 0.5명에 불과하다는 사실을 알아낸 그는 흑인 학생이 하버드 의대에 더 많이 입학할 수 있도록 학장과 동료 교수들을 설득하였다. 그 결과 그는 매해 15명의 흑인 학생들에게 입학의 기회를 주는 쪽으로 학생선발 정책을 변화시키는 성과를 거두었다.

이상에서 살펴본 것처럼 그는 한편으로는 재능 있는 과학자로, 다른 한편으로는 열정적인 사회 운동가로서 살아왔지만 기본적으로 이 두 영역의 삶은 서로 분리된 것이었다. 그러나 1969년의 기자회견을 계기로 하여 그는 지금까지 분리되었던 이 두 영역을 연결시키고자 노력하게 된다. 그는 기자회견 이후 본격적으로 과학의 사회적 의미나 과학자의 사회적 책임, 과학과 사회의 관계 등의 주제들에 대해 깊이 고민하게 된다. 그가 〈민중을 위한 과학〉Science for the People이라는 진보적 과학자단체에 가입하게 된 것도 이즈음이었다. 〈민중을 위한 과학〉은 1960년대 말 베트남전쟁 반대운동의 분위기 속에서 조직되었는데, 과학의 군사적 이용, 컴퓨터와 프라이버시 문제, 미국의 정책이 제3세계 농업에 미치는 영향, 유전공학, 유전학과 인종차별, 과학 교육, 직업보건 문제, 핵무기와 핵에너지 등 사회적으로 중요한 과학 관련 이슈들을 제기하고 이에 대한 사회적 공론을 확산시키는 데 큰 역할을 수행했다. 그는 1990년 〈민중을 위한 과학〉이 해소될 때까지 20년 동안 이 단체의 활동에 열성적으로 참여하였고 해소되기 직전에는 의장직을 맡아 단체를 살리기 위해 노력하기도 했다. 아울러 그는, 당시 많은 진보적 지식인들이 그러했듯이 분자생물학 발전에 도움을 주기 위해 쿠바를 수차례 방문해 왔으며, 지금까지도 이러한 활동을 계속하고 있다.

1969년의 기자회견 다음해에 그는 미국 미생물학회가 뛰어난 업적을 남긴 35세 미만의 젊은 과학자에게 수여하는 일라이릴리 상Eli Lilly Award의 수상자로 선발되었다. 이 상은 일라이릴리 제약회사가 협찬하는 것으로, 부상으로는 현금 1000달러와 청동메달이 주어졌다. 그런데 수상식장에서 상금을 전투적인 흑인차별철폐 운동단체로 잘 알려진 흑표범 당Black Panther Party에 기부하겠다고 밝힘으로써 그는 다시 한 번 구설수에 오르게 된다. 그는 수상 연설을 통해 일라이릴리와 같은 거대 제약회사에 의해 조장되는 항생제 남용이나 빈곤층은 접근하기 어려운 높은 약값 문제, 그리고 의사에 대한 제약회사의 거대한 로비가 초래하는 문제점 등을 거론하며 과학자들의 사회적 책임에 대해 강조하였다. 또한 핵무기 개발에서 생물학 무기, 그리고 베트남에서 사용된 첨단기술 무기에 이르기까지, 기초과학과 응용과학이 어떻게 파괴적인 목적으로 사용되고 있는지 환기시켰다. 이 수상 연설은 과학과 사회의 관계에 대한 논의를 통해 과학자로서의 삶과 사회운동가로서의 삶을 연결시키고자 한 그의 노력을 극적으로 보여 주었던 것이라 할 만하다.

이 사건 이후 그는 순전히 정치적인 문제보다는 과학과 관련된 문제들로 관심을 집중해 나갔다. 이 중 그가 특히 문제시하여 맞서 싸웠던 것은 당시까지도 많은 과학자들에 의해 받아들여지고 있던 우생학과 생물학적 범죄 이론, 그리고 사회생물학이었다. 그는 이들이 공통적인 기반으로 삼고 있는 생물학적 결정론이 과학과 사회를 오도할 가능성이 높다는 점에 특별히 주목하였다. 그는 동료 유전학자들에게 강제불임이나 이민제한과 같은 반인권적이고 차별적인 사회정책을 정당화해 준 선배 과학자들의 우생학적 연구들이 단지 지나간 과거의 어두운 역사로 그치는 것이 아니라 다양한 형태로 새롭게 부활할 수 있음을 잊지 말자고 호소하였다.

1970년대 초반에 그는 XYY염색체를 지닌 남성이 범죄자가 될 가능성이 높다는 가설을 입증할 목적의 연구를 수행하던 같은 대학 교수의 프로젝트가 지닌 비윤리적 문제점을 공개적으로 제기하였다. 이 일로 하버드 대학 교수 자격마저 위협받는 상황에 처하기도 했지만 결국 그 연구를 저지하는 데 일조를 했다. 또한 당시 하버드대 생물학과 교수였던 에드워드 윌슨에 의해 주창되어 대단한 대중적 인기를 누리게 된 사회생물학이 은밀하게 우생학의 망령을 불러들이고 있다고 걱정한 그는 여기에 본격적으로 개입하기로 결심한다. 실제로 당시 영국의 〈국민전선〉이나 프랑스의 〈뉴 라이트〉와 같은 인종주의 우파단체들에서는 윌슨의 사회생물학이 자신들의 주장을 뒷받침하는 것이라고 선전했다. 프랑스의 한 〈뉴 라이트〉 멤버는 『르 피가로』에 "삶의 법칙들은 평등을 불가능한 것으로 만든다. 이것은 영국과 미국에서 가장 뛰어난 과학자들, 바로 사회생물학자들 300명이 던진 혁명적 메시지다"라는 칼럼을 싣기도 했다.

사회생물학이 사회에 미치는 영향이 심각함을 깨달은 벡위드는 유전학자 리처드 르원틴, 고생물학자 스티븐 제이 굴드, 생물학자인 루스 허버드, 리처드 레빈스 등의 진보적인 동료 과학자들과 함께 〈민중을 위한 과학〉 산하 단체로 〈사회생물학 연구그룹〉(후에 〈유전자 스크리닝 연구그룹〉으로 개명)을 만들고 사회생물학이 가져올 수 있는 문제점들을 지적하고, 이러한 각성을 사회적으로 확산시키는 데 주력하였다. 이러한 활동들로 인해 그는 악명 높던 극우 인종주의 테러단체였던 KKK로부터 "빨갱이"라는 공격마저 당한다. 그러나 벡위드는 그러한 극우 단체로부터의 공격보다는 동료 과학자 집단이 자신에게 보인 적대감이 훨씬 더 힘들다고 고백한다.

사회운동가로서 벡위드의 과학에 대한 태도는 현실주의적이었다. 그는 〈민중을 위한 과학〉 활동 시절, 교조주의에 빠져 추상적인 이념논쟁만을 되풀이하는 일부 분파와는 확연히 선을 긋고 현실 사회 속에서 구체적으로 드러난 과학의 오용 문제를 바로잡기 위한 투쟁에 매진했다. 아울러 그는 어떤 과학 연구가 부정적인 결과를 낳을 가능성이 있다고 예상될 때 그 연구 자체를 전면 금지하라고 요구하기보다는 과학 연구에 대한 사회적 감시와 민주적 통제를 통해 올바른 방향을 정립할 수 있도록 개입하는 것이 더 필요하다는 입장을 취했다. 그가 1989년에 인간게놈프로젝트가 시작되면서 그 일환으로 만들어진 윤리적·법적·사회적 함의(ELSI) 연구프로그램(윤리적·법적·사회적 측면에서 인간게놈 연구가 초래할 부정적 영향이나 문제점들을 미리 파악하여 회피하도록 하자는 연구)에 참여하여 유전자 검사가 가져올 수 있는 차별이나 프라이버시 침해 문제 등을 제기하고 해결책을 모색하게 되었던 것은 이러한 맥락에서였다. 그와 ELSI 실무그룹은 고용주가 직원을 채용할 때 유전자 검사 결과를 이용할 수 없도록 법제화하는 데 성공하기도 했다.

그러나 ELSI에 참여하면서 그는 과학의 사회적 영향이나 의미를 탐구하는 것을 "반과학주의"라고 매도하고 알레르기 반응을 보이는 일부 과학자들에 '두 문화'의 높은 장벽을 느끼기도 한다. ELSI 연구프로그램은 유전자 차별을 규제하고 유전자 프라이버시를 보호하는 입법적 성과로 이어졌고, 다양한 교육용 자료 개발과 TV 프로그램 제작, 학술회의 지원 등을 통해 유전학과 그 사회적 함의에 대한 대중의 인식과 이해를 제고하는 데 크게 기여하였다. 그럼에도 불구하고 일부 과학자들은 ELSI 프로그램을 윤리학자들의 공허한 말장난, 혹은 사회과학 연구자들을 위한 "복지 프로젝트"라고 비아냥거리기 일쑤였다. 이에 대해 벡위드는 다음과 같이 말한다. "나는 우리 과학자들이 하는 일을 사랑하며 이 점에서 과학이 뭔가 줄 것이 있다고 믿지만, 과학의 힘에 대해서는 덜 오만한 태도를 선호한다. 우리는 과학이 할 수 있는 일과 할 수 없는 일에 대해 좀 더 겸손해야 하며, 과학의 객관성을 지나치게 강조하거나 과학을 사회 문제들에 대한 유일한 해결책으로 선언하는 일이 없도록 해야 한다."

ELSI 프로그램에 참여하면서 C. P. 스노 경이 말한 '두 문화'의 대립과 갈등을 뼈저리게 경험한 벡위드는 하버드 의대에 "생물학에서의 사회적 쟁점들"이라는 이름으로 과학과 사회를 연결하는 새로운 교과목을 개설하게 되었는데, 지금까지도 학생들로부터 좋은 반응을 얻고 있다고 한다. 반세기에 걸친 격동의 세월 속에서 과학의 사회적 의미를 고민하고 실천했던 그는 지금도 여전히 하버드 의대에서 학생들을 가르치고 실험실에서 함께 연구를 계속하고 있다.

이 책은 격동의 시대를 거치면서 한 인간이 어떻게 과학의 세계에 매료되어 갔으며, 동시에 그 과학의 사회적 결과와 함의에 대한 고뇌를 놓치지 않으려고 노력했는가에 관한 책이다. 훌륭한 과학자가 되기 위해서는 사회로부터 스스로를 고립시켜 연구에만 몰두해야 한다는 속설과는 달리, 존 벡위드 교수는 사회와 활발히 교류하는 가운데서도 성공적인 과학자로서의 삶을 살아왔다. 그는 "과학자가 생산적인 과학 경력을 쌓아가면서도 동시에 과학과 관련된 사회적 행동주의자가 될 수 있음을 밝히기 위해" 이 책을 썼음을 강조하고 있다. 이런 점에서 그는 과학을 사랑하면서, 동시에 자신이 사랑하는 과학의 사회적 의미에 대해 고민해 보고자 하는 우리 시대 예비 과학자들에게도 좋은 역할 모델이 될 수 있을 것이다.

이 책은 존 벡위드가 하버드대 출판부를 통해 2002년에 낸 *Making Genes, Making Waves: A Social Activist in Science*를 완역한 것이다. 1장에서 5장까지는 김동광이, 6장에서 9장까지는 이영희가, 그리고 10장에서 13장까지는 김명진이 각각 번역하였다. 옮긴이들의 게으름으로 인해 이 책을 번역하는 데 생각보다 시간이 오래 걸렸다. 인내심을 갖고 기다려 준 출판사에 감사드린다. 아울러 이 책의 생물학적 내용에 대한 번역을 감수해 주신 강릉대 생물학과 전방욱 교수님께도 감사드린다. 모쪼록 과학과 사회의 상호관계에 관심 있는 분들께 의미 있는 읽을거리가 되기를 기대한다.

2009년 9월
옮긴이를 대표하여,
이영희

C·O·N·T·E·N·T·S

| 일러두기 |

1 이 책은 Jon Beckwith, *Making Genes, Making Waves: A Social Activist in Science*, Harvard University Press, 2002를 완역한 것이다.

2 본문의 각주는 모두 옮긴이 주이다.

3 독자의 이해를 돕기 위해 옮긴이가 본문에 추가한 내용은 대괄호(〔 〕)로 묶어 표시했다.

4 단행본·정기간행물은 겹낫표(『 』)로, 논문·단편·영화제목 등은 낫표(「 」)로 표시했다.

5 외국 인명이나 지명, 작품명은 2002년에 국립국어원에서 펴낸 외래어 표기법을 따라 표기했다.

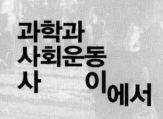

과학과
사회운동
사   이에서

1장 메추라기 농부와 과학자

유채와 밀밭으로 둘러싸인 돌로 된 농가는 허름했다. 그러나 그 속에서 극적인 삶에 대한 이야기가 펼쳐졌다. 내가 오래된 우정을 되찾기 위해 이 고립된 지역에 들어온 것은 1998년이었다. 어쩌면 나 자신에 대한 무언가를 찾으려는 것이었는지 모르지만, 어떤 수수께끼를 풀기 위한 것은 분명했다. 당시 나는 로버트 윌리엄스Robert Williams와의 재회에 한껏 들떠 있었다. 35년 만의 만남이었기 때문이다. 1950년대에 같은 생화학 실험실에서 대학원 시절을 보낸 후, 우리 두 사람의 삶은 누구도 예상할 수 없는 급격한 전환을 맞이했다. 무엇보다 밥[로버트]에게 일어난 변화가 놀라웠다. 왜냐하면 나는 과학자로 남았지만, 밥은 지금 노르망디에서 메추라기를 치는 농부가 되었으니 말이다.

밥 윌리엄스와 나는 1957년 하버드 대학에서 대학원 시절을 시작할 때 처음 만났다. 그는 태어나고 자란 파리에서 멀리 떠나왔다. 그는 그곳에서 미국인 아버지와 프랑스인 어머니 사이에서 태어난 데 반해, 우리 집은 학교에서 불과 몇 마일 떨어지지 않았고, 내가 태어난 케임브리지에 있는 마운트 오번 병원은 1마일 거리에 있었다. 밥은 과학에 깊이 몰두했다. 반면 나는 미래에 대해 확신이 부족했고, 정작 필요했던 과학에 대한 영감도 얻을 수 없었다. 더구나 과학이 실생활과 어떤 관계를 가지는지도 잘 알 수 없었다. 내가 화학을 연구하며 지냈던 대학원 생활의 첫 해가 거의 끝나 갈 무렵, 밥이 내게 이런 제안을 해왔다. "내 지도교수인 로웰 헤이거*와 이야기를 해보게. 내 생각에 자네는 그분 실험실에서 연구하는 편이 더 좋을 것 같네."

　나는 당장 약속을 잡았다. 며칠 후, 헤이거의 연구실로 찾아갔을 때, 나는 안쪽에서 산발적으로 들려오는 똑딱 소리를 알아차렸다. 그것은 마치 할아버지의 시계에서 나는 불규칙한 음향과도 비슷했다. 호기심이 동한 나는 잠깐 뜸을 들인 후 문을 두드렸다. 곧 "들어와요" 하는 소리가 들려왔다. 문 안으로 들어간 후, 나는 그 이상한 소리의 정체를 파악할 수 있었다. 로웰은 책상 앞쪽에 문을 향하여 서 있었고, 그의 손에는 탁구채와 공이 들려 있었다. 문제의 소리는 공이 문에 부딪히면서 나던 것이었다. 로웰은 다음 시합을 위해 실력을 연마하고 있었다.

　1950년대의 하버드 대학에서 이렇게 소탈한 사람은 그리 흔하지 않았다. 대부분의 교수들은 극히 형식적이어서 나를 부를 때에도 "벡위드 씨"라고 꼬박꼬박 경어를 사용했으며 결코 존이라고 이름을 부르는 법이 없었다. 그것은 자신들의 지위에 걸맞는 위엄 있는 행동이었다. 당시 하버드 대학의 일반적 분위기에 구속되지 않는 로웰의 개성은 참신한 변화였고, 그의 실험실은 긴장을 풀고 연구하기에 더할 나위 없는 장소였

---

* Lowell Hager. 현재 어바나 샴페인의 일리노이 대학 생화학 교수이며, 미국 국립과학원 명예회원이다.

다. 내가 과학에 대해 그다지 열성적이지 못했던 데에는 내가 다른 실험실에서 겪었던 연구 환경도 관련이 있었다. 다른 실험실에서 학생들은 밤낮없이 실험에만 몰두해야 했다. 그래야만 교수들이 자신들의 출판 목록에 더 많은 논문을 덧붙일 수 있기 때문이었다. 밥의 말이 옳았다. 나는 곧바로 화학에서 생화학으로 분야를 옮겨 로웰의 지도 하에 박사논문을 쓰기로 결정했다. 따라서 그후 수년 동안 밥과 나는 같은 연구실에서 박사 논문으로 쓸 연구를 수행했다. 그의 제안이 없었다면, 나는 더 이상 과학 분야에 남아 있지 못했을 것이다.

그러나 나는 여전히 과학을 업으로 삼을 것인지 확신하지 못했다. 밥을 지켜보면서 나는 그가 과학자로서의 길에 매진하고 있고, 과학 이외의 다른 주제는 화제에 올리지도 않으며, 그리고 누가 보더라도 열성적으로 과학에 몰입하고 있다는 것을 알았다. 그는 정말 과학 그 자체를 즐기면서 장시간 실험실에서 연구에 골몰했다. 로웰은 그에게 어떤 압력도 행사하지 않았다. 그는 실험실 이외에는 다른 생활이 전혀 없는 것처럼 보일 지경이었다. 과연 나도 그렇게 헌신할 수 있을까? 당시 우리를 알고 있던 사람들의 눈에는 분명 나보다는 밥이 미래에 과학자가 될 사람으로 비쳐졌을 것이다. 그럼에도 불구하고, 내가 마침내 과학자로서의 경력을 시작하게 만든 결정적인 계기를 얻은 것은 대학원 때였다. 파리의 파스퇴르 연구소에 있는 프랑수아 자코브Francois Jacob와 자크 모노 Jacques Monod가 이끄는 프랑스 연구팀의 논문은 유전학적 접근 방식의 탁월성, 실험을 이끈 깔끔한 논리, 그리고 우아한 서술 양식으로 나를 압도했다. 당시 나는 유전학자가 아니었지만, 그 순간부터 유전학자가 되고 싶었다.

밥과 나는 박사논문을 끝내고 각기 다른 길을 걸었다. 나는 파리의 우상들과 함께 연구하겠다는 목표를 계속 추구했고, 박테리아 유전학을 배우기 시작했다. 이후 여러 실험실을 거쳤고, 버클리에서 프린스턴, 뉴저지, 그리고 영국의 런던과 케임브리지에까지 가게 되었다. 나는 프랑수아 자코브에게 여러 차례 그의 실험실에 들어갈 자리가 있는지 물었다. 마침내 1964년에 합류가 허락되었고, 박사후post-doc 연구 과정의 마지막 해에 파스퇴르 연구소에 도착했다. 한편 밥은 퍼듀 대학에서 세이머 벤저와 박테리아 바이러스 유전학을 연구했고, 유명한 생화학자 마리안 그륀베르-마나고와 함께 파리에 있는 물리화학 생물학 연구소Institut de Biologie Physicochimique에 자리를 잡았다.

나는 이 시기에 단 한 차례 밥을 만났다. 당시 나와 아내 바브라는 영국에 살고 있었다. 파스퇴리안(파스퇴르 연구소 연구원)이 되는 것 이외에 당시 내가 품었던 또 하나의 꿈은 구형 프랑스 차를 소유하는 것이었다. 그것은 '전륜구동'인 시트로엥이었다. 윤기 있는 흑색의 시트로엥은 장 가뱅이나 리노 벤투라와 같은 40~50년대 프랑스 갱스터 영화 스타들만큼이나 유명했다. 운 좋게도 파리에 있던 밥의 사촌이 자동차 수리소를 운영했고, 그곳에 중고 '전륜구동차'가 한 대 있었다. 파리 여행에서 밥은 나와 바브라를 그의 사촌에게 소개해 주었고, 우리는 꿈에 그리던 자동차를 몰고 영국으로 돌아올 수 있었다.

그후 35년 동안이나 나는 밥을 만나지 못했다. 나는 우리가 과학을 한다는 사실 이외에는 거의 공통점이 없었다고 생각했다. 과학의 영역에서조차 우리는 구체적인 관심사가 서로 달랐다. 나는 여전히 인생의 나머지 기간 동안 과학을 하지 않을 수도 있다고 생각했다. 같은 연구실에서 붙어 지내며 빚어진 우정이 끝나 가고 있었던 셈이다.

1970년대 말엽에 어바나 샴페인에 있는 일리노이 대학으로 옮긴 로웰 헤이거를 찾아갈 때까지 나는 밥에 대해 많은 생각을 하지 않았다. 로웰은 내가 마지막으로 밥을 만난 이후 그의 인생이 어떻게 전개되었는지 알려 주었다. 그가 해준 이야기는 밥에 대해 내가 그 이전에 가지고 있던 인상을 산산조각냈고, 머리끝부터 발끝까지 과학에 빠져 있던 한 남자에 대한 나의 고정관념을 뒤흔들었다. 1960년대 말엽 밥은 파리에서 결혼해, 시골로 이주했다. 그 사실은 나를 놀라게 했다. 그러나 1년 후, 그들의 결혼은 파국을 맞았고, 과학에 대한 밥의 태도 역시 시들해졌다. 그는 실험실 연구원을 그만두고 상당 기간 동안 실업자로 지냈다.

로웰이 들려준 두번째 사건은 훨씬 더 놀랍고 걱정스러운 것이었다. 1971년 밥은 결혼에서 얻은 딸 새러와 칠레로 건너갔다. 당시 살바도르 아옌데의 사회주의 정권 하에 있던 칠레는 세계에서 가장 가난한 국민들의 영양과 보건을 위해 국제 지원을 요청하고 있었다. 밥은 칠레의 광활한 해안을 적시고 있는 바다에서 새로운 식량원을 찾는 프로젝트를 시작했다. 그 와중인 1973년에 아우구스토 피노체트가 이끄는 폭력적인 군사 쿠데타가 일어났다. 아옌데를 지지했던 칠레 국민들이 고문당하고 살해되었을 뿐 아니라 아옌데 정부를 지원했던 외국인들 중 일부도 공격 표적이 되었다. 1982년에 발표된 코스타 가브라스의 영화 「미싱」*Missing*은

---

* 쿠데타가 일어난 칠레를 배경으로 실종된 아들을 찾아 헤메는 미국인 아버지를 그린 영화. 코스타 가브라스는 이 외에도 전 세계의 박해받는 양심을 다룬 「계엄령」, 「Z」 등 정치 영화들을 다수 연출한 이 방면의 거장이다. 이 영화로 1982년 칸 영화제에서 대상인 황금 종려상을 수상했다.

이러한 운명에서 고통받았던 미국인의 이야기를 잘 표현하고 있다. 쿠데타가 일어난 후 로웰과 마리안은 밥으로부터 아무런 소식도 듣지 못했기 때문에 혹시 그가 죽은 것은 아닌지 우려했다. 최소한 그의 과학자 동료들에게, 밥은 실종자였다. 그는 과학에 모든 것을 바친 것처럼 보였고, 정치 문제는 거의 입에도 올리지 않았다. 그랬던 그가 어떻게 그토록 변할 수 있었을까? 어떻게 과학을 버리고 그처럼 깊이 정치에 개입할 수 있었을까?

만약 내가 나 자신의 삶에서 일어난 변화들에 대해 생각해 보았다면, 나는 우리 두 사람의 삶에서 거울상처럼 전개된 상반된 측면뿐 아니라 둘의 공통점을 더 많이 이해할 수 있었을 것이다. 그리고 무엇이 밥의 인생에 그토록 놀라운 변화를 일으켰는지 좀더 일찍 이해했을지도 모른다.

밥이 그의 실험실을 영원히 떠났던 비슷한 시기에, 다시 한번 나는 과학을 계속할 것인지 주저했다. 그러나 이번에는 전과 다른 이유 때문이었다. 당시 나의 과학 경력은 상승가도를 달리고 있었고, 하버드 의대 교수이자 연구팀을 이끄는 책임자가 되어 있었다. 그러나 나는 과학이 오용될 수 있는 여러 가지 방식에 대해 진지하게 우려하고 있었다. 밥과 내가 똑같이 과학 연구를 유보하게 된 것은 우연의 일치가 아니었을 것이다. 당시는 1960년대 말엽이었다. 과학계는 당시 사회 전체를 들끓게 하던 소요사태와 절연되어 있지 않았다.

1969년, 우리 실험실은 박테리아인 대장균에서 유전자를 정제하는 기법을 개발하고 있었다. 우리는 최초로 생물체의 염색체에서 하나의 유전자를 완전히 분리했다. 정상 상태에서 그 유전자는 다른 유전자들에 둘러싸여 있다. 우리는 실험실의 시험관 안에서 유전자를 정제한다면 유전자가 작동하는 방식을 알아 낼 수 있는 수많은 새로운 실험이 가능해지리라는 사실을 알고 있었다. 또한 우리가 개발한 것과 그 후속 기법들이 박테리아 이외의 다른 생물, 심지어는 사람의 유전자를 분리하는 방법으로 확장될 수 있다는 사실도 인식하고 있었다. 나를 비롯한 실험실의 연구자들은 우리가 거둔 업적에 대해 불안감을 느끼기 시작했다. 인간 유전공학은 이제 과학소설SF에서 한 자리를 차지하게 되었다. 우리는 사람의 유전자 변화가 잠재적으로 건강상의 이익을 가져올 수 있다는 것을 알고 있었지만, 그보다는 통제나 차별의 수단으로 악용될 가능성이 더 높다는 점에 대해 우려했다. 이러한 우려는 당시 베트남전쟁과 '첨단 기술 전투', 즉 우리가 반대하는 전쟁을 수행하기 위하여 레이저와 같은 장치에 과학적 성과를 적용하는 데에서 비롯되었다. 그 무렵 많은 과학자들 사이에서는 자신의 연구가 오용될 가능성에 대해 점차 우려가 팽배했다.

유전자 분리에 대한 논문이 『네이처』에 실린 주에 우리는 기자회견을 열어서 우리가 했던 연구와 그 과학적 중요성을 설명하는 한편, 우리가 예견하는 위험을 경고했다. 전 세계 언론의 주목을 받았던 이 기자회견을 계기로 나는 과학에서 내가 수행하는 역할을 고찰할 수 있게 되었다. 또한 이 사건 이후 나는 과학자와 대중 모두에게 새로운 유전학이 줄 수 있는 사회적 영향을 알리는 데 평생 노력을 기울이게 되었다.

이듬해인 1970년에 나는 연구업적을 인정받아 미국 미생물학회로부터 일라이릴리 상Eli Lilly Award을 수상했다. 덕분에 미생물학회 연례회의에서 수상 기념강연을 할 기회를 얻었다. 나는 그 자리에서 제약산업의 행태를 비판했다. 물론 그 중에서도 일라이릴리 사가 그 대표격이었다. 그런 다음, 나는 상금을 당시 뉴욕에서 체포되었던 13명의 흑표범당* 당원들을 위해 흑표범당 무료병원에 기부했다. 당시 이들은 정부의 극심한 탄압의 주된 표적이었다(자세한 내용은 4장을 참조).

그후 나는 〈민중을 위한 과학〉Science for the People의 활동가가 되었다. 〈민중을 위한 과학〉은 과학이 여러 가지 방식으로 파괴적인 목적에 이용되는 것을 폭로하기 위해 노력하는 급진적 과학자 단체였다. 나는 범죄 행위에서 유전적 연관성을 찾으려는 시도, 대중들 사이에 퍼져 있는 사회생물학에 대한 인식, 사람의 행동과 사회 제도를 유전자와 진화라는 상像으로 설명하려는 과학 등을 둘러싼 대중 논쟁에 스스로가 깊이 연루되었음을 깨달았다. 1980년대에 나는 분자생물학의 발전을 돕기 위해 쿠바를 방문했고, 지금까지도 이러한 활동을 계속하고 있다. 그것은 과학자로서의 내 삶에서 빼놓을 수 없는 일부가 되었다.

밥을 발견한 덕분에 우리 둘은 서로 공통점이 얼마나 많은지 깨닫게 되었다. 그러나 그를 다시 찾을 수 있었던 것은 대단한 우연 덕분이었다. 1984년에 나는 과학 연구에 몰두해 있었고, 여전히 과학에 매료되어 있

---

* Black Panther Party. 흑인 권력과 자기 방어를 위해서 휴이 뉴턴(Huey Seale)과 바비 실(Bobby Seale)에 의해 1966년에 설립된 아프리카계-미국인 조직. 당원들은 '자기 방어'를 주장하며 총을 소지하고 다녔고, 어린이들을 위해 무료로 식당·학교·병원 등을 운영했다. 흑인 인권 지도자 맬컴 X가 암살당하고, 더 이상 흑인들의 인권 문제가 개선될 가능성이 없던 상황에서 결성된 이 조직은 미국의 FBI에 의해 불온시되어 당시 FBI 국장 에드거 후버는 "미국 안보의 가장 큰 위협"이라고 말하기도 했다. 1969년 경찰에 의해 지도부가 살해당하고 상당수 당원들이 구속되면서 사실상 조직이 와해되었다.

었다. 브르타뉴의 콩카르노라는 마을에서 내 관심과 가까운 유전학적 주제의 학술회의가 열렸다. 파리에 있는 친구를 방문한 후, 나는 몇 사람의 동료들과 여러 시간 동안 열차를 타고 콩카르노로 향했다. 우리가 영어로 나누는 대화를 듣고, 한 여성이 우리의 잡담에 끼어들었다. 그녀는 미국인이 분명했다. 우리가 과학자라는 사실을 알고, 그녀는 자기 동생도 과학자였다는 이야기를 해주었다. 우리가 하버드 대학에 있다는 사실을 알자 자기 동생도 1950년대에 하버드 대학의 생화학 분야 대학원생이었다고 말했다. "동생 이름이 어떻게 되지요?" "밥 윌리엄스!" 나는 머리를 한 대 얻어맞은 기분이었다. 처음에는 믿기지 않는 우연한 만남 자체가 충격으로 다가왔다. 충격의 순간이 지나자, 그 다음에는 내가 그의 운명에 대해 알게 될 것이라는 공포스러운 깨달음이 밀려왔다. "밥에게 무슨 일이 있었습니까? 모두들 그가 피노체트 쿠데타 당시 살해된 것으로 알고 있는데요." 그러자 그녀는 이렇게 대답했다. "아니에요. 그는 칠레에서 빠져 나와서 지금 노르망디에서 메추라기를 기르고 있어요."

　나는 언젠가 노르망디에 있는 밥을 찾아가려는 생각에 밥의 누이에게 그의 가족들이 지금까지 살고 있는 파리 주소를 물었다. 그러나 정작 그를 찾아가기까지는 상당한 시간이 흘렀다. 아내와 나는 그 후로도 여러 차례 프랑스를 찾았다. 그러나 파리에 들른 다음에는 날씨가 좋으면 늘상 자전거로 남부를 향해 떠나곤 했다. 그 주소는 오랫동안 명함첩 속에서 잠자고 있었다. 그러다 1997년에 우리는 춥고, 비가 많은 북부 기후에 대한 우리의 나쁜 편견을 버리고, 브르타뉴와 노르망디에서 얼마간 머물면서 밥을 찾을 수 있으면 그를 만나보기로 작정했다. 그 무렵 나는 과거의 가족, 친구, 그리고 장소들과 다시 연결을 맺을 필요성을 느끼기 시작했다. 그동안 과거를 무시하고 건너뛰었던 것은 아마도 그러는 편이 나 자신에게 더 편안했기 때문일 것이다.

나는 오래 묵혀 두었던 파리 주소로 겉봉에 "윌리엄스 가족에게"라고 쓴 편지를 보냈다. 밥의 누이에게 1984년에 만났던 사실을 상기시키면서 어떻게 하면 밥을 만날 수 있을지 묻는 편지였다. 여러 달 후, 명함이 한 장 들어 있는 봉투가 배달되었다. 명함 한 면에는 두 마리의 메추라기 그림 바로 옆에 "비쉬니에르 메추라기"라는 글자가 인쇄되어 있었다. 그리고 뒷면에는 손으로 쓴 메모가 적혀 있었다. "자네를 만나면 무척 반가울걸세(꽤 오래전 우리가 알던 자네라면). 나는 지금 이 지역 읍장이고, 그 밖에도 지역의 여러 책임을 맡고 있어서 무척 바쁘다네."

1998년 7월 바브라와 나는 브르타뉴에 있는 친구집에서 북쪽으로 차를 몰아 동프롱과 마옌 사이의 노르망디 지방에 있는 코세Ceaucé라는 곳으로 향했다. 밥은 이곳의 읍장이었고, 비쉬니에르는 인근 마을에 편입되어 있는 시골의 밀집 가옥들 중 하나였다. 그것은 마치 지역의 대저택에 딸려 있는 과거의 농장들과 같은 모습이었다.

차도를 따라가자 양편에 오래된 석조 건물들이 있고 다른 두 면은 그보다 훨씬 크고 최근에 신축된 콘크리트 건물들로 에워싸인 안뜰 비슷한 곳으로 들어섰다. 새 건물들은 메추라기를 길러서 미식가들이 좋아할 법한 고급 식품들——메추라기 알, 훈제 메추라기 다리, 뼈 없는 살코기 등——을 만드는 곳이었다. 우리가 차를 몰고 들어서자 길가에 전형적인 프랑스 사람의 인상을 풍기는 땅딸막한 남자가 서 있다가 어리둥절한 표정으로 우리를 바라보았다. 제대로 찾아온 건가? 나는 차에서 내려 머뭇

거리면서 그 남자에게 다가갔다. 그러나 말을 시작하자 그가 바로 밥이
라는 것을 알았다.

"프랑수아라고 부르게. 지금은 그렇게 부르니까." 그의 말을 듣고서
야, 나는 40년 전에 들은 프랑수아 로버트 필리페 윌리엄스Francois Robert
Phillipe Williams라는 그의 정식 이름을 기억해 냈다[이후로는 '프랑수아 윌
리엄스'로만 부르겠다]. 처음에는 어색한 분위기가 흘렀다. 오랜 세월 동
안 만나지 못했던 사람들 사이에서 나타날 법한 자연스러운 현상이었다.
그러나 다른 한편으로는 그동안 입 밖에 내지는 않았지만 우리가 서로에
대해 품었던 가정들에 기인한 것이기도 했다. 그렇지만 우리가 서로에
대해 다시 알아 가면서 이런 거북함은 곧 사라졌다. 프랑수아는 아내 도
미니크 그리고 두 아들 마조리와 케뱅을 소개했다(그는 칠레에서 돌아온
후 재혼을 했다).

우리는 돌로 지은 농장으로 들어갔고, 프랑수아는 카시스*를 약간 섞
은 배즙을 내놓았다. 그것은 동프롱 지방의 특산물이었다. 키르**의 대용
품인 이 노르망디 음료를 마시면서, 우리는 숱한 변화로 점철된 30년의
틈을 메우기 시작했다. 먼저, 나로서는 결코 상상조차 할 수 없었던 모험
으로 가득찬 프랑수아의 가족 배경에 대해 알게 되었다. 내가 알기로 파
리에 있던 미국 교회목사였던 그의 부친은 2차 세계대전 기간과 그 이전
에 정치적으로 중요한 활동을 수행했다. 그는 이 기간 동안 미국을 여러
차례 방문했다. 목적은 미국을 전쟁에 끌어들이기 위한 로비였다. 그는

---

* Cassis. 북구에서 나는 과실로 잼과 술의 소재로 사용되며, 칵테일 재료로 쓰이기도 한다.
** Kier. 카시스로 맛을 낸 백포도주.

항상 프랑스 레지스탕스를 지원하기 위한 물자를 가지고 돌아갔고, 나치 치하에서 벗어나려고 애쓰던 망명자들을 도왔다. 이런 활동은 그에게 협조적이었던 포르투갈 주재 독일인 장교로부터 만약 프랑스로 다시 돌아가면 총살형을 당할 것이라는 말을 들을 때까지 계속되었다. 경고에도 불구하고, 그는 그후 여러 차례 프랑스로 되돌아갔다. 물론 그때마다 변장을 했다. 마침내 그는 가족들을 데리고 미국으로 피신했다.

프랑스로 여러 차례 여행을 하면서, 바브라와 나는 2차 세계대전 기간 동안 프랑스 레지스탕스 운동의 역사, 그리고 유태인과 그들의 탈출을 돕기 위해 자신들의 목숨을 걸었던 사람들의 활동에 깊이 매료되었다. 특히 우리는 미국인 배리언 프라이* 이야기에 관심을 가졌다. 마르세유에서 활동했던 프라이는 저명한 지식인과 예술가를 비롯해서 많은 사람들을 나치 치하의 프랑스에서 보트를 이용하거나 피레네 산맥을 가로질러 탈출시켰다. 프랑수아의 아버지와 마찬가지로, 프라이도 항상 죽음의 위협에 시달렸다. 우리 사이에 이어진 숱한 관계의 끈들 중 하나로, 우리는 두 가족 모두 배리언 프라이와 아는 사이라는 점을 발견했다. 프라이는 하버드 대학 시절에 같은 학교를 다닌 내 삼촌의 친구였고, 부모님들은 1930년대에 그들과 자주 카드를 즐겼다. 도피자들을 돕는 일에 개입했다는 사실을 감안하면 그리 놀랄 일도 아니지만, 프라이와 프랑수아의 부친도 가까운 친구 사이였다.

---

* Varian Fry. 비시 정권 하의 프랑스 마르세유에서 비시 정권의 프랑스 경찰과 독일군들의 감시망을 뚫고 마르크 샤갈, 토마스 만 등 유럽의 저명 유태인 2,000여 명을 탈출시킨 미국인. 이 실화를 기반으로 영화 「배리언의 전쟁」(*Varian's War*)이 제작된 바 있다.

우리는 르 샹봉 쉬르 리뇽 마을을 방문했다. 그곳은 프로테스탄트 목사인 앙드레 트로메이가 교구민들을 설득해서 대부분 어린아이들이 었던 5천에 가까운 유태인 피난민들을 보호해 준 곳이었다. 우리는 무척이나 엄혹한 상황에서 어떻게 사람들이 그처럼 용감하게 행동할 수 있었는지 이해하기 위해 열 곳이 넘는 레지스탕스 박물관Musées de la Resistance 과 레지스탕스 영웅들의 성지를 찾아갔다.

당시 프랑수아는 부친의 경험과 자신이 칠레에서 겪었던 경험을 비교해서 우리에게 이야기해 주었다. 피노체트 쿠데타가 일어났을 때, 그는 파리에 있는 가족들을 방문 중이었다. 그는 프랑스에서 칠레의 친구들로부터 자신의 이름이 살생부에 올랐고, 그가 살던 두 곳이 불타 사라졌다는 전갈을 받았다. 목숨이 오락가락하는 위험에도 불구하고, 변장을 하고 여권을 위조한 그는 여전히 새로운 정부에 저항하고 있던 사람들을 돕기 위한 물자를 가지고 칠레로 돌아갔다. 그러나 그의 부친과 마찬가지로, 위험이 너무 커서 그는 이 여행을 포기하고 다시 파리로 돌아올 수밖에 없었다. 자신이 칠레에서 이루었던 모든 것이 파괴된 데 환멸을 느낀 그는 파리를 떠나 노르망디에서 농장을 하기로 결정했다. 그리고 새로 결혼한 아내와 함께 가족을 꾸려 이 농장에서 지금까지 살아왔다.

그러나 내게는 왜 그가 과학을 그만두었는지에 대한 의문이 남았다. 프랑수아는 이렇게 답했다. "사실 나는 과학이 사람들에게 이로움보다 몇 곱절이나 많은 해를 끼친다고 확신하게 되었네. 나를 비롯한 소수의 과학자들이 이런 악용을 멈추기 위해 무엇을 할 수 있을지 찾지 못했어. 내가 찾을 수 있는 유일한 방도는 과학을 그만두는 것밖에 없었네. 그렇게 하면, 최소한, 과학의 해로운 사회적 결과에 기여하지는 않을 테니까."

나는 그의 답에 무척 놀랐다. 왜냐하면 나와 같은 시기에 프랑수아가 똑같은 생각을 발전시켰으리라고는 전혀 예상치 못했기 때문이었다. 나는 그에게 나와 내 실험실 동료들이 1969년에 열었던 기자회견, 일라이릴리 상 수상, 흑표범당 사건, 생물학결정론을 비판했던 일, 그리고 쿠바 방문 등에 대해 이야기해 주었다.

우리 두 사람은 서로 다른 선택을 했지만 정치적 관점뿐 아니라 과학의 사회적 역할에 대해서까지 비슷한 생각을 발전시켜 왔다는 사실을 확인하고 한껏 기분이 고양되었다. 주말을 함께 지내면서, 우리들은 새로 발굴한 공통점과 그것이 주는 또 다른 시사점들을 확인하면서 간간이 흥분감에 들떴다. 어색함은 사라졌다. 역설적으로, 우리가 처음에 조심스레 서로에게 접근했던 까닭은 나는 프랑수아에 대해 편협한 과학자의 인상을 가졌고, 프랑수아는 내가 계속 과학에 남았다는 사실을 알고 있었기 때문이었다. 나는 그가 그처럼 강도 높은 정치활동을 벌였고, 그런 이유들로 인해 과학에 환멸을 느꼈으리라고는 상상조차 하지 못했다. 그의 입장에서, 그가 아는 한, 본질적으로 위험이 내재된 과학 연구에 기꺼이 종사하고 있는 사람을 진정으로 신뢰할 수 있었을까? 토론을 거친 후, 그는 의문의 요점에 도달했다. "만약 과학을 떠나지 않으면서 이런 문제들을 해결하기 위해 무언가 할 수 있다는 사실을 깨달았다면, 나는 계속 과학에 남았겠지."

프랑수아는 우리를 안내해서 코세를 한 바퀴 돌았다. 그는 칠레에서의 경험에 환멸을 느끼고 있었지만, 이곳에서는 지역 차원의 활동으로 어느 정도 영향을 미칠 수 있을 것이라고 생각했다. 그는 기업들이 떠나고 마을 주민과 농부들이 큰 도시로 빠져나가면서 퇴락해 가는 마을의 읍장직을 자신이 왜 고려하게 되었는지 이야기해 주었다. 코세로 중소기업을 유치하고, 마을 시설을 개선하면서(노인정, 체육 시설, 야영장, 오솔길과 낚시할 수 있는 연못이 있는 공원을 조성하는 등), 그는 쇠락으로 치닫던 마을에 새로운 바람을 불어넣었다. 그가 거둔 성공 덕분에 그는 동프롱 지역 읍장회에서 회장으로 선출되었다.

비쉬니에르 농장으로 돌아와서, 프랑수아는 우리를 두 동의 농장 건물로 데려가서 자신이 어떻게 메추라기를 기르는지 보여 주었다. 그가 처음 노르망디에 도착했을 때, 다른 메추라기 농부들은 자신들의 비결을 알려주려 하지 않았다. 프랑수아는 과학에 대한 우려에도 불구하고, 자신이 받았던 과학 훈련이 훗날 대단한 성공을 가져다 준 기법들을 고안해 내는 데 많은 도움이 되었다고 생각했다. 그곳에 머문 마지막 날, 우리는 메추라기 만찬을 대접받았다.

프랑수아를 만난 후, 나는 스스로에게 숱한 정치적·개인적 물음을 던졌다. 3년 동안이나 바로 곁에 붙어서 지냈음에도 프랑수아의 가족 배경에 대해 어떻게 그처럼 모를 수 있었을까? 나 같은 사람이 계속 과학을 하면서 과학과 사회의 쟁점들에 대해 발언함으로써 얻을 수 있는 효과를 과장한 것은 아니었을까? 우리 둘 중 한 사람은 더 나은 선택을 한 것인가, 아니면 둘 다 바람직한 선택을 했는가?

내가 이 책을 쓸 수 있게 된 것은 비쉬니에르 농장에서의 만남, 그리고 그 후 당시를 회상하며 되살려 낸 열정 덕분이었다. 그것은 내가 어떻게 과학에 매료되었는지, 그리고 그 매료와 함께 과학의 결과에 대한 우려가 함께 자라나게 되었는지에 관한 이야기이다. 그것은 사회 행동이 거의 과학의 규범이었던 시기에 대한 이야기이다. 그것은 내가 사회와 개인에 대해 품었던 가정이 변화하게 된 이야기이다. 그것은, 내 생각에, 유전학자들이 자신들의 연구가 사회에 미치는 영향에 대해 생각할 때 맞닥뜨려야 할 주제들에 관한 것이다. 그것은 과학자의 사회적 역할, 그리고 과학계 이외의 세상과 맺는 관계에 대한 것이다.

2장 과학자가 되다

사람들은 어떻게 과학자가 될까? 가장 쉽게 떠올리는 모습은 고등학교 학생이 방과 후에 집에서 화학 실험기구를 가지고 놀거나, 개구리를 해부하거나, 과학관을 찾아가 공룡뼈 화석을 보고 경이로움을 느끼는 것이다. 저명한 과학자들 중 상당수가 이런 식으로 과학자의 길을 시작했다. 저명한 고생물학자인 (그리고 과학에 대한 사회비평가이기도 한) 스티븐 제이 굴드는 자신이 과학자의 길을 걷게 된 최초의 사건으로 부친과 뉴욕에 있는 자연사박물관을 찾았던 일을 꼽았다. 반면, 대학 시절 영어를 전공했던 내 동료 제임스 샤피로는 4학년 때 들었던 유전학 강의에서 영감을 얻어 전공을 바꾸고 대학원에서 생물학을 공부했다. 분자생물학의 창시자 중 한 사람인 건서 스텐트는 자서전에서 자신이 과학자가 된 이유가 "여자를 꼬시기 위해서"였다고 주장했다. 나는 평생에 걸쳐 과학에 헌신하겠다고 다짐하거나, 갑작스레 진리를 깨달아 과학을 추구해야겠다는 영감을 얻은 것도 아니고, 그렇다고 과학자가 여자들에게 특별히 매력적으로 보인다는 생각을 한 것도 아니다. 나는 망설임과 불확실성으로 점철된, 아주 더딘 과정을 거쳐 전업 과학자가 되었다.

고등학교 시절에 나는 수학과 화학에 능했고, 수학 퍼즐을 풀고 화학 원소와 화합물의 반응을 이해하기 위한 비교에 몰두하곤 했다. 그렇지만 화학 실험기구가 폭발하거나, 개구리를 해부하거나, 무미건조한 과학관을 방문하거나, 과학 박람회에 가는 따위의 일은 없었다. 사실 내가 가장 생생하게 기억하는 수업은 영어와 프랑스어 과목이었다. 레더 선생님과 마일즈 선생님이라는 열정적인 두 여선생님이 담당했던 과목들 덕분에 나는 평생 동안 글쓰기와 프랑스어를 사랑하게 되었다.

하버드 대학 시절 나는 다시 과학에서 가장 좋은 성적을 거두었고, 전공을 수학에서 화학으로 바꾸었다. 내게 고등수학은 너무 추상적이고 지나치게 삶과 동떨어진 것으로 여겨졌다. 반면 화학은 대부분 실세계에서 발견되는, 즉 식물과 우리 자신 그리고 화학 공장에 있는 화합물과 분자들을 다루었다. 그러나 인문학에 대한 관심은 여전히 매우 높았다. 대학 시절 나는 앨버트 J. 게라르*의 비교문학 강의에서 강한 영향을 받았다. 그 수업을 통해 나는 지드, 카뮈, 카프카와 같은 작가들의 작품을 접했고, 다다이즘과 초현실주의에 대해서 처음 알게 되었으며, 존 호크스**나 듀나 반스***처럼 잘 알려지지 않은 소설가들의 이름도 들었다. 과학은 수학 증명을 도출하거나 복잡한 유기 화합물을 합성하는 경로들을 고안하는 퍼

---

* Albert J. Guerard. 미국의 비평가·소설가. 1938~1954년 사이 하버드대에서 영문학 교수를 지냈다.
** John Hawkes. 미국의 포스트모던 소설가. 초현실주의적 작품으로 *Cannibal*, *The Lime Twig*, *The Beetle Leg* 등의 작품을 썼다. 특히 마지막 작품은 많은 비평가들로부터 20세기 미국 문학의 이정표와 같은 작품이라는 평을 받기도 했다.
*** Djuna Barnes. 20세기 초 미국에서 활동했던 소설가. 소설가로서뿐 아니라 극작가·시인·카툰작가·저널리스트·일러스트레이터 등 다양한 활동을 했다.

즐 풀기였고, 무척 흥미로웠다. 그러나 게라르의 손끝에서 문학은 인생과 연관되는 것처럼 보였다. 포크너의 『압살롬, 압살롬』을 읽고 미국 남부 문학에 매료된 나는 19세기 중엽까지 거슬러 올라가 남부 작가들의 작품들을 뒤져 내서 읽었다. 이 무렵에 인생의 행로가 바뀔 뻔했다.

그러나 뭐니뭐니 해도 내가 가장 잘하는 분야는 과학이었다. 대학을 졸업한 후, 나는 가장 무난한 경로를 좇아 과학 분야로 대학원에 진학했다. 하버드 대학의 화학과 박사 과정에 입학한 것이었다. 대학을 마친 해 여름에 나는 혼자서 자전거로 유럽을 횡단해서 여자친구인(훗날 아내가 된) 바브라를 찾아갔다. 그녀는 가족들과 함께 토리노에서 여름휴가를 보내고 있었다. 이 여행은 내게 무척 인상 깊은 사건이었다. 왜냐하면 여행 중에 처음으로 파리를 방문했기 때문이었다. 파리에 도착하자 자전거 여행자의 외로움과 절망감은 이 도시의 빛, 생기, 그리고 아름다움 속에서 사라져 갔다. 이 여행을 통해 나는 두 명의 연인을 얻은 셈이었다.

1957년 가을에 케임브리지로 돌아온 나는 하버드 대학 화학과에서 대학원 과정을 시작했다. 나의 선택이 무엇을 의미하는지 제대로 깨달은 것은 바로 그 무렵이었다. 수강 과목은 화학에 국한되었고, 좀더 넓은 사상의 세계를 접할 수 없었다. 내 동료들은 모두 과학자들뿐이었고, 대부분 자신의 연구에 완전히 파묻혀 바깥 세상에 대해서는 거의 관심이 없었다. 일상적인 연구와 외부 세계를 연결시키려는 내 열망은 점차 강렬해졌다. 그 무렵 나는 대학원을 그만두는 문제를 심각하게 고려하고 있었다. 바로 그때, 밥 윌리엄스가 내 삶에 나타났다. 그는 내게 로웰 헤이거와 이야기를 나눠 보라고 권해 주었고, 최소한 일시적이나마 내가 과학에서 이탈하지 않도록 막아 주었다.

나는 기쁜 마음으로 로웰의 실험실에서 연구에 몰두했다. 퍼즐 풀기,* 즉 생물학자의 일상적인 연구에서 여전히 즐거움을 느끼는 한편, 함께 연구하고, 가끔 파티를 열고, 다른 실험실들에 대한 뒷공론을 하고, 골프를 치러 나가기도 하는 작은 모임에도 가담했다. 이 모임은 탁구와 함께 로웰이 즐기던 취미 생활이었다. 내 소속은 여전히 화학과였지만, 이제는 생화학 연구를 하고 있었다. 그것은, 내 관점에서, 실생활에 또 한 단계 근접하는 것이었다. 강의실에서는 박테리아에서 사람에 이르기까지 생물이 어떻게 살아가고 성장하는지 공부했다. 실험실에서는 살아 있는 생물을 길렀다. 내가 맡은 프로젝트는 온실에서 발견되는 균류가 어떻게, 그것이 만들어 내는, 유기 화합물에 염화물 원자를 결합시키는지 밝혀 내는 것이었다. 이것은 당시 생화학에서 흔한 기초 연구였다. 다시 말해서, 모든 생물과 그 과정에서 생화학적 경로들을 밝혀내는 일이었다. 매일같이 내 플라스크의 성장 배지 속에서 검은색 덩어리를 늘려 가는 균류는 종이 위에 적힌 수학이나 화학 공식보다 훨씬 더 생생했다. 그러나 그런 작업도 내가 대학 시절에 맛보았던 사회적 동요와 사상들의 자리를 대체시키지는 못했다. 과학계 밖의 다른 세상에 대해 생각하거나 이야기할 때면 여전히 진짜 흥분이 부글대며 끓어올랐다. 나는 사회학자 데이비드 리스먼**과 객원 교수이던 앨런 테이트의 '남부 문학' 강좌를 청강했다.

당시 화학은 보수적 색채가 강한 학문 분야였다. 화학자가 되기 위

---

* puzzle solving. 원래 토머스 쿤의 개념으로 여기서는 과학자들의 일상적인 연구활동을 뜻한다.
** David Riesman. 미국의 사회학자. T. B. 베블렌을 높이 평가하고 그의 자본주의 연구를 받아들여 미국 자본주의 사회 성격을 분석했다. 『고독한 군중』(The Lonely Crowd)으로 잘 알려져 있다.

해서는 특정 경로를 반드시 거쳐야 한다는 매우 엄격한 생각이 남아 있었으며, 화학과의 사회·정치 환경은 극도로 제한되었다. 이 분야에는 권위주의적인 독일에 그 뿌리를 둔 많은 요소들이 그대로 온존하는 듯했다. 그에 비해 생화학은 내게 좀더 나은 곳이었다. 이 연구를 하는 많은 학자들의 학문적 토대가 화학이다 보니 작은 개선에 불과했지만 말이다. 분자생물학이라는 새롭게 출현한 분야가 생명과학의 감수성과 분위기를 극적으로 바꾸기 시작한 것은 내가 대학원에 다니던 시절이었다.

분자생물학은 1950년대 말엽에 과학 분야로 정립되었다. 당시 유전학, 생화학, 그리고 생물물리학 등 여러 분야의 과학자들이 모여 이 학문 분과가 형성되었다. 그 뿌리는 많은 수의 젊은 물리학자들이 생물학 분야로 입문한 1940년대까지 거슬러 올라간다. 물리학의 근본적인 문제가 해결되었다고 확신한 이들 선구자들은 생물체에 대한 연구에서 새로운 과학 원리를 추구했다. 나는 당시 생물학에서 일어나고 있던 이러한 변화를 어렴풋하게 의식하고 있었을 뿐이었다. 화학이라는 동떨어진 분야에서 학문적 훈련을 쌓은 나는 제임스 왓슨과 프랜시스 크릭이 1953년에 DNA(디옥시리보핵산) 이중나선 구조를 발견했다는 소식도 듣지 못했다. 처음에 나는 제임스 왓슨이 가까운 생물학 실험실에 있던 교수라는 사실조차 알지 못했을 정도였다.

왓슨은 이 혁명에서 중요한 과학적 역할을 수행했을 뿐 아니라 분자생물학이 몰고 온 과학의 문화혁명에도 여러 가지 방식으로 기여했다. 인습타파적이고, 전혀 과학자처럼 보이지 않았고, 나이 든 과학자들이나 '그의 클럽'에 속하지 않는 많은 사람들에게 거리낌없이 욕을 하던 그는 붉은색 스포츠카를 몰고 다녀서 케임브리지에서 쉽게 눈에 띄었고, 댄스 파티를 잘 열기로도 유명했다. 그런데 이 모든 일들은 그가 과학자로 화려한 경력을 쌓아 나가는 것과 동시에 진행되었다. 그는 과학자면서 과학 이외의 다른 생활을 누리는 것이 실제로 가능함을 입증한 인물이었다. 1957년 러시아의 스푸트니크 인공위성 발사 이후 과학 분야에 홍수처럼 쏟아져 들어온 미국 정부의 연구비 덕분에 엄청나게 많은 숫자의 젊은 과학자들이 생물학뿐 아니라 다른 여러 분야들에 밀려들어왔다. 과거와 사뭇 다른 유형의 젊은 과학자들을 분자생물학 분야로 끌어들이는 데 한몫한 것이 왓슨이 대표하는 새로운 과학문화였을 수도 있다.

분자생물학으로 과학에서 나타난 감수성의 변화는 내 경향과 맞았다. 그런데 더 중요한 사실은 제임스 왓슨과 윌리엄 시스트롬이 가르쳤던 미생물학이 내가 필요로 했던 영감을 주었다는 것이다. 그것은 강의 내용이나 강연 때문이 아니었다. 왓슨은 마치 '의식의 흐름'과도 같은 종잡을 수 없는 이야기를 늘어 놓아서 거의 무슨 말인지 이해할 수 없었다. 그보다는 강의 준비로 연구 보고서를 작성하느라 생물학과 도서관에 처박혀 있었던 시간들 덕분이었다. 당시 나는 (내게) 잘 알려지지 않은 『프랑스 과학원 회보』Comptes Rendus de l'Académie des Sciences Françaises라는 저널에 실린 몇 편의 기초적인 논문들을 읽었다. 주요 저자들은 프랑수아 자코브, 엘리에 울망, 그리고 자크 모노로, 모두 프랑스 파스퇴르 연구소의 과학자들이었다. 그들은 박테리아 유전학으로 생물학의 가장 근본적인 문제들을 해결하려고 시도하고 있었다. 그들의 논문은 내게는 계시와도 같았다. 과감한 논리적 비약, 심오한 통찰을 주는 단순한 실험들은 내게 전혀 새로운 과학 연구 양식으로 비쳐졌다. 그들의 논문은 내게 익숙한 무미건조한 과학 언어가 아니라 설득력 있는 우아한 수사적 필법으로 생생하게 다가왔다. 그 전까지 나는 이런 과학을 상상조차 하지 못했다. 그것은 거의 문학적이고 예술적이면서 동시에 과학적인 무엇이었다. 나는 이 저자들이 쓴 논문을 모두 찾아냈고, 『프랑스 과학원 회보』와 『파스퇴르 연구소 연보』Annales de l'Institut Pasteur의 수년치 과월호들을 이 잡듯이 뒤지면서 내 연구 주제와 아무 관련도 없는 논문들을 게걸스레 읽어 나갔다. 고등학교 시절에 혹독한 프랑스어 훈련을 받지 않았다면, 나는 이 중요한 영감을 결코 얻지 못했을 것이다.

파리의 파스퇴르 연구소에서 나의 우상들과 함께 연구한다는 목표는 이제 강박이 되었다. 그 연구소가 1957년 여름에 사랑에 빠졌던 도시, 파리에 있다는 사실은 아무런 문제도 되지 않았다. 나는 더 이상 쉬운 길을 택하지 않고, 나의 영감을 좇고 있었다. 더 이상 익숙하거나 재미있다는 이유만으로 과학을 하지 않게 되었다. 이제 내가 사랑하는 과학이 어떤 것인지 알게 되었다. 나는 자코브에게 박사후 연구원 자리가 있는지 문의하는 편지를 썼다. 1959년에 그가 하버드를 방문했을 때는 직접 묻기도 했다. 그러나 그에게는 내게 배정할 자리가 없었다. 그는 우선 당시 버클리 소재 캘리포니아 대학에 있던 아서 파디Arthur Pardee의 실험실에서 유전학을 공부하는 것이 어떻겠느냐고 제안했다.

아서 파디는 이전에 자코브와 모노와 함께 연구를 했고, 생물학의 고전에 속하는 한 편의 논문을 공동 저술했다. 이들 세 과학자는 박테리아인 대장균Escherichia coli이 성장을 위해 젖당*을 어떻게 사용하는지 연구

---

* latose. 우유에 많이 들어 있는 이당류이다. 갈락토스의 첫번째 탄소위의 -OH기와 포도당의 네 번째 탄소위의 -OH기 사이에서 물 한 분자가 빠져나가 β-글루코시드 결합으로 연결되어 있다.

했다. 박테리아는 성장을 위해 두 개의 단백질을 생성했다. ① 생장 배지에서 젖당을 취해서 박테리아의 세포 내로 농축하는 세포막의 수송단백질. ② 젖당을 그보다 적은 두 개의 당으로 분해해서 박테리아가 더 쉽게 소화할 수 있게 만드는 효소인 β-갈락토시드 가수분해효소β-galactosidase.[*] 그런 다음, 두 단백질은 박테리아의 'lac 부위'lac region 라고 하는 염색체의 부위에 있는 두 개의 유전자에 의해 암호화된다. '영리하게도', 박테리아는 환경 내에 젖당이 존재할 때에만 이 두 개의 단백질을 생성하는 메커니즘을 가지고 있었다. 박테리아는 젖당 이외의 당이 생장 배지에 있을 때에는 에너지 낭비를 막기 위해 단백질을 만들지 않았다. 박테리아 유전학과 생리학 연구를 결합해서, 파디, 자코브, 그리고 모노는 젖당이 없을 때 억제자repressor라 불리는 분자가 β-갈락토시드 가수분해효소와 수송단백질을 만드는 유전자를 '억제한다'는 확실한 증거를 얻었다. 이 억제자는 유전자가 이들 산물들을 만들지 못하게 방해했다. 그러나 생장 배지에 젖당을 첨가하면, 소량의 당이 박테리아의 세포 속으로 들어가서 억제자를 비활성화시켰다. 더이상 억제되지 않은 유전자들은 박테리아가 젖당을 소화하는 데 필요한 단백질을 만들 수 있었다.

오늘날 파디, 자코브, 그리고 모노가 이 연구를 토대로 발간한 논문은——당시 저자들의 이름 앞글자를 따서 파자모 논문PaJaMo paper이라 불렸던——시대를 앞질러 분자생물학에서 이루어진 모든 연구의 기초를 마련해 준 몇 안 되는 논문 중 하나로 간주된다. 유전자가 활성화되거나

---

[*] β-D-갈락토시드류에 있어서의 발단의 비환원성 β-D-갈락토시드 잔기들의 가수분해 작용을 촉매하는 효소. 젖당도 β-D-갈락토시드류에 속하기 때문에 이 효소에 의해 갈락토스와 포도당으로 분해된다.

불활성화될 수 있고, 억제자와 같은 특정 분자들이(후일 단백질로 판명되었다) 조절 능력을 가진다는 점을 이해하게 되면서 이후 수많은 생물학 문제들을 연구하는 토대가 마련되었다. 예를 들어, 사람과 같은 복잡한 생물체의 발생, 정상세포가 암세포로 변화하는 과정, 그리고 생물체가 환경으로부터 받는 수많은 도전을 이겨 내고 살아남는 방법 등이 그런 문제들에 포함된다.

나는 우선 아서 파디와 함께 연구를 하라는 자코브의 제안을 받아들였다. 1960년 12월에 로웰 헤이거의 지도로 박사논문을 끝내고, 나는 곧장 바브라와 함께 미국을 횡단해서 캘리포니아 버클리로 차를 몰았다. 같은 달, 우리는 펜실베이니아에 있는 바브라의 부모님 댁에서 결혼식을 올렸다. 나는 파디의 실험실에서 연구를 시작했고, 바브라는 계속 버클리에서 영어 교사로 일했다. 1960년대의 버클리는 케임브리지와는 사뭇 달랐고, 아서 파디 역시 로웰 헤이거와는 전혀 딴판이었다. 가령 아서는 수줍음을 많이 타서 교실에서 강의를 할 때 학생들의 얼굴을 제대로 쳐다보지도 못할 정도였다. 그럼에도 불구하고, 그는 과거나 지금이나 많은 연구성과를 내는 주목할 만한 과학자이다. 그는 분자생물학이라는 신생 분야에서 연구의 새로운 영역들을 개척한 숱한 발견에 관여했다. 그 중에는 단백질을 만드는 데 필요한 세포기구(리보솜)의 발견, 화학물질이 돌연변이원으로 기능하는 현상에 대한 이해, 그리고 생체세포에서 일어나는 물질대사 제어를 위한 주요 메커니즘(피드백 억제)에 대한 추론 등이 포함된다. 이러한 독창적인 발견들 중 하나라도 이룬 과학자라면 대부분 자신들이 시작한 연구의 세부 사항을 완성하기 위해 남은 삶을 모두 바쳤을 것이다. 실제로, 로웰 헤이거도 우리가 그의 실험실에서 시작했던 염화물 물질대사에 대한 연구를 최근까지 성공적으로 계속해 왔다. 그러나 아서는 너무 활동적이어서 그런 정도로 만족할 수 없었다. 그의 관심은 주기적으로 새로운 분야로 옮겨 갔고, 이전 실험에서 나타난 특이한 결과를 추적하곤 했다. 나는 과학자가 된다는 의미가 엄격한 규칙들을 지키는 것이 아님을 깨닫기 시작했다. 개성이 다른 사람들이 제각기 다른 길을 걸어도 비슷한 수준의 성공을 거둘 수 있는 것이다.

소심한 성격과 자신만의 독특한 경력에도 불구하고, 아서는 과학에서 성공하려면 무엇이 필요한지에 대한 확실한 감각을 가지고 있었다. 그는 그런 느낌을 거리낌없이 학생들이나 박사후 연구원들에게 표현했다. 내가 실험실에 합류한 직후, 아서의 한 여학생이 막 쿠바 여행에서 돌아왔다. 그 학생의 상식 밖의 행동에 화가 난 아서는 그녀를 자신의 연구실로 불러 후일 우리가 "기구氣球 훈계"라고 부른 일장 연설을 했다. 그 여학생의 이야기를 간추려 보면 훈계의 내용은 대략 이러했다. "과학자란 기구와도 같다. 처음에 무게 조절용 모래주머니들을[이 여학생의 경우에는 쿠바 여행] 일정량 싣고 출발한다. 그 과학자가 성공하려면 모래주머니들을 아래로 던져야 하고, 그렇지 않으면 기구가 상승하지 않을 것이다." 그런 다음 아서는 한참 뜸을 들인 다음, 이렇게 덧붙였다. "물론 아무리 많은 모래주머니를 던져도 결코 상승하지 않는 기구도 간혹 있지."

나는 혹여 같은 설교를 듣게 되지나 않을지 조바심이 났다. 나는 그런 성공을 추구하는 데 문제가 있었고, 성공에 필요한 욕망조차 없었기 때문이었다. 내 실험실은 버클리 대학 캠퍼스의 높은 지대에 위치한 바이러스 실험동 4층에 있었다. 창문으로 내다보면 캠퍼스 전체는 물론이고, 버클리, 샌프란시스코 만, 그리고 금문교 일대가 한눈에 들어왔다. 날

씨는 화창했고, 캠퍼스는 활기로 가득 차 있었다. 나는 점심 시간이면 실험실을 벗어나 스프라울 광장에서 미국의 대내외 정책을 성토하는 발언자들의 연설을 듣곤 했다. 케임브리지의 정치적 수동성과 극명하게 대비되는 이런 분위기가 훗날 1960년대에 거세게 밀어닥칠 사회적 대격변의 전조일 줄은 전혀 몰랐다. 나는 야외에서 친구들과 함께 점심을 먹고, 이러한 변화를 주제로 대화를 나누었고, 때로는 로즈 가든에서 테니스를 즐기기도 했다. 다시 실험실로 돌아가지 않는 날도 자주 있었다. 친구인 존 레오나르도는 (그는 오늘날 비중 있는 문학비평가가 되었다) 내게 평화방송이나 KPFA*를 통해 방송된 션 오케이시**의 자서전 낭독 대본을 얻어다 주기도 했다. 다시금, 나는 과학자로서의 미래에 대해 깊이 고민하게 되었다.

그러나 내 주변에서 벌어진 예상치 못한 변화가 내 삶에서 버클리의 유혹을 막아 주었고, 이러한 의구심들이 끓어오르지 못하게 억눌렀다. 『프랑스 과학원 회보』에 실린 글을 읽으면서 과학자가 되겠다는 영감을 얻었을 무렵, 아서 파디로부터 온 소식이 그 영감을 충족시켜 주었다. 버클리에 도착한 지 불과 몇 달 만에, 아서는 그의 그룹을 모두 불러모아 자

---

* 2차 세계대전 직후 "서로의 가치를 인정하며 정치적 이견이 자유롭게 소통되는 공간"을 라디오를 통해 만들기 위해 양심적 병역거부자들의 캠프에서 시작되었고, 청취자가 직접 후원하는 세계 최초의 진보적 라디오 방송국이다. 1949년 시인이자 평화운동가인 루이스 힐이 주도했다. 얼마 전에 이 방송국의 50여 년에 걸친 격동의 역사를 다큐멘터리로 만든 「KPFA-주파수는 민중의 것이다」(KPFA on the Air, 2002, 미국)가 제작되기도 했다. 현재 Pacifica Radio network KPFA Berkeley, KPFK Los Angeles, WBAI New York, KPFT Houston, WPFW Washington, D.C. 그리고 27개 주에 걸쳐 약 60개의 분회들이 가입해 있다. 2003년 현대자동차 파업 소식을 노동자들의 승리로 보도하는 등 남북한 관련 뉴스도 자주 소개된다. http://www.kpfa.org
** Sean O'Casey. 아일랜드의 극작가. 전쟁과 혁명 기간의 더블린 빈민가를 다룬 사실주의극으로 잘 알려져 있다. 14세부터 육체노동을 했으며, 노동에도 많은 관심을 보였다.

신이 프린스턴 대학의 생물학과 교수직을 수락했고 우리는 그와 함께 프린스턴으로 가거나 버클리에서 다른 교수의 실험실로 옮길 수 있다고 말했다. 나는 또 다른 박테리아 유전학자인 건서 스텐트의 실험실로 옮기는 방안을 생각해 보았지만, 아서의 실험실이 내게 가장 적합하다는 결론을 내렸다. 또한 나의 가장 큰 꿈인 파스퇴르 연구소에 들어가기 위해서도 아서와 함께 연구를 해야 했다. 1961년 여름, 나는 대부분의 연구팀과 함께 뉴저지주 프린스턴으로 옮겼다.

버클리에 처음 왔을 때도 케임브리지와 무척 대조적인 느낌을 받았지만, 버클리와 프린스턴의 차이는 그보다 훨씬 심했다. 프린스턴은 대학을 중심으로 형성된 작은 고장이었다. 마치 대학 도시로 타고난 것처럼 보이기도 했다. 대부분의 시설은 학생 클럽을 중심으로 한 학부생들의 생활 공간으로 이루어져 있었다. 그리고 보수적이다 못해 퇴행적이기까지 했다——학생 기숙사의 많은 창문들에는 여전히 남군 깃발이 장식되어 있을 정도였다. 가장 남부적인 성향을 띤 이 아이비리그 대학은 남부의 엘리트 자제들을 끌어모았다. 이곳에는 버클리에서와 같은 오락거리도 없었다. 내가 지내던 아파트에서 5분 거리에 있는 실험실에서 연구를 하는 것 이외에는 다른 할 일이 거의 없었다.

나는 일하고, 읽고, 생각했다. 지금까지 살아오면서 그렇게 오랫동안 실험실에서 연구에 몰두했던 적은 한 번도 없었다. 나는 도서관에서 수많은 교과서와 연구 논문들을 읽으면서 스스로를 유전학자로 훈련시켰다. 고등학교, 대학, 그리고 대학원까지 한 번도 공부해 본 적이 없던 새로운 분야로 이주한 것이었다. 그리고 그 어느 때보다 과학에 대해 많은 생각을 했다. 박테리아 유전학 연구를 하면서 얻는 기쁨 중 하나는 실험이 짧은 시간에 가능하다는 것이었고, 다른 하나는 많은 생각을 해야 한다는 점이었다. 이 분야는 창조성을 요했고, 물음에 답하기 위해 독창적인 접근방식을 개발해야 했다. 내 경우에는 특수한 과정에 영향을 주는 박테리아의 돌연변이를 찾는 새로운 방법을 개발하는 것이었다. 파스퇴르 연구소의 내 우상들이 나를 매료시켰던 것도, 부분적으로, 이 분야만이 갖는 특성 때문이었다.

그 무렵 자코브의 연구실로 자리를 옮길 준비가 갖춰졌던 것 같다. 사실 아서는 자코브와 대서양을 가로지르는 공동연구를 준비하고 있었고, 우리는 1962년에 파스퇴르 연구팀과 함께 논문을 출간했다. 그래서 나는 낙관적인 마음으로 자코브에게 다시 편지를 썼다. 그러나 실망이었다. 그에게는 여전히 내게 줄 자리가 없었다(아니면 자코브는 내가 아직 준비가 덜 되었다고 생각했던 것일까?). 그 대신 나는 런던에서, 윌리엄 헤이즈의 박테리아 유전학 연구팀에서 3년차 박사후 연구 과정을 시작했다. 미생물유전학 연구소Microbial Genetics Research Unit, McGrew는 해머스미스 병원에 있었다. 아일랜드에서 과학자로서의 경력을 시작한 빌[윌리엄] 헤이즈는 박테리아가 짝짓기를 하면서 DNA, 즉 유전물질을 교환하는 메커니즘에 대한 선구적 연구로 잘 알려진 유전학자였다. 자코브와 울망의 연구와 함께 이 연구는, '파자모 논문'과 억제자 모형, 그리고 생물학에서 이루어진 그 밖의 진전을 이끌어 낸 파스퇴르 연구소의 연구가 가능해지도록 중요한 토대를 제공해 주었다. 헤이즈는 한 무리의 유명한 유전학 연구자들을 해머스미스로 불러모았다. 이 연구자들뿐 아니라 그의 학생들도 무척 독립적으로 연구했다. 나는 자유롭게 아서 파디의 실험실에서 시작했던 프로젝트를 계속할 수 있었고, 존 스케이프와 폴 브로다라는 두 명의 학생들과 공동으로 연구했다.

해머스미스 병원 사회는 내가 미국에서 경험했던 과학 환경보다 훨씬 느슨했다. 그곳에서는 미국의 과학적 분위기에서 나타나는 강도 높은 긴장감을 찾아볼 수 없었다. 미국에서는 근무일이면 오로지 과학에 대한 대화만 오가는 것이 상례였다. 반면 영국에서 늘상 있는 오후의 차 마시는 시간은 함께 잡담을 하거나 대화를 나눌 기회였다. 종종 엘리자베스 여왕과 왕가를 둘러싼 가십이 잡담의 주제에 오르기도 했다. 영국의 문화 생활은 이 나라의 계급 구조와 밀접한 관계를 가지는 것 같았다. 대부분의 농담은 영국의 계급 차이를 소재로 삼았다. 가령 상류계층의 거만함, 노동계급의 자부심 등이 그런 예였다. 일상적인 과학자들의 삶은 내가 상상했던 것보다 훨씬 더 긴밀하게 과학 바깥의 세계와 결합되어 있는 것처럼 보였다.

나는 해머스미스 병원에서 행복한 1년을 보냈다. 그러나 그 해가 끝나면 무엇을 할 것인지 아무 계획도 없었다. 연구비는 거의 떨어졌고, 미국으로 돌아가면 일자리를 주겠다는 제안도 전혀 없었다. 마침내 과학을 계속할 채비가 되었고 열심히 노력하고 있었지만, 과학계에서 자리를 얻을 만큼 충분한 업적을 이루지 못하지 않았는가? 과연 과학이 나를 받아줄까? 결국 나는 다시 과학을 떠나야 할지 고민하기 시작했다.

아서의 연구실에서 나를 런던으로 데려왔던 연구 프로젝트가 이런 물음에 대한 답을 얻는 데 도움을 주었다. 해머스미스에서 지낸 1년 동안, 나는 유전자가 제어되는 방식에 대한 연구에 중요한 함축을 갖는 결과를 얻었다는 사실을 깨달았다. 나는 프린스턴에서 '파자모 논문'의 주제, 즉 대장균 젖당 유전자와 그 단백질 산물의 체계에 대한 연구를 시작했다.

나는 이 두 유전자가 발현되고 조절되는 방식을 좀더 깊이 파헤치는 데 관심이 있었다. 자코브, 모노, 그리고 그들의 공동 연구자들은 lac 유전자를 영구적으로 작동하지 못하게 하는 특정 돌연변이를 발견했다. 돌연변이 박테리아에서 영양 배지에 젖당이 존재하더라도 세포는 더이상 β-갈락토시드 가수분해효소나 수송단백질을 만들지 못한다. 프랑스 연구팀은 돌연변이가 유전자 발현 과정을 개시하는 데 필요한 lac 영역의 한 부위를 불활성화시켰다고 주장했다. 그들은 이 부위를 프로모터promoter라고 불렀고, 바로 이 곳에서 유전자가 RNA(리보핵산) 전사물로 복제된다고 주장했다.

아서와 나는 자코브에게서 이 돌연변이 박테리아를 얻어 내서, 젖당을 이용하는 세포 능력에 영향을 미치는 새로운 종류의 돌연변이를 만들었다. 프린스턴과 런던 두 곳에서 이 돌연변이를 깊이 연구하면서 나는 파스퇴르 연구팀이 얻은 돌연변이가 lac 프로모터, 즉 RNA 전사 개시 부위에 존재할 수 없다는 사실을 분명히 깨달았다. 프로모터 부위를 밝혔다는 그들의 주장은 잘못이었다. 실제로, 돌연변이는 β-갈락토시드 가수분해효소를 지시하는 유전자 안에 있었고, 단백질 생성을 방해했다. 이 돌연변이들은 유전자의 RNA 전사물의 번역을 방해했다. 내가 논박한 자코브-모노 모델의 특성은 어떤 점에서 보자면 사소한 부분이었다. 그러나 자코브와 함께 연구하지 않고서도, 나는 그의 연구의 한 측면을 반증한 셈이었다.

어쨌든, 거인들을 흔들었다는 것은——그처럼 위대한 과학자들도 실수를 할 수 있다는 사실을 입증해서——이 분야에 있는 사람들에게는 새로운 근본적인 생물학적 사실을 발견하는 것만큼이나 흥분되는 일이었다. 갑작스레 나는 우상파괴자로 인정을 받았다. 학술회의에서 내 연구에 대해 발표해 달라는 요청이 쇄도하기 시작했다. 미국에서 일자리를 얻을 전망이 전혀 없었던 내게 하버드 의대와 버클리의 캘리포니아 대학이 동시에 교수 채용 의사를 타진해 왔다. 하버드 의대의 박테리아학 및 면역학과 학과장을 맡고 있던 버너드 데이비스는 교수 채용 면담을 위해 케임브리지에서 런던으로 날아왔다. 내가 마음속으로 가장 존경했던 과학자 중 한 사람인 시드니 브레너도 영국의 케임브리지에서 런던으로 달려와 돌연변이 연구 중 일부를 공동 프로젝트로 수행할 수 있을지 물었고, 자신의 실험실의 박사후 연구원 자리를 제안했다. 그리고 마침내 내 꿈이 현실로 다가왔다. 프랑수아 자코브가 그의 연구실에서 일하게 해달라는 나의 세번째 요청에 긍정적인 답을 해온 것이다. 어쩌면 자신의 도전자를 받아들이는 데 흥미를 느꼈을지도 모를 일이다. 몇 개의 초청장을 손에 쥔 나는 박사후 연구의 마지막 기간을 보낼 연구비를 얻을 수 있었다. 그리고 하버드에서 교수직을 제안해 왔다. 다른 과학자들이 내 발견을 알게 되면서, 생물학계에서 별 볼일 없는 사람이었던 나는 비로소 사람으로 대접을 받게 되었다.

결국 런던 시절은 좋은 결말로 맺어졌다. 바브라와 내가 존 스케이프와 아주 가까운 친구가 되었다는 점에서 개인적으로도 무척 바람직한 시간이었다. 존과 나는 해머스미스 병원에서 바로 옆에서 함께 연구를 했다. 그는 영국 북부 웨스트요크셔주의 도시 리즈의 노동계급 출신이었다. 그곳에서 대학을 가기로 한 그의 선택은 자신의 계급에 대한 배신 행위로 간주되었다. 존은 더 이상 그가 자란 고향의 이웃들로부터 환영받지 못했다. 또한 그는 동성애자였고, 오스카 와일드의 시대 이래로 그다지 바뀐 것이 없는 것처럼 보이는 영국에서 자신이 처한 상황에 대해 고민했다.* 런던을 떠나기 전에, 나는 하버드 의대에 꾸릴 내 실험실에 합류하도록 그를 초청했다.

1963년 12월, 나는 시드니 브레너와 9개월 동안 함께 연구하기 위해 영국 케임브리지로 향했다. 자코브에게는 1964년 가을까지 내게 줄 자리가 마련되지 않았다. 케임브리지에서 나는 제임스 왓슨이 몇 년 후 그의 전기『이중나선』The double helix으로 출간될 책을 집필하고 있는 분위기를 감지했다. 힐스 로드에 있는 의학연구위원회Medical Research Council 연구소에는 노벨 수상자들과 곧 노벨 상을 받게 될 프랜시스 크릭, 막스 페루츠, 존 켄드루, 그리고 프레드 생어와 같은 과학자들이 득시글거렸다. 나를 포함해 많은 사람들은 시드니 브레너가 그 범주에 들어갔어야 한다고 생각하고 있었다. 하루하루 강도 높은 지적 경험이 이어졌다. 특히 이곳에서 빼놓을 수 없는 차 마시는 시간이면 사람들은 과학적 착상을 쏟아 내고 활발한 토론을 벌였다. 또한 나는 매일같이 케임브리지의 과학적 생활뿐 아니라 사회 생활까지 지배하던 지독한 오만함도 겪었다. 재치 있는 입담의 달인쯤 되는 칸타브리지언들**로부터 존경을 받을 수 있는 케임브리지 서클 밖의 과학자들은 불과 몇 명 되지 않았다. 그들은 송곳처럼 날카로운 기지로 전 세계 대부분의 과학자들을 조롱거리로 삼았다.

---

* 오스카 와일드는 19세기 말에 동성애자라는 이유로 2년의 옥살이를 하고 결국 1900년 11월에 파리에서 비극적인 죽음을 맞이했다. 그로부터 약 백년이 지난 1998년에야 트라팔가 광장에 그의 흉상이 세워졌다.
** Cantabridgian. 원래 케임브리지 대학에 속한 사람들을 뜻한다. 여기에서는 케임브리지에 있는 대학이나 연구소 등에 있는 과학자들을 가리킨다.

언젠가 티타임에 프랜시스 크릭은 브레너와 크릭이 발간한 최근 논문에서 자신의 연구를 인용하지 않은 데 대해 불만을 표시한 한 미국 유전학자에게 보낸 편지를 소리내어 읽은 적이 있다. 편지는 감정이 상한 유전학자를 달래 주는 척하면서 실상은 신랄하게 빈정대는 문구로 쓰여 있었다. 해머스미스의 티타임은 케임브리지에 비하면 진짜 차 마시는 시간이었다.

그렇지만 시드니 브레너와 긴밀하게 연구를 한 기간은 내 과학 경력에서 형성기에 해당하는 중요한 경험이었다. 그는 누구보다 먼저 실험실에 출근해서 내 박테리아가 자라고 있는 한천 배양기를 들여다 보았고, 내가 실험실에 도착하면 이미 내게 결과를 해석해 줄 준비를 끝낸 상태였다. 그는 우리의 연구와 다른 사람들의 연구에 대해 거의 쉬지 않고 토론을 계속했다. 실험실에서의 일상은 나를 녹초로 만들었지만 동시에 엄청난 활력을 불어넣어 주었다. 시드니와 함께 보낸 강도 높은 시간들은 대부분 그의 말을 경청하고, 생물학적 문제들에 대한 그의 접근방식—자연을 이해하는 도구로서 유전학의 힘에 대한 그의 깊은 믿음—의 진가를 인정하는 것이었으며, 마치 무언가에 세뇌받는 기분이었다. 물론 그것은 좋은 의미에서의 세뇌이다. 나는 그 이전보다 훨씬 믿음이 강한 신자로 거듭났다. 시드니가 자코브의 실험실에 가지 말고 1년 더 머물지 않겠느냐는 제안을 했지만, 나는 거절했다. 내게는 파리에서 지내고 싶은 강렬한 꿈이 있었다. 또한 이 긴장의 연속에서 벗어나야 했고, 내가 스스로 사고할 수 있는지 다시금 확인하고 싶었다. 나는 케임브리지의 젠체하는 분위기에 넌덜머리가 났다. 그런 경험은 이미 겪은 하버드 학부과정으로 충분했다.

런던과 마찬가지로 케임브리지에서도 나는 좋은 친구를 만났다. 훗날 과학자로서의 내 경력을 되돌아볼 때 그 의미를 깨달을 수 있었던 소중한 만남이었다. 그는 같은 실험실에서 함께 연구했던 에선 시그너였다. 그는 막 MIT에서 박사학위를 끝낸 미국인이었다. 에선은 분자생물학의 선구적 분야였던 생화학에 팽배했던 근엄함의 틀을 깨부수는 데 일조했던 신세대 중 한 명이었다. 미국으로 돌아간 그는 바이올린을 연주하고 '찰스 리버 보이즈'라는 블루글래스* 그룹과 함께 포크송을 불렀다. 1963년에는 리치 페리나, 에릭 폰 슈미트, 그리고 밥 딜런(당시 그는 익명으로 연주했다)과 함께 음반을 녹음하기도 했다. 나와 마찬가지로 에선도 자신이 계속 과학을 할 수 있을지 의문을 품었다. 또한 나처럼 프랑수아 자코브의 실험실에 들어가기를 열렬히 원했고, 결국 꿈을 이루었다. 우리는 함께 파리로 향했고, 결국 파스퇴르 연구소의 같은 실험실에 들어가게 되었다.

파리는 과학적으로 내가 원할 수 있었던 모든 것이었다. 나는 과거에 시드니 브레너와 지냈듯이 프랑수아 자코브와 가깝게 지내지는 못했다. 그러나 그런 것은 아무런 문제도 되지 않았다. 나는 좀더 독립적으로 연구해야 할 단계에 와 있었기 때문이었다. 자코브과 모노는 내가 영국이나 미국에서 만났던 과학자들과는 전혀 딴판이었다. 그들의 과학적 스타일 때문에 그들은 내게 실물보다 더 크게 느껴졌다. 그것은 내가 점점더 프랑스 문화와 동일시하게 된 스타일이었다. 그들의 저작은 논리정연하고 우아했다. 그들은 매력적인 논리로 설득했다. 자코브, 모노, 울망, 그

* blue-grass. 미국 남부에서 발생한 기타·밴조·피들 등으로 연주하는 템포가 빠른 컨트리 음악.

들만큼이나 뛰어난 앙드레 르보프, 그리고 그들의 학생들과 함께 매일 점심 식사를 하면서, 나는 그들의 과학철학에 지속적으로 접하게 되었다. 나는 그들의 종교, 즉 실험과 이론의 지도 원리인 단순성과 아름다움에 대한 믿음을 받아들이는 열렬한 개종자였다. 모노는 이렇게 말했다. "아름다운 모델이나 이론이 옳지 않을 수도 있지만, 추한 모델이나 이론은 반드시 틀린 것이다."(동료들은 모노가 이 말을 했다고 생각했지만, 모노가 자신 이전에 이미 폴 디랙과 토머스 H. 헉슬리가 이와 비슷한 정서를 느꼈다는 것을 알았다는 데에는 의심의 여지가 없다.)

자코브와 모노의 개인사에 대해 더 많은 사실을 알게 되면서 그들에 대한 나의 외경심은 한껏 높아졌다. 자코브는 큰 키에 품위가 있었고, 모노는 그보다 작았지만 소박하고 사람을 끄는 매력이 있었다. 프랑스에 살던 유태인이었던 자코브는 2차 세계대전 중에 프랑스를 탈출해 영국으로 갔고, 그곳에서 샤를 드골의 자유프랑스군에 합류했다. 후일 그는 프랑스 해방을 위한 침공 작전에서 심한 부상을 입었다. 같은 시기에 프랑스인 위그노 교도였던 모노는 파스퇴르 연구소에서 연구원 지위를 유지하면서 비밀리에 파리에 있는 레지스탕스와 함께 활동했다. 전쟁이 끝난 후, 모노는 알베르 카뮈가 공산주의에 대한 좌파의 대안으로 조직했던 그룹에 가담했다(그후 유명해진 한 사진은 1968년 5월 학생봉기 당시 바리케이트에서 부상당한 학생들을 돕고 있는 모노의 모습을 잘 보여 주었다). 나는 버클리에서 거리의 급진적인 연사들에 웬만큼 익숙해져 있었다. 그러나 난생 처음으로 진보적인 정치적 입장을 가진 과학자를 만나고 있었다. 하버드의 화학과에서 시작해서 불과 수년이라는 짧은 기간 사이에 먼 길을 거쳐 온 셈이었다.

나의 과학 경력에서 파스퇴르 연구소 시절은 특히 중요했다. 그것은 에선 시그너와 내가 이룬 발견 때문이었다. 나는 자코브와 그의 학생 프랑수아 쿠쟁의 일부 연구를 따라잡기 시작했다. 그들은 젖당 활용에 관여하는 유전자(lac 유전자)를 대장균 염색체상의 정상 위치에서 같은 염색체의 다른 위치로 이동——전위transposing——시키는 수단을 발견했다. 나는 이 새로운 종류의 '전위' 주strain들을 만들기로 작정했다. 각 주는 박테리아 염색체의 다른 위치로 이동한 lac 유전자를 가질 것이다. 나는 내가 얻은 전이 주 중 하나가, Φ80phi eighty이라 불리는 박테리아 바이러스가 자신의 염색체를 삽입시키는 경향이 있는 염색체 지점에 가까이 이동한 유전자를 가지고 있다는 사실을 발견했다. Φ80 바이러스가 자신의 유전물질을 박테리아의 염색체에 재조합시키면 대장균 세포를 죽이거나 휴면 상태로 만들 수 있었다. 박테리아에 적은 양의 자외선을 쪼이면 바이러스 DNA가 염색체에서 절단되면서 박테리아는 휴면상태를 벗어났다. 그후 바이러스는 증식해서 세포를 죽인다. 때때로 Φ80이 절단될 때, 염색체의 인접 유전자들을 함께 가지고 나오는 경우가 있었다. 그런 다음 이 박테리아의 유전자는 바이러스 염색체의 일부가 되었다.

공교롭게도, 바로 내 옆에서 일하던 에선도 Φ80 바이러스를 연구하고 있었다. 나는 그에게 내가 발견할 사실을 일러주었다. 그는 내가 분리했던 특정 전위 주에서 lac 유전자가 Φ80의 삽입 부위에 인접했기 때문에, 바이러스가 박테리아 염색체에서 절단될 때, 그 바이러스가 인접한 lac 유전자를 자신의 염색체에 삽입할 수 있을 것이라고 제안했다.

우리는 내 주를 취해서, 그로부터 lac 유전자 가까운 곳에 도입된 Φ80 염색체 파생물을 얻었다. 그리고 그 박테리아 세포에 약한 자외선을

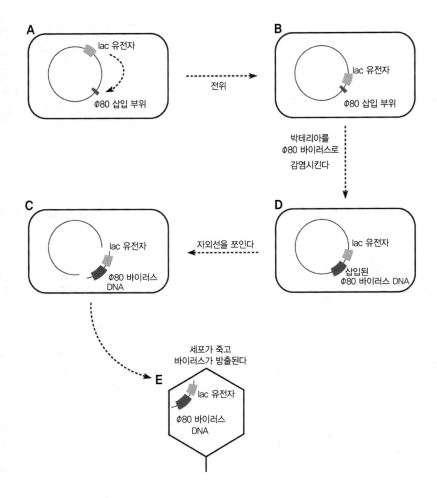

<그림 1> 바이러스 염색체로 lac 유전자를 클로닝하는 과정.

Ⓐ 단일한 고리형 염색체를 가진 대장균 세포의 그림. Ⓑ 여기에 나타나지 않은 일련의 단계를 거쳐, 우리는 lac 유전자를 염색체 상의 정상 위치에서 φ80 바이러스 DNA가 박테리아 염색체에 삽입된 부위 근처 위치로 이동(전위)했다. Ⓒ 박테리아가 바이러스에 감염된 후, 바이러스 DNA가 박테리아 염색체에 삽입된다. Ⓓ 박테리아에 자외선을 쪼이면, φ80바이러스 DNA가 박테리아의 염색체에서 절단된다. 또한 자외선 조사로 바이러스 DNA가 박테리아 세포를 죽이는 바이러스 생성 주기가 시작된다. Ⓔ 죽은 박테리아에서 나온 몇 개의 박테리아는 이제 자신의 DNA뿐 아니라 lac 유전자까지 갖게 된다. 바이러스 DNA는 바이러스의 단백질 외피로 둘러싸여 있다.

쪼였다. 박테리아를 죽인 다음 박테리아에서 나타난 바이러스 입자들 중에 소수는 자체 유전물질 이외에 lac 유전자를 더 가지고 있었다(56쪽의 〈그림 1〉을 보라).

에선의 발상은 제대로 들어맞았다. 우리는 lac 유전자를 박테리아 염색체보다 훨씬 작은 바이러스의 염색체에 삽입했다. 이제 이 유전자들을 박테리아 염색체의 나머지 유전자들로부터 분리하였다. 그로 인해 이 유전자의 기능을 상세히 연구하기가 훨씬 수월해졌다. 그러나 이 기법을 일반적으로 적용하기란 불가능했다. 우리가 성공을 거둘 수 있었던 것은, Φ80 바이러스가 자신의 DNA를 삽입한 염색체 부위 가까운 곳에 우연히 존재하던 lac 전위를 운좋게 발견했기 때문이었다. 그런 다음, 나는 lac 유전자가 박테리아 염색체의 이 부분으로 가도록 특정해서 지시할 수 있는 방법에 대해 생각했다. 이 접근방식이 성공했을 때, 우리는 박테리아 유전자를 바이러스에 삽입하는 일반적인 수단을 개발했다는 사실을 깨달았다.

우리는 유전자를 정상 염색체 위치에서 이탈시켜 조작과 연구가 쉬운 DNA(바이러스 DNA)의 작은 조각에 넣는 방법을 처음으로 개발했다. 이러한 일반적인 접근방식이 후일 클로닝clonning이라고 불리게 되었다. 이후 사용된 클로닝 기법들은 우리가 개발했던 방법에서 크게 진전된 것이었지만, 우리는 유전자와 그 기능을 연구하는 방법의 개념적인 선례를 만들었다. 이 마지막 발견이 파스퇴르 연구소에서 보낸 생산적인 과학 연구 기간의 가장 빛나는 업적이었다. 거기에는 두 명의 미국인 박사후 과정 연구원, 오스틴 뉴턴과 울프 엡스테인과 함께 했던 공동 연구도 포함되었다.

1965년 가을, 나는 보스턴 하버드 의대의 교수가 되었고, 유럽에서 시작했던 연구 중 일부를 내 실험실에서 계속하기 위한 준비에 착수했다. 존 스케이프가 박사후 연구원으로 합류한 것은 내게 크나큰 기쁨이자 행운이었다. 그가 온 것은 우리의 우정과 이미 연구를 통해 확인했던 생산적인 관계 덕분이었다. 기술자 닐 크리거와 함께, 우리는 자코브와 그의 동료들이 분리했던 '이른바 프로모터 돌연변이'가 실제로는 프로모터 돌연변이가 아니라는 앞서의 내 발견을 계속 발전시키기 위한 후속 프로젝트를 시작했다. 우리는 진짜 프로모터 돌연변이를 얻는 방법을 고안하고자 했다. 우리는 세포가 lac 유전자를 발현해야 할 유전자로 인식하지 못하게 방해하는 lac 유전자의 돌연변이 변화를 찾을 계획이었다. 그 유전자는 영구적으로 억제될 것이다. 그 유전자를 발견할 수 있다면, 그 부위가 어떻게 작동하는지 연구를 시작하게 될 것이다.

돌연변이를 찾는 과정의 문제는 이들 유전자에서 나타나는 어떤 종류의 변화라도 세포가 젖당을 물질대사하지 못하도록 방해할 수 있다는 것이다. 나는 잘못된 돌연변이를 선택했던 자코브와 모노의 실수를 되풀이하고 싶지 않았다. 결국 나는 이 프로모터 부위에서, 젖당 대사를 방해하는 그 밖의 모든 종류의 원인들과 전혀 다르게 작동하는 돌연변이를 찾는다는 생각을 하게 됐다. 우리는 세포들이 젖당을 성장에 전혀 사용할 수 없는 돌연변이 주를 찾는 것이 아니라, 젖당 사용 비율이 크게 줄어들지만 전혀 사용하지 못지는 않는 계통을 찾고자 했다. 우리는 이러한 '불완전'leaky 돌연변이*가 프로모터 영역에 있으면, 젖당 단백질, β-갈

---

* 유전자에 돌연변이가 일어나 그 기능이 완전히 소실되지는 않고 정상보다 저하돼 있는 상태.

락토시드 가수분해효소, 그리고 수송단백질의 양을 모두 감소시킬 것이라고 예상했다. 이 예측은 적중했다. 이 기이한 특성을 갖는 것으로 밝혀진 돌연변이는 우리가 예상했던 그대로였다. 우리는 한 유전자의 프로모터 부위에 있는 첫번째 돌연변이를 찾아냈다. 이 돌연변이들에 대한 후속 연구로 우리는 이 부위가 작동하는 방식의 여러 측면들을 밝히게 되었다.

또한 우리는 에선 시그너와 파리에서 시작했던 연구도 계속해 나갔다. 과거에 우리는 lac 유전자를 특정 바이러스의 게놈 속으로 '클로닝'하는 것이 가능함을 입증했었고, 이제는 내 실험실에 있는 두 명의 박사후 연구원 캐런 이펜과 제임스 샤피로가 lac 유전자를 λ(람다)라 불리는 또 하나의 바이러스에 클로닝하는 연구를 진행하고 있었다. 그리고 대학원생인 수전 고트스먼은 박테리아 염색체에서 나온 다른 유전자들에서도 같은 과정을 적용할 수 있다는 사실을 밝혀냈다.

그때 통찰력이 번득였다. 1969년 초의 어느 날, 나는 종잇조각에 lac 유전자를 가진 두 개의 바이러스의 구조를 그리고 있었다. 그런데 갑자기 이런 생각이 떠올랐다. 쌍을 이룬 두 바이러스의 염색체들은 대체로 서로 다른 DNA 염기서열로 이루어져 있었다. 둘은 β-갈락토시드 가수분해효소에 관여하는 유전자만을 공유했다. 나는 이 두 개의 바이러스를 이용해서 lac 유전자를 완전히 분리시킬 수 있을 것이라고 생각했다. 우리는 각각의 바이러스의 두 개의 DNA 가닥을 분리한 다음 모든 가닥을 뒤섞어서 임의적으로 서로 쌍을 이루게 할 수 있을 것이다. 이 과정으로 두 바이러스에서 나온 가닥들 사이에서 이중가닥 lac 유전자가 형성되는 구조가 만들어질 것이다. 그리고 그 구조는 아직 쌍을 이루지 못한 나머지 DNA가 상당 부분 존재할 것이다. 왜냐하면 그 DNA는 다른 염기서열을 가진 다른 바이러스들로부터 나온 것이기 때문이다. 이 DNA에 단일가닥 DNA만을 공격하는 디옥시보리핵산 가수분해효소DNAase라는 특정 효소를 가하면, 모든 단일가닥 영역들이 파괴되고, 오직 이중가닥 영역만 남게 될 것이다. 그것이 lac 유전자이다. 그렇게 되면 이 유전자는 순수해진다. 우리의 과제는 옆 실험실에 있는 박사후 연구원 개럿 아일러가 처음 우리에게 제안했던 착상을 멋지게 변형시킨 아이디어 덕분에 아주 쉽게 이루어졌다. 이 아이디어가 실제로 작동한다면, 우리는 유전자를 정제하는 최초의 연구팀이 될 것이다. 우리 자신뿐 아니라 다른 사람들의 연구를 위해서도, 정제된 유전자는 유전자 발현과 조절에 대한 연구를 획기적으로 쉽게 만들어 줄 것이다.

실험실의 모든 사람들이 흥분을 감추지 못했다. 짐[제임스] 샤피로는 유전자 정제gene purification의 아이디어를 실제로 시도했고, 짧은 시간 내에 그 과정을 실행에 옮겼다고 믿었다. 원하던 것을 얻었는지 검증하려면, 우리는 현미경을 사용하여 유전자를 직접 관찰해야 했다. 우리는 전자현미경 전문가인 론 매캐티를 고용해서 강력한 전자현미경으로 우리가 정제한 유전자를 관찰할 수 있는지 확인하게 했다. 시료를 론에게 전달한 다음날, 그는 우리를 불러 현미경 렌즈를 들여다보라고 했다. 우리가 본 것은 β-갈락토시드 가수분해효소를 암호화하는 lac 유전자의 예상한 길이와 정확히 일치하는 DNA 가닥이었다(62쪽의 〈그림 2〉를 보라). 다른 사람들에게는 DNA가 아니라 지렁이처럼 보였겠지만, 우리에게는 그 DNA가 정말 아름다웠다.

내 실험에서 뭔가가 이루어지면 항상 조금은 기적처럼 여겨지곤 했지만 이번은 달랐다. 이 분자는 특별했기 때문에, 엄청난 기적이었다. 우리는 처음으로 개별 유전자를 관찰한 개척자였다. 바로 이것이 과학을 하는 기쁨 중 하나이다. 자신이 새로운 사실을 처음 발견하고, 새로운 분자를 얻고, 심지어는 최초의 착상을 한 사람이라는 것을 알게 되는 즐거움이 그것이다.

우리가 이 실험을 했던 이유는 두 가지였다. 하나는 순수한 유전자의 분리가 유전학에서 중요한 업적이고, 다른 하나는 그 유전자가 생물학 연구에 유용할 수 있다고 생각했기 때문이었다. 살아 있는 박테리아 연구로부터 유전자 기능에 대해 이미 많은 추론을 할 수 있었지만, 이러한 생체 실험과 시험관 속에 있는 유전자의 DNA 자체에 대한 연구를 결합시킬 때라야만 상세한 이해가 가능할 수 있었다.

이 연구 논문을 『네이처』에 투고하기 위해 준비하면서, 우리는 이 업적이 대중적인 관심을 끌게 되리라는 것을 알았다. 우리가 거친 단계들을 통해 대장균으로부터 모든 유전자를 정제할 수 있다고 주장해도 허풍은 아니었다. 갑자기 사람을 포함해서 다른 생물체로부터 특정 유전자를 추출할 가능성이 그리 멀지 않은 것으로 느껴졌다. 이런 전망이 눈앞에 어른거리자 우리는 이 유전자 조작이 어떻게 이용될 수 있을지 상상하기 시작했다. 과거에 의학 연구자들은 분자생물학의 새로운 지식을 유전병 치료gene therapy에 적용하는 방안을 생각했다. 일부 과학자들은 특정한 유전자 결함으로 고통받는 사람들에게 유전자를 도입시키는 유전자 치료가 결함 유전자를 보정해서 질병의 진행 과정을 역전시킬 수 있을 것이라고 주장했다. 그러나 정제된 유전자를 얻지 못했기 때문에, 이러한 접

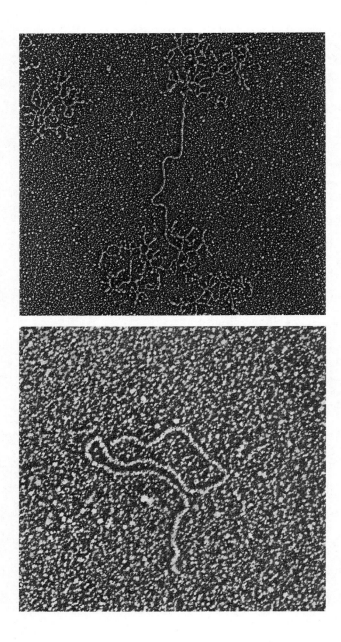

근방식은 아득히 먼 일로 여겨졌다. 그렇지만 우리의 성과 덕분에 유전자 치료가 한 걸음 더 현실로 다가왔다고 생각되었다. 만약 유전자 치료가 성공한다면, 일부 사람들은 유전병 치료를 넘어서 이 기술로 인간의 다른 특성을 바꾸려고 시도하지 않겠는가? 과연 누가 이 기술의 이용을 감독할 것인가? 어떤 유전자를 변화시킬지 누가 결정하는가? 사람을 대상으로 한 유전자 조작, 즉 유전공학을 어떻게 통제할 것인가? 우리는 심지어 정부가 올더스 헉슬리의 『멋진 신세계』가 상상했던 것과 동일한 목표를 얻기 위해 유전공학 프로그램을 남용할 수 있는 사태까지 우려해야 하는가? 그렇다면 정말 이 연구를 계속 진행하는 것이 옳은가?

나는 두 명의 공저자인 짐 샤피로와 래리 에론(의대 학생)과 함께 우리 논문이 발간되는 주에 기자회견을 열었다. 우리는 염색체에서 최초로 유전자를 분리시킨 우리의 유전학적 업적에 대해 설명했다, 그리고 이 결과에 대해 우리가 우려하고 있다는 사실도 인정했다. "우리에게는 자화자찬할 권리가 없습니다." 우리는 이러한 유전자 조작이 궁극적으로 인류에 대한 위험을 내포한다고 말했다. 다음날, 신문 머리기사들은 일

〈그림 2〉 lac 유전자의 정제(전자현미경으로 촬영한 사진).
본문에서 이미 언급했듯이, 우리는 DNA에 lac 유전자를 가지고 있는 두 개의 다른 바이러스를 얻었다(이들 중 하나인 φ80 lac의 기원에 대해서는 56쪽의 〈그림 1〉을 참조). 우리는 DNA를 높은 온도로 가열해서(이것을 DNA를 '변성시킨다'[melting]고 한다) 두 바이러스의 이중가닥 DNA 분자들을 단일가닥으로 분리하였다. 우리는 한 바이러스의 단일가닥 DNA들 중 한 가닥을 다른 바이러스에서 나온 단일가닥의 시료들을 섞어서 다시 이중가닥 분자를 형성하게 했다. 그런데 이중가닥 DNA를 형성할 수 있는 유일한 부분은 lac 유전자에 해당하는 부분이다. 이 전자현미경 사진은 DNA 분자들을 보여 주고 있다. 위쪽: 여기에서는 어느 정도의 길이에 해당하는 가운데 부분이 나머지(이중가닥)보다 두꺼운 구조가 나타나고 있다. 두꺼운 부분의 양쪽 말단에서 더 가느다란 가닥들을 볼 수 있다. 아래쪽: 왼쪽에 나타난 DNA 분자들을, 단일가닥 DNA만을 파괴시키는 효소로 처리하면, 굵은 (이중가닥) DNA 조각이 남게 된다. 두 개의 바이러스 DNA 분자의 특정 구조 때문에, 이 DNA 조각은 β-갈락토시드 가수분해효소를 지시하는 하나의 lac 유전자 말단만을 포함한다.

제히 새로운 프랑켄슈타인 괴물의 창조가 임박했다는 경고를 내보냈다. 보도의 규모는 국제적이었다. 기자들은 분명 우리의 업적을 획기적인 것으로 다루었지만, 다른 한편으로는 우리의 경고 때문에 위험성을 경고했다. 나와 일부 공동 연구자들, 그리고 젊고 야심만만한 우리 분자생물학자들이 대중들에게 과학에 대한 혼란스런 메시지를 전달하게 만든 까닭은 무엇일까? 나는 그 이전까지 과학 연구를 잠재적 오용誤用과 관련시키려고 시도한 적이 전혀 없었다. 당시까지 내 과학 경력에는 과학에 대한 사회적 우려와 관련된 부분이 전혀 없었다. 그러나 1950년대와 1960년대에는 과학의 흐름이 있었듯이, 정치적 흐름도 있었다. 다음 장에서는 정치적 흐름을 서술하고, 이 두 가지 흐름이 운명적인 기자회견에서 어떻게 만나게 되었는지 다루겠다. 이 책의 나머지 부분에서는 과학적인 것과 정치적인 것의 결합이 내 나머지 경력에 어떤 영향을 주었는지 보여줄 것이다.

3장 사회운동에 나서다

1969년에 나와 동료들이 열었던 기자회견은 내 삶의 갈라진 두 가닥, 즉 과학적인 것과 정치적인 것을 하나로 합쳐 준 촉매와도 같았다. 그것은 1950년대 말엽 파스퇴르 연구팀의 프랑스어 논문들을 발견하면서 문학적인 것, 즉 직관적인 것에 대한 내 열광이 과학에 대한 열정과 융합되었던 일에 버금가는 사건이었다. 기자회견을 열 때까지도 나는 과학 연구가 사회에 미치는 영향에 대해 한 번도 생각해 본 적이 없었다. 고등학교 때 화학을 가르쳤던 잭 홀 선생님이 과학의 군사적 이용을 힘주어 강조했던 것을 기억한다. 그는 수업을 시작할 때면 늘상 주기율표의 원소들 중 하나를 골라서 우리에게 질문을 던지곤 했다. 어느 날, 그는 우리에게 티타늄이 어디에 쓰이는지 물었다. 그러나 교실에는 침묵만이 이어졌다. 아무도 아는 사람이 없었다. 홀 선생님의 얼굴이 울그락불그락해지더니 결국 벼락이 떨어졌다. "우리 젊은이들이 티타늄으로 만든 제트기에 타고 지금도 한국전에서 죽어 가고 있는데 너희는 티타늄이 어디 쓰이는지도 모른단 말이냐!" 그리고 우리는 5분 동안 마룻바닥에 무릎을 꿇고 있어야 했다. 그가 우리를 무시한다는 표시로 즐겨 내리던 벌이었다.

내가 고등학교, 대학, 그리고 대학원을 거치면서 받은 모든 과학 수업 중에서 어쨌거나 과학과 그 사회적 영향의 연관성에 대해 언급했던 인물로는 잭 홀이 유일했다. 내가 과학자가 되기까지 받은 교육 중에서 기자회견을 열기로 한 결정을 설명할 만한 요소는 아무것도 없었다. 그보다는 1950년대와 1960년대에 걸쳐 내가 점차 정치적으로 급진화되면서 이런 결정을 내리게 되었다고 생각하는 편이 더 쉬울 것이다. 세계를 좀더 정치적인 방식으로 보게 되면서, 나는 과학을 사회적 맥락에서 생각하는 훈련을 받은 셈이었다.

모든 정치적인 것들의 원천은 복합적이기 마련이다. 나는 내 자신의 이야기에 얽혀 있는 수많은 가닥들을 풀어 내려고 시도할 것이다. 내 과학적 경력이 쌓이는 과정에서, 어느 날 갑자기 나를 변화시킨 계시 같은 것은 없었다. 나는 훗날 알게 된 많은 사람들처럼 좌파 가정에서 자라나지도 않았다. 부모님이 『PM』*이나 I. F. 스턴**이 발행한 주간지와 같은 좌파 계열 잡지를 구독하기는 했지만, 그들은 자유주의자였고 민주당을 지지했다. 보스턴에서 변호사를 하던 삼촌 앨런 로젠버그는 매카시 위원회

---

* 랠프 잉게솔이 1940년부터 뉴욕시에서 발간하기 시작했던 좌파계열 일간신문. PM은 'Picture Magazine'의 머리글자를 딴 것으로 일간지이면서도 주간지의 특성을 많이 빌어와 큰 사진을 많이 게재했다. 기자들 중에는 유명한 공산당원도 포함되어서 공산당 신문이라는 비난을 자주 받았다. 1948년에 매각되어 I. F. 스턴에 의해 『뉴욕 스타』(*New York Star*)로 이름이 바뀌었고, 그 후에 다시 『데일리 콤패스』(*Daily Compass*)로 명칭이 바뀌었다가 1952년에 폐간되었다.

** Isidor Feinstein Stone. 이지 스턴이라고 불리기도 했던, 미국의 탐사적 저널리스트(investigative journalist)의 전형과 같은 인물이었다. 잭 런던의 작품에 영향을 받은 그는 1930년대부터 급진적인 기자로 활동했고, 누구보다 앞장서 냉전에 반대하면서 정치적인 주간지인 『*I.F. Stone's Weekly*』를 1953년에 발간했다. 이 주간지는 1960년대에 전성기를 구가했고 상당한 영향력을 발휘했으며, 20세기 미국 저널리즘의 100대 업적 중 하나로 꼽힌다. 『PM』의 후신인 『뉴욕 스타』와 『데일리 콤패스』를 1952년까지 내기도 했다. 그는 베트남전과 한국전에 반대해서 『한국 전쟁의 숨겨진 역사』(*Hidden History of the Korean War*, 1952)라는 책을 쓰기도 했다.

에 불려간 적이 있었고, 그로 인해 대부분의 고객을 잃었다. 나는 그 사실을 알고 있었지만——『보스턴 헤럴드』에 기사가 실렸다——우리 가족들 사이에서도 침묵을 지켜야만 했다. 조지프 매카시*** 상원위원이 의회에서 마녀사냥을 벌이던 시절, 학교 교사와 사업가였던 내 양친은 다른 사람들과 마찬가지로 진짜 겁을 집어먹었다.

나는 하버드 대학에 들어간 1953년에야 이런 사회적 가치에 도전하는 경향이 있다는 사실을 알아차리기 시작했다. 1950년대의 하버드는 상대적으로 여전히 보수적인 곳이었다. 가장 두드러진 특징 중 하나는 상류층 출신 학생들이 현저하게 많다는 것이었다. 그러나 하버드를 매력적인 곳으로 만들어 준 그 밖의 문화적 흐름들도 많이 있었다. 나는 대항문화counter-culture를 지지하는 친구들에 이끌렸고, 1950년대의 보수적인 사회적 경향에 반항하는 사람들로 이루어진 서클에서 많은 시간을 보냈다. 나는 그러한 경향에 의해 주변화되거나 사회적 규범에 공공연하게 도전하는 하위문화에 이끌렸다. 그런데 이런 움직임들은 기존 가치에 반대했지만 정치적이지는 않았다. 그들은 사회 변화를 위한 투쟁에 가담하지 않았다. 그러나 그들은 당시 사회적 가치에 대해 여러 가지 문제를 제기했고, 이러한 문제 제기 방식은 1960년대의 운동으로 이어지게 되었다.

비밥과 쿨 재즈의 열렬한 애호가였던 우리 그룹은 정기적으로 보스턴 클럽들을 찾았다. 스토리빌이나 하이-해트와 같은 클럽들에는 흑인과 백인들이 뒤섞여 있었다. 그곳의 음악은 1960년대의 정치적 내용을

*** Joseph. R. McCarthy. 미국 상원의원으로 냉전 이후 미국 사회를 뒤흔들었던 극단적 반공주의를 일으킨 장본인이다. 그의 이름을 딴 매카시즘(McCarthyism)이라는 말이 만들어지기도 했다.

담지 않았다. 조앤 바에즈*나 아를로 거스리**는 없었지만, 사회적 배경은 대항문화적이었다. 그리고 거기에는 남부에서 흑인들을 대상으로 자행되던 린치를 고발해서 강렬한 감동을 준 노래, 빌리 할러데이의 「이상한 열매」***도 있었다. 비밥 색소폰 연주자 찰리 파커가 1955년에 세상을 떠났을 때, 우리는 '철야'를 하기 위해 그 지역 레코드 제조업자의 아파트에 모였다. 우리 그룹 중 일원이었던 같은 반 친구 잭 코레아는 많은 재즈 음악가들을 알고 있었고, 재즈 음악을 배경으로 시를 낭독했다. 잭은 압생트(프랑스산 독주) 파티를 열었고, 우리는 그가 집에서 만든 혼합주를 마시면서 스스로를 청년 시절의 랭보나 보들레르쯤으로 상상하곤 했다.

시인과 작가들을 중심으로 일어났던 비트 운동****은 좀더 공공연하게 반항했다. 나는 잭 케루악의 『길 위에서』를 비롯한 저서들을 읽고 나 자신도 그 운동의 일부라고 자부했다. 한번은 꾀죄죄한 한 무리의 사내들

---

* Joan Baez. 미국의 가수이자 인권운동가, 반전평화운동가. 1961년 밥 딜런을 만나 전국 순회공연을 하면서 흑인들의 인권 향상을 위한 인종차별 반대운동을 했고, 베트남전쟁 반대 평화운동에도 앞장섰다. 2007년 그래미 상 평생공로상을 받았고, 2개 주로부터 조앤 바에즈의 날을 헌정받는 영예를 누렸다.

** Arlo Guthrie. 미국의 포크송 가수. 1947년 뉴욕 브루클린에서 태어났다. 베트남전에 반대하는 풍자적 스토리 송인 18분 20초 길이의 *Alice's Restaurant*으로 잘 알려져 있다.

*** *Strange Fruit*. 남부 지방에서 흑인들을 나무에 매달아 죽이던 참상을 고발한 노래로 다음과 같은 구절로 시작한다. "남쪽 나무에 이상한 열매가 하나 열렸네. 이파리에는 핏자국, 뿌리에도 피가 고여, 흑인 소년 하나가 남풍에 흔들리네. 이상한 열매 하나, 포플러나무에 매달렸네."

**** Beat movement. 1950년대 후반 미국에서 일어난 반체제·반정치·반지성적인 문학운동. 비트는 '패배의 세대'라는 뜻을 가지며 음악, 시, 소설 등 여러 예술 분야에 큰 영향을 주었다. 1956년 앨런 긴즈버그(Allen Ginsberg)의 장시 「울부짖음」(*Howl*), 1957년 잭 케루악(Jack Kerouac)의 장편소설 『길 위에서』(*On the Road*)가 발표되면서 이 말이 처음 사용되었다. 앨런 긴즈버그, 잭 케루악, 로렌스 펄링게티, 셔먼 스나이더 등이 대표적 인물이다. 마약, 재즈, 섹스, 선불교 등이 주로 등장하는 그들의 시는 혼란스럽고 외설스러웠지만 강한 힘과 감동을 지닌 것도 있다. 이들은 정치적으로 반체제적이었고, 미국의 대외정책, 특히 베트남전에 반대하는 경향이 두드러졌다.

이 내가 다니던 하버드 대학 기숙사 '아담스 하우스'에서 열린 시 낭송회에 참석한 적이 있었다(당시까지도 하버드 대학은 학생들에게 교복 착용과 기숙사 생활을 요구했다). 나는 그들 중 한 명이 내가 가장 좋아하던 비트 시인인 그레고리 코르소*****임을 알아보았다. 그와 그의 친구들은 길을 가로질러 아담스 하우스에서 열린 행사에 모습을 드러내기 시작했다. 앨런 긴즈버그, 피터 오를로프스키, 그리고 코르소가 하버드의 로웰 강당에 왔을 때, 나와 친구들은 그들이 종종 비밥을 배경으로 삼아 낭송하는 시를 들었다. 그들의 시는 반항적이고, 불경스럽고, 음란했고, 동성애를 주제로 삼았다. 낭송자들은 무대 위에 붉은 포도주 병을 들고 올라와서 술을 마셨다. 스스로를 이런 세계와 동일시하기 시작하면서, 나는 한 손에 검은색 장갑을 끼기 시작했다.

문학계와 교류하면서, 나는 많은 게이 대학생들을 만났다. 사회의 다른 부문들보다 문학과 예술 서클들이 동성애에 대해 더 관용적이었다. 하버드의 이러한 환경에서, 게이들은 상대적으로 편안하게 자신들이 동성애자임을 밝힐 수 있었다. 나는 그들의 모임에서 지적 자극을 받았고, 많은 친구들을 사귀었다. 나는 그들이 박해당한 이야기를 들었다. 일부는 하버드 학장에게 불려가 동성애 행위에 대해 경고를 받기도 했다고 한다. 한 친구는 하버드 학생이 아닌 케임브리지 주민과의 동성애 관계

***** Gregory Corso(1930~2001). 뉴욕 그리니치에서 이탈리아계 10대 부모 사이에서 태어나 불우한 어린 시절을 보냈고, 절도 혐의로 감옥에 가기도 했다. 감옥에서 도스토예프스키 등 고전문학을 섭렵하고 감옥에서 풀려난 1950년에 앨런 긴즈버그를 만나 실험적인 시 창작을 시작했다. 진정한 비트 작가로 꼽히는 그는 그후로도 노동자·신문기자·뱃사람 등 여러 직업을 전전했다. 작품집으로는 *The Vestal Lady on Brattle and Other Poems*(1955)이 있다.

때문에 학교 측에 의해 케임브리지 밖으로 쫓겨나기까지 했다. 주변에 게이 친구들이 워낙 많아서 그들 중 한 명은 나도 당연히 게이라고 철석같이 믿고는, 바브라에게 그녀가 내게 좋은 '보호막'이 된다고 말하기도 했다.

그렇지만 여러 가지 측면에서, 나는 이러한 대항문화의 참여자가 아니라 관찰자에 머물렀다. 나는 게이나 비트 시인이 아니었고, 나의 재즈 피아노 연주는 초보 수준이었다. 내가 어울렸던 사람들 중 일부는 자신들의 선택으로, 일부는 사회적 태도 때문에 사회에서 아웃사이더가 되었다. 그러나 나는 이들 이질적인 문화집단들 속에서 내가 하버드의 주류 가치보다 더 친밀감을 느끼는 가치들을 보았다. 이 아웃사이더 가치는 장래 아내가 될 바브라와의 만남과도 관련이 있었다. 엘리엇 하우스에서 열린 대학생 파티에서, 우리는 당시 발간되었던 콜린 윌슨의 『아웃사이더』에서 공통의 관심사를 발견했다.

내가 확실한 정치적 영향을 받았다고 할 수 있는 사건은 좌파 성향의 삼촌과 숙모와 함께했던 저녁 식사였다. 삼촌은 두 명의 다른 학생들, 하버드 대학의 마이클 탠저와 래드클리프 대학의 데브라 울프를 초청했다. 식사를 하는 중간에 삼촌은 나를 바라보며 이렇게 물었다. "내가 남한이 북한을 침공했다고 말한다면, 너는 어떻게 생각하겠니?" 나는 이 질문을 받고 엄청난 충격을 받았다. 그런데 더욱 경악스러운 일은 두 학생들이 삼촌의 견해를 지지했다는 것이었다. 거의 30년이 지난 후, 나는 마이클 탠저를 다시 만났고, 그와 내 학급의 몇몇 좌파 학생들이 대학 시절에 정기적으로 모임을 가지면서 정치적 토론을 하고 있었다는 사실을 알았다. 그들은 매카시류의 박해를 우려해서 비밀리에 만나고 있었다.

1982년에 마이클과 나는 대학 동창들과의 25년 만의 재회를 위해서 심포지엄을 조직하는 그룹에 포함되었다. 1950년대에 비밀 회합을 가졌던 친구들을 포함해서, 이 그룹은 함께 핵무기 사용과 유지보수, 그리고 핵실험에 강력하게 반대하는 패널을 구성했다. 마이클과 같은 이 그룹의 일부 위원들은 이미 오래전부터 공개적으로 정치적 입장을 밝혔다. 나를 비롯한 그 밖의 사람들도 점차 비슷하게 사회에 대한 비판적 관점에 도달하게 되었다.

1957년에 나는 하버드 대학원에 입학했다. 그때까지도 관심사는 여전했고, 지인들과의 교류도 상당 부분 지속되었다. 화학과에는 보수적인 분위기 이외의 다른 사회·문화적 영향은 거의 없었다. 내가 기억하고 있는 유일한 정치적 색채를 띤 사건은 나 자신의 노력으로 비롯된 것이었다. 다른 실험실의 몇몇 친구들이 억압적인 실험실 분위기에 대해 불만을 털어놓았다. "논문을 내지 않으면 도태될" 수밖에 없던 교수들은 학생들을 몰아붙여 살인적인 연구시간을 강요했고, 실험실 생활 이외의 모든 외부 활동에 대해 비난을 퍼부었다. 심지어 한 학생은 실험 결과를 기다리면서 비과학 분야의 책을 읽었다는 이유로 질책을 당하기도 했다. 문제의 교수는 그런 책들이 "학생들의 마음을 자신의 연구에서 떼어 놓는다"고 말했다.

나는 로웰 헤이거의 실험실이 허용하는 자유로운 환경에서 완벽한 행복을 누리고 있었지만, 내 친구들이 겪고 있던 절망적인 상황에 자극을 받아 학생신문인 『하버드 크림슨』*Harvard Crimson*에 글을 투고하기에 이르렀다. 그 기사에서 나는 학생들을 억누르는 질식할 것 같은 도제 관계와 그들의 지적 호기심을 제한하려는 일련의 기도를 공공연하게 비난했다. 나는 학생들이 뛰어난 화학자만이 아니라 "좀더 책임있는 인간"이 될 기회를 줄 수 있도록 학교가 변화할 것을 촉구했다.

　　과학자 훈련에 대한 내 관심은 당시 대중적으로 과학과 사회의 문제를 극화시켰던 두 개의 사건으로 크게 고무되었다. 첫번째는 원자폭탄 개발을 위해 많은 노력을 기울였던 로버트 오펜하이머J. Robert Oppenheimer의 무용담이었다. 전후, 오펜하이머는 자신이 원자폭탄 개발에 기여한 것을 후회했다. 이러한 '불충'不忠과 그의 정치적인 관련성 때문에 그는 정부 비밀취급 인가를 상실하고, 공개적인 모욕을 당했다.* 이 일로 오펜하이머는 자신의 사회적 책임에 감연히 맞서기로 결정한 과학자의 딜레마를 표상하는 상징이 되었다. 두번째 사건은 1959년에 발간되어 널리 칭송을 받은 C. P. 스노의 저서 『두 문화』*The Two Cultures and the Scientific Revolution*였다. 화학자이자 소설가였던 스노는 과학과 인문학 사이의 소통이 심각하게 단절되었다고 주장했다. 그는 두 분야가 상대의 영역에 대해 무지하다고 양쪽 모두 질책했다. 실상 스노는 과학 지식의 결여를 표적으로 삼아 비과학자들에게 가장 신랄한 독설을 퍼부은 것이었지만, 나는 그의 메시지를 과학자들에 대한 훈련의 편협함으로 받아들였다. 나는 스노가 과학자들의 인문학적 훈련 결여를 문제 삼은 대목을 오펜하이머와 같은 원자핵 과학자들이 직면했던 문제들과 결부시켰다. 오펜하이머가 원폭 개발에 참여한 일을 후회한 것은 내게 과학자들이 똑같은 양

---

* 로버트 오펜하이머는 일본에 원자폭탄이 투하된 이후 자신이 원자폭탄 개발계획인 '맨해튼 프로젝트'에 참여한 것을 후회했고, 이후 수소폭탄 개발계획에 반대했다. 매카시즘의 광풍 속에서 그는 소련의 첩자로까지 몰렸다. 그가 했던 "나는 세계의 파괴자가 되었다"는 말은 널리 알려져 있다.

심의 위기와 맞닥뜨리지 않으려면 반드시 폭넓은 교육을 받아야 한다는 것을 시사해 주었다. 오펜하이머가 원자폭탄에 대한 최초의, 그리고 필경, 가장 거리낌없는 비판자 중 한 사람이 되었다는 사실은 그 자신이 특이할 만큼 폭넓은 인문학적 배경을 가졌기 때문임을 입증하는 증거였다.

『하버드 크림슨』은 그 주제를 표지 기사로 다루기로 결정했고, 나는 더 많은 교수와 학생들과 면담을 계속해 나갔다. 그런데 그들이 두려워하고 있다는 사실을 알고는 무척 놀랐다. 학생들은 보복을 우려해서 자신들의 이야기를 쓰지 말 것을 요구했다. 심지어는 중진 교수였던 무기無機 화학자 J. J. 링게인까지도 자신의 말이 인용될 경우 해군연구기금에서 자신의 직책을 잃을 것을 두려워했다. 매카시즘의 잔재는 아직도 살아 있었다. 결국 나는 크게 낙담하고 전체적인 기획을 모두 그만두었다. 수십 년이 지난 1998년, 하버드 화학과 대학원생들이 자살을 하면서 이 학과의 연구조건에 대한 자체 분석이 촉발되었다. 발간된 보고서의 내용은 1950년대 말엽에 내가 관찰했던 사건들과 크게 다르지 않았다.

나는 예상보다 일찍 화학과를 떠나게 되었다. 로웰은 하버드에서 종신재직권을 얻지 못해서 어바나 샴페인에 있는 일리노이 대학으로 자리를 옮겼다. 밥[프랑수아] 윌리엄스와 나는 박사논문을 끝내기 위해 그를 따라가기로 했다. 나는 로웰이 하버드에서 종신재직권을 얻지 못한 것을 우리가 처음 만난 날 연구실 문에 부딪히던 탁구공과 항상 연관지었다. 나를 그의 연구실에 이끌었고 그의 실험실을 안락한 연구공간으로 만들었던 바로 그 특성들이 하버드의 기질과 대립하게 만든 특성이었으리라.

일리노이 대학에서 박사논문을 끝내는 데에는 불과 몇 달 걸리지 않았다. 그후 1960년 12월에 나는 버클리로 향했다. 캠퍼스에 들어선 첫 날,

나는 스프라울 광장* 근처에 늘어선 임시 연단 위의 연설자 무리를 보고 놀랐다. 그들 중 한 명이었던 사회학자 모리스 체이틀린**은 막 쿠바에서 돌아온 상태였다. 그는 쿠바에 대해 날로 적대적인 태도를 보이고 있는 아이젠하워 정부를 비난했고, 피델 카스트로가 쿠바 인민들에게 실시하고 있던 진보적인 사회 프로그램들에 대해 설명했다. 다른 사람들과 마찬가지로 나 역시 처음에는 1958년에 카스트로가 거둔 승리에 매료되었지만, 미국 정부의 선전은 내 마음속까지 그 나라가 지향하는 방향에 대해 의구심을 심어 놓았다. 나는 모리[모리스]의 지식에 감히 도전해 보았지만, 이내 그의 쿠바 경험과 지식의 깊이에 압도되고 말았다. 미국 정부에 대한 급진적이고 공공연한 공격은 케임브리지에서는 한 번도 겪어 보지 못했던 일이었다. 나는 본질적으로 여전히 자유주의자였지만, 미래의 변화를 위한 씨앗은 이미 뿌려지고 있었다.

활발한 정치적 분위기를 만끽하던 시절은 바브라와 내가 프린스턴으로 옮기면서 막을 내렸다. 그곳의 평온한 정적은 마침 프린스턴으로 자리를 옮긴 모리 체이틀린이 출현할 때까지 계속되었다. 나는 처음 만난 이래 버클리에서 모리를 한 번도 본 적이 없었는데, 이제 그는 말 그대로 엎어지면 코 닿을 위치에 살고 있었다. 나는 그를 통해 쿠바에 대해 더 많은 사실을 알게 되었다. 이 토론에는 그 무렵 사회주의자였지만 후일 자유주의자로 바뀐 철학자 로버트 노지크도 참여했다. 밥[로버트]은 자신이 받았던 철학 훈련을 이 토론에 적용시켰다. 그의 소크라테스식 문

---

* 버클리대 한가운데 위치한 광장으로 반전시위를 비롯해 다양한 학생활동이 벌어지는 중심지.
** Maurice Zeitlin. 현재 UCLA 사회학과 교수. 60년대 급진적인 사상가 중 한 명이었고, 특히 쿠바의 혁명가 체 게바라를 높이 평가했다.

답법 덕분에 우리는 자신의 사고를 좀더 깊이 탐구하게 되었다. 1962년에 쿠바 미사일 위기가 터지자, 아내와 나는 모리, 밥, 그리고 그들의 아내 마릴린과 바브라로 이루어진 작은 그룹에 가담해서 프린스턴시 광장 주위를 도는 행진에 참여하게 되었다. 두려움과 분노에 찬 우리들은 당시 워싱턴이 드러낸 호전적인 태도를 비판했다. 바브라와 나는 1961년 12월에 프린스턴에서 태어난 벤저민을 접이식 유모차에 태운 채 시위 행진을 벌였다. 그것이 우리가 참여한 첫번째 항의 시위였다.

1963년에 우리는 런던으로 이주했고, 정치행동을 계속할 방도를 모색했다. 우리는 런던에서 핵무기에 반대하는 대규모의 국제적 행진에 동참했다. 그 행진을 주도했던 사람 중 한 명이 그리스 출신의 유명한 좌파 인사였던 그리고리스 람브라키스***였다. 그해 말엽에 바브라와 나는 그리스 파트라스에 있는 한 카페에 앉아 있었다. 그런데 옆 테이블에 있던 두 남자가 신문을 보며 울고 있는 것이 아닌가. 신문 1면에 람브라키스의 사진이 크게 실린 것을 보고, 그들에게 무슨 일이 일어났는지 물었다. 람브라키스가 그리스 장교에게 고용된 우익 살인 청부업자에게 암살당한 이 사건과 군 장교에 대한 재판 과정은 지금은 고전이 된 코스타 가브라스 감독의 1969년 영화 「Z」로 제작되었다. 우리는 미국이 그리스에서 일어났던 이 사건에 모종의 책임이 있다는 이야기를 들었다. 람브라키스가 죽은 몇 달 뒤 미국에서는 존 F. 케네디 대통령이 암살당했다.

유럽에서 지낸 마지막 해에 나는 파리의 파스퇴르 연구소에서 지냈

*** Grigoris Lambrakis(1917~1963). 핵무기 반대운동의 지도자이자 그리스의 좌파 국회의원. 그는 1963년에 아테네에서 오토바이 사고를 가장한 테러로 암살되었다. 이 사건으로 그리스의 좌파는 일시적으로 세력을 확장하기도 했다.

다. 당시 나는 점점 더 정치활동에 전념하게 되었다. 정치적 토론은 그곳 실험실에서는 일상사였다. 프랑스 문화는 미국의 그것보다 훨씬 더 이념적으로 양극화되어 있었다. 대부분의 과학자와 학생들은 좌파였다. 옆 실험실에 있던 자코브의 학생 프랑수아 쿠쟁은 공산당원이었고, 늘상 미국의 대외정책에 대한 토론에 나를 끌어들이곤 했다. 그는 미국 정부가 1965년에 도미니크 공화국을 침공한 사실을 정당화하는 데 이의를 제기했다. 나는 '조국'을 옹호했지만, 당시 벌어졌던 일련의 사건들은 내게 남아 있던 알량한 변명의 구실마저 약화시키고 말았다. 나는 더 이상 미국의 국제정책을 지지할 수 없게 되었다. 몇 달이 지난 후, 점차 격화되고 있던 미국의 베트남전쟁 개입에 항의하기 위해 에선 시그녀와 나를 포함한 일군의 미국인 박사후 연구원들이 파스퇴르 연구소로부터 미 대사관을 방문했다.

파리에 있던 그 해에 있었던, 역시 중요한 또 하나의 사건은 미국인의 국적포기 현장을 생생하게 목격한 것이었다. 내가 그 문제를 접하게 된 것은 대학 시절에 압생트 폭탄주를 만들어 주던 친구 잭 코레아와 그의 아내 페기의 방문을 통해서였다. 잭은 이탈리아 피렌체에서 '레드 가터'라는 이름의 나이트클럽을 열었다. 이곳은 유럽 주둔 미국 병사들이 즐겨찾는 환락가였다. 그의 고객 중 한 명인 샌프란시스코 출신 병사 제임스 오렘은 그리스에서의 순회 근무를 마치고 피렌체에 들렀다가 잭과 절친한 친구가 되었다. 그후 짐[제임스]이 파리로 근무지가 바뀌는 바람에 잭이 파리를 찾게 되었다. 어느 날 저녁 우리는 모두 함께 식사를 했고, 짐과 나는 곧바로 의기가 투합했다. 짐은 작가였고, 파리의 소규모 영자 신문 『파리 가제트』*Paris Gazette*에서 일하고 있었다. 우리는 책을 사랑했고 서로 책을 바꾸어 보기 시작했다. 책 바꿔 보기는 그가 세상을 떠난 1988년까지 계속되었다. 또한 짐은 내게 평생 동안 지속된 습관을 만들어 주었다. 그것은 칼바도스*를 마시는 버릇이었다.

짐 오렘과 나는 미국의 국적포기자들이 모이는 파리 좌안 지역의 여러 장소들을 자주 들르기 시작했다. 그런 장소로는 센 거리에 있는 카페 드 센, 몽파르나스에 있는 '버터컵스 치킨 쉑' 등이 있었다. '버터컵스 치킨 쉑'은 재즈 음악가 버드 파월의 아내가 운영하던 재즈 클럽이었다. 때로 우리는 역시 센 거리에 있던 호텔 라 루지앤의 버터컵스 룸에 밤 늦게까지 앉아 있곤 했다. 그곳에서 나는 대개 미국의 인종주의 때문에 최소한 일시적으로 국적을 포기한 미국 흑인들을 만났다. 이제 나는 내 모국의 대외정책을 프랑스의 시각에서 보게 되었을 뿐 아니라 아프리카계 미국인들과 친분을 쌓으면서 미국에서 흑인으로 살아간다는 것이 어떤 의미인지 깊이 이해하게 되었다. 짐과 같은 신문사에서 일하던 흑인 기자 프랭크 밴 브래클은 작가 제임스 볼드윈**을 인터뷰했다. 그는 이렇게 말했다. "파리는 할렘에서 아주 멀리 떨어져 있다. …… 나는 이곳에서 비로소 제 구실을 할 수 있다. 나는 미국에서는 아무것도 할 수 없었다. 그곳에서는 미쳐 있느라 너무 많은 시간을 소모했다. 화내고, 증오하고, 두려워하느라 다른 일을 할 시간은 전혀 없었다." 짐은 내게 리 브리지스***를

---

  * Calvados. 프랑스 칼바도스산(産) 사과를 발효·증류시킨 프랑스 술.
 ** James Baldwin(1924~1987). 아프리카계 미국인 작가. 할렘 출신으로 동성애자이기도 했으며 20세기 미국의 인종과 성 문제를 다룬 작품을 주로 썼다.
*** Lee Bridges(1927~2005). 미국 조지아 출신의 아프리카계 미국인 시인이자 철학자. 정치적 자유가 보장되는 암스테르담에서 활동하면서 대마초와 가벼운 마약을 칭송해서 '대마초 시인'으로 불리기도 했다.

소개해 주었다. 그는 시를 썼고, 암스테르담에서 시인으로 활동했다. 버터컵스에서 나는 스웨덴에서 박사논문을 마치고 파리의 실험실에서 일하고 있던 생화학자 커티스 파월을 만났다. 프랭크와 리는 흑인 국적포기자 집단 중에서 고참 축에 들었다. 그들은 미국에서 인종 문제에 대한 태도 변화가 일어날 모든 기대를 접고 유럽에 영구 정착했다. 반면 커티스와 그 밖의 젊은 흑인들은 미국으로 돌아가서 맬컴 X와 마틴 루터 킹과 같은 사람들이 이끄는 투쟁에 동참할 계획을 세우고 있었다. 그들은 나이 든 국적포기자들처럼 체념하지 않았다. 그들은 분노했다. 그리고 프랑스 정부가 미국의 요청에 부응해서 오를리 공항에 도착한 맬컴 X의 프랑스 입국을 불허한 사건은 그들을 더욱 격앙시켰다. 커티스를 비롯한 많은 흑인들은 그의 방문을 손꼽아 기다려 왔지만 그의 입국이 허가되지 않자 좌절했던 것이다. 나 역시 그들만큼이나 큰 실망과 충격을 겪었다. 1970년 나는 커티스를 다시 만났다. 그는 흑표범당 활동으로 투옥되어 뉴욕 교도소에서 복역하다가 출소했다(4장을 보라).

세월이 흐르면서 축적된 경험은 내 정치적 감수성을 바꿔 놓았다. 변화를 가져온 계기는 1950년대에 재즈 애호가 모임에 참여하고 파리의 흑인 국적포기자들과의 만남을 통해 얻은 인종주의에 대한 이해, 쿠바·도미니크 공화국·그리스, 그리고 가장 크게는 베트남에서 벌어진 사건들로 얻은 지식을 기반으로 한 미국의 대외정책에 대한 관점 변화, 보수적인 1950년대의 분위기에서 동성애자들이 겪은 고통, 그리고 비트족들의 반란을 목격하면서 자라난 미국 문화의 질식할 듯한 억압적 측면들에 대한 인식 등이었다. 그러나 그때까지도 나는 여성에 대한 내 태도에 여전히 문제가 있음을 깨닫지 못하고 있었다. 나는 두 아들(앤서니는 1964년에 영국 케임브리지에서 태어났다)을 키우느라 눈코 뜰새없이 바쁜 바브라를 파리 교외의 방브에 있는 집에 놔 두고는 짐과 그의 친구들과 어울려 때로는 1주일에도 며칠 밤씩 밖에서 지내곤 했다.

1965년에 보스턴으로 돌아왔을 때, 나는 정치적 행동에 좀더 진지하게 관여할 준비가 되어 있었다. 그리고 그다지 많이 기다릴 필요는 없었다. 그 무렵 베트남전 반대 시위가 벌어졌고, 나는 시위에 참여하고 조직을 돕게 되었다. 내가 있던 대학의 같은 과 교수였던 맬런 호그랜드가 하버드 의대 교수진들의 반전 선언문과 『뉴욕 타임스』에 실을 반전 광고에 서명을 받는 책임을 맡았다. 그는 내가 자진해서 그 임무를 맡아 줄 수 있는지 물었고, 그 일을 계기로 나는 그 선언문을 회람했던 BAFGOPI, 즉 〈보스턴 지역 정치현안 교수그룹〉의 조직위원이 되었다. 그리고 BAFGOPI 모임에서 유전학자 살바도르 루리아, 언어학자 노엄 촘스키, 고생물학자 스티븐 제이 굴드, 역사학자 하워드 진, 그리고 과학철학자 힐러리 퍼트넘과 같은 보스턴 지역의 좌파 교수들을 알게 되었다.

나는 교수들의 서명을 받으러 다니면서 어떤 교수가 당시 정부 정책에 비판적이고, 이런 주제에 대해 거리낌없이 발언하는지 알게 되었다. 이 정보는 1968년 마틴 루터 킹이 암살당했을 때도 상당한 도움이 되었다. 킹 목사의 죽음만큼 내게 큰 영향을 준 사건은 없었다. 다른 많은 사람들과 마찬가지로, 나는 모든 희망이 무너지는 상실감을 맛보았다. 그러나 역시 다른 많은 사람들처럼, 나 역시 낙관적인 기대를 품었다. 나는 즉시 나와 비슷한 생각을 품었음 직한 의대 교수진 중 한 사람인 에드워드 크래비츠에게 전화를 걸어 이렇게 말했다. "우리도 의대에서 뭔가 해야만 해, 에드." 우리는 공감할 만한 다른 교수들을 접촉했다. 그 결과 7

명의 교수들이 회동을 시작했다. 우리의 목적은 하버드 의대가 제도를 바꿔 아프리카계 미국인들에게 입학 기회를 주게 만들 방안을 찾는 것이었다.

바로 맞은편 연구실에 있던 나이 지긋한 루이지 고리니Luigi Gorini도 이 그룹의 일원이었다. 프랑스인 프랑수아 자코브와 자크 모노와 마찬가지로 이탈리아인 루이지도 2차 세계대전, 그리고 시기적으로 그보다 앞선 사건들에 정치적으로 연루되었다. 루이지는 1930년대 무솔리니의 파시스트 서약에 서명을 거부했던 몇 안 되는 과학자 중 한 사람이었다. 결국 그는 강제로 대학에서 쫓겨났다. 그후 그는 이탈리아 저항운동에 가담했고, 작은 제약회사 몇 곳에서 연달아 일했다. 저항운동에서 그에게 맡겨진 과제 중 하나는 파시즘에 맞서 싸우기 위한 투쟁 자금을 마련하는 것이었다. 그는 은행가들에게 투쟁 자금을 내놓지 않으면 무서운 보복을 당할 것이라고 협박하곤 했다. 전쟁이 막바지에 달하자, 그와 후일 그의 아내가 될 안나마리아 토리아니는 수용소에서 막 석방된 유태인 아이들을 위해 이탈리아 북부에 재활 센터를 만들었다. 그들의 혁혁한 난민 구호활동으로 루이지와 안나마리아의 이름은 야드 바솀Yad Vashem에 올랐다. 야드 바솀은 이스라엘에 있는 기념비로, 여러 가지 중요한 의미가 있지만, 특히 나치 대량학살 당시 용감하게 유태인들을 도운 기독교도들에게 경의를 표하는 의미에서 건립되었다(내 삼촌의 친구인 동시에 프랑수아 윌리엄의 아버지 친구인 배리언 프라이도 야드 바솀에 이름이 오른 유일한 미국인이다). 루이지와 안나마리아의 이상주의와 정치적 행동주의는 그들이 미국으로 이주한 이후에도 결코 시들지 않았다.

루이지의 열정, 불의에 대한 지칠 줄 모르는 분노는 그가 세상을 떠난 1976년까지 내게 항상 영감을 불어넣어 주었다. 나는 이따금씩 우리 층 복도에 있는 그의 연구실로 달려가서 『뉴욕 타임스』의 최신 소식을 펼쳐들고는 미국 정부가 저지른 최근의 범죄 행각에 대해 함께 비판을 퍼붓곤 했다. 항상 그와 의견이 같을 수는 없었지만, 70줄에 들어선 나이에도 여전히 자신의 이상을 꿋꿋이 고수할 수 있었던 그의 모습은 나 스스로 결의를 다지게 한 자극제가 되었다.

우리 그룹은 제안서를 작성해서 당시 의대 학장이었던 로버트 에버트에게 달려갔다. 소수자에 대한 정책 변화가 필요하다는 것을 설득하려는 생각이었다. 우리는 매년 입학하는 의대 학생 150명 중에서 아프리카계 미국인이 평균 0.5명밖에 되지 않는다는 사실을 발견했다. 우리는 소수민족의 고용과 훈련을 위한 프로그램과 정책 변화도 제안했다. 그것은 대부분 이웃에 있던 흑인촌 록스버리를 지원하기 위한 것이었다. 학장은 우리의 제안을 지지했고, 소수민족 학생들의 입학 비율을 높이라는 제안을 고려하기 위해 교수회의를 소집했다. 우리들이 거둔 가장 큰 성공은 의대에 소수민족 입학을 위한 추천제를 얻어 낸 것이었다. 우리 그룹은 나를 대표로 내세워 교수회의에서 이 추천제를 발표하게 했다. 그런데 아이러니컬하게도, 그날 모임에서 내가 교수들에게 전달했던 것은 역사적·도덕적·정치적 주장들이 아니었다. 나는 그들에게 시대가 변하고 있고, 아프리카계 미국인들 중 일부가 미래에 미국의 의학계에서 지도적인 인물이 될 것이며, 만약 하버드 대학이 그 지도자들을 훈련시키는 장소로 계속 남기를 원한다면, 처음부터 그렇게 할 필요가 있다는 것을 설득하려 했다. 목적 달성을 위해 과격한 정치적 색채를 상당 부분 누그러뜨렸던 것이다.

1년 후인 1969년 4월, 미국 사회에서 날로 격화되던 정치적 파고는 하버드를 극적인 방식으로 강타했다. 한 무리의 학생들이 요구사항들이 적힌 목록을 들고 하버드 대학 행정본부인 유니버시티 홀을 점거한 것이다. 대학 당국은 학생들의 요구에 부응하려는 약간의 움직임을 보였지만, 총장 네이선 퍼시는 결국 경찰 투입과 학생 해산을 승인했다. 경찰의 잔인한 진압으로——경찰이 휘두른 곤봉으로 학생들은 머리에 피를 흘리며 쓰러졌다——전국의 이목이 캠퍼스로 집중되었다. 학생들의 요구조건 중 하나가 내 관심을 끌었다. 그것은 나를 놀라게 만들었고, 결국 행동으로 이끌었다. 하버드는 록스버리의 미션힐* 지역에 주거용 부지를 구입했다. 그곳은 하버드 의대와 인접한 지역이었다. 학교측은 그 부지에 새로운 병원과 교수 주택을 신축하려는 계획이었고, 이미 설계도도 작성되었다.

　　추진 속도를 높이기 위해서, 하버드를 대신해서 전면에 나선 부동산 회사는 하버드가 사들인 건물에 살고 있던 세입자들을 강제로 몰아내기 위해 슬럼가의 토지 소유자들이 즐겨 쓰는 수법을 채택했다. 건물이 퇴락하도록 방치하고, 주택을 모터사이클 동호회처럼 떠들썩하고 난폭한 집단들에게 세를 주어서 거주자들이 견디다 못해 떠나게 만드는 전략이었다. 그들이 몰아내려는 대상에는 여러 인종이 뒤섞여 있었고, 대부분 노동자 가족들이었다. 그들에게 이 지역은 더 이상 살아가기 힘든 곳이 되었다.

---

* Mission Hill. 매사추세츠주 록스버리 이웃에 위치한 지역으로 2차세계대전 이후에 퇴역 군인들을 위한 주택공급지로 마련되었다.

대학 본관을 점거했던 학생들은 하버드 측이 이 마을을 복원시키고 개발 계획을 중단할 것을 요구했다. 학생들의 요구로 이 사태가 널리 알려지자 하버드 대학 당국은 어쩔 수 없이 등을 떠밀려 주민들과 협상을 벌였다. 하버드는 하버드 대학 관계자, 요구조건을 작성했던 하버드 학생들 중 한 명, 그리고 미션힐 세입자들로 구성된 위원회를 만들었다. 당시 벌어지던 상황에 대해 알게 된 사실에 경악한 나는 이 위원회의 위원에 포함시켜 줄 것을 요청했다. 하버드가 미션힐 거주자들에게 확실하게 공정한 조치를 취하는지 확인하고 싶었기 때문이었다.

수개월에 걸친 협상이 있은 후, 위원회 구성은 주민들의 환심을 사기 위한 미끼였을 뿐이고 마을을 파괴하기 위한 계획은 변함없이 지속되고 있다는 것이 분명해졌다. 나는 이런 정책에 항의하기 위해 의대 교수진, 직원, 그리고 학생들을 조직하기 시작했다. 하버드 학생들의 움직임이 촉매 역할을 해서 주민들이 행동에 돌입했고, 록스버리 하버드 주민조직을 만들게 되었다. 내가 에버트 학장 사무실 점거농성을 주도한 후, 학장은 나와 주민 조직 대표인 로버트 파크스와 함께 개발 현장을 둘러보는 데 동의했다. 우리는 그에게 황폐화된 마을과 판자로 지은 집들을 보여 주었다. 이런 항거와 주민들의 인내심, 그리고 우리의 행동이 유도해 낸 관심의 결과, 하버드는 결국 수용가능한 타협안을 받아들일 수밖에 없었다. 병원은 좀더 제한된 공간으로 축소되었고, 대부분의 주택은 철거를 면하거나 원상태로 복원되었다. 그리고 하버드는 주민들이 집을 짓고, 같은 지역에 있는 매력적인 주택건설 계획인 미션파크를 운영하는 데 도움을 주었다.

나는 여러 인종들이 뒤섞인 집단과 함께 활동했고, 그들은 자신들의 생활조건을 개선하기 위해서 함께 행동하고 투쟁하면서 단결했다. 마을 수준에서 이루어진 그들의 사례는 루이지 고리니가 개인적인 차원에서 겪었던 것만큼이나 나를 고무시켰다. 마을에서 일어난 발전, 그리고 좀 더 큰 규모에서 이룩한 시민권 운동의 성공은 내게 이 사회가 좀더 나은 방향으로 변화할 수 있을 것이라는 희망을 불어넣어 주었다.

그러나 내 바램과 1960년대 말엽의 사회운동은 과학자로서의 내 삶과 연결되지 못했다. 이 장과 앞 장은 동일한 15년 동안 일련의 같은 장소에서 우연히 일어났던 두 개의 동떨어진 삶을 기술한 셈이다. 그것은 과학자가 되어 간 과정과 정치적 행동주의자가 되어 간 과정이라는 두 종류의 삶이다. 수년간에 걸쳐 내게 영향을 주었던 사회적 사건들의 목록을 작성하는 식으로 내 정치적 행동주의의 기원을 간단히 설명할 수도 있다. 어쩌면 내 개인적인 요구 때문에 내가 그러한 영향들을 더 예민하게 받아들였을지도 모른다. 심지어 내가 과학자가 된다는 것에 대해 품었던 초기의 불안감을 극복했을 때조차도 나는 여전히 과학 이외의 다른 영역에서 지적 활동을 병행하는 삶을 꿈꾸었다. 나는 정치적 행동이 그런 요구를 충족시켜 주었다는 것을 깨달았다. 그러나 이제, 나는 나의 삶이 하나로 합쳐졌고, 이 두 영역——과학적인 것과 정치적인 것——이 굳이 분리될 필요가 없음을 알게 되었다. 과학자로서의 삶과 사회 행동가로서의 삶을 결합시킨 것은 한편으로 그러한 요구였고, 다른 한편으로는 1969년에 일어났던 외부적인 사건들 때문이었다. 이 결합은 1969년 11월에 내가 기자회견을 열었을 때 이루어졌다.

1969년에 시민권과 베트남전쟁을 둘러싼 소요가, 정치문화가 없었던, 미국의 과학계에까지 빠른 속도로 퍼져 나갔다. 다른 분야에서 정부

정책에 대한 공격이 이루어지면서, 우리들 중 일부는 과학 분야에서 정부가 지원하는 과학 그 자체의 이용과 방향에 문제를 제기하게 되었다. 문제제기는 자신들의 기초과학 연구를 "전자 전장"electronic battlefield이라 불리던 베트남전의 무기 개발에 동원되는 것을 비판한 물리학자들에서 시작되었다. 물리학자들이 원자폭탄 개발에 대한 죄책감을 느끼고 있었기 때문에 물리학계에서는 이러한 행동주의가 좀더 두드러졌다. 그러나 1969년은 심리학자 아서 젠슨Arthur Jensen이 흑인들이 백인에 비해 지능이 열등하다는 주장을 했던 해였다. 그의 논문이 『하버드 교육학 회보』 Harvard Educational Review에 실리면서 한층 공신력을 얻어 보상교육 프로그램*이 실패할 수밖에 없는 쓸데없는 세금 낭비라는 그의 주장이 널리 확산되었다. 물리학자와 생물학자들이 과학의 오용에 대해 문제제기를 하는 것은 관례에 어긋나는 일이었지만, 그들의 문제제기를 통해 〈사회·정치적 행동을 위한 과학자와 공학자〉Scientists and Engineers for Social and Political Action(얼마 후 〈민중을 위한 과학〉Science for the People으로 명칭이 바뀌었다)가 조직되고, 1969년에 MIT 이공계 대학생들이 전국적인 동맹 휴학을 벌여 적극 호응하면서 정점에 달했다.

1969년 가을 나와 동료들이 유전자 분리라는 과학적 성과를 유전학 연구의 잠재적인 사회적 영향에 대한 대중 인식을 높일 기회로 사용하기

---

* compensatory education program. 사회적·경제적·문화적으로 혜택받지 못한 지역 또는 가정의 자녀들에게 특별한 교육적 배려를 제공하고, 그런 어린이의 교육적 불이익이나 핸디캡을 국가나 사회가 가정을 대신해서 제공하는 프로그램. 젠슨은 흑인이나 소수민족의 자녀들이 유전적으로 열등하기 때문에 보상교육은 실패할 수밖에 없고, 사회적 자원을 이들의 보상교육에 쓰는 것은 낭비라고 주장했다.

로 결정한 것은 바로 이런 맥락이었다. 우리는 이렇게 선언했다. "모두가 알다시피, 과학자들은 대중에게 사회와 격리된 연구 현장에서 어떤 일이 일어나고 있는지 알려서 사람들이 자신들의 삶에 깊은 영향을 미치게 될 의사결정에 대한 통제력을 요구하게 만들 의무가 있다." 그리고 이런 선언들은 나 자신의 삶에도 심대한 영향을 미쳤다.

4장 천사는 어느 편인가?

기자회견은 폭발적인 관심을 불러일으켰다. 우리가 거둔 업적에 대해 우리 자신이 품었던 양면적 태도를 그대로 투영한 듯, 신문의 머리기사들도 유전자 분리를 중요한 과학적 업적이자 동시에 인간성에 대한 위협으로 보도했다. "유전의 핵심이 최초로 분리되다"(『보스턴 글로브』), "유전적 발견의 악용을 우려하다"(『보스턴 글로브』), "과학자들, 유전자를 분리하다. 유전 제어를 향한 진일보"(『뉴욕 타임스』), "생물학의 불을 가지고 놀다"(『뉴욕 타임스』 사설), "질병 치료를 향한 인류의 새로운 희망"(『더 타임스 런던』), "유전자에 드리운 불길한 전조"(『더 타임스 런던』 사설), "하버드 팀 처음으로 유전자를 분리하다"(『워싱턴 포스트』), "분리된 유전자—과연 선인가 악인가?"(『선데이 뉴욕 타임스』), "과학자들, 바이러스로 박테리아에서 순수한 유전자를 분리하다. 시험관 인간 우려되다"(『로스앤젤러스 타임스』), "최초의 순수한 유전자—사악한 지니?"(『메디컬 월드 뉴스』)

우리의 기자회견은 과학계에도 강한 반응을 일으켰다. 일부 과학자들은 우리가 한 발견의 함의가 지나치게 과장되었다고 생각했다. 그들은 설령 인간 유전자를 조작하려는 시도가 가능하다 해도 앞으로 50년이나 60년 후에나 실현될 일이라고 주장했다. 그들의 견해에 따르면, 우리는 쓸데없이 사람들에게 겁을 주고 있는 꼴이었다. 다른 과학자들은 과학에 대해 어떤 식으로든 부정적인 견해가 표출되면 연방 자금의 연구비 지원에 불리한 영향을 미칠 수 있다고 우려했다. 그렇게 되면 대중들이 과학에 등을 돌릴 수 있다는 것이다. 하버드 의대의 내 동료들은 혼란을 느꼈고 내게 이렇게 물었다. "도대체 무슨 목적으로 그런 일을 한 겐가?" 또한 많은 과학자들은 우리가 연구결과를 발표한 사실 자체를 비방했다. 당시 분자생물학은 기초과학에 속했다. 아직 특허 출원이나 생명공학 기업도 없었고, 질병 치료가 곧 이루어질 것이라는 전망도 없었다. 분자생물학자들은 자신이 화학자나 물리학자들이 오랫동안 해왔던 종류의 사회적 응용과는 전혀 다른 종류의 연구를 하고 있다고 간주했다. 기자회견으로 새로운 발견을 발표하는 생물학자들은 조롱거리가 되곤 했다. 그들은 "인기에 영합하는 무리", 또는 "언론에 편승해 노벨 상을 받으려는" 사람들이라고 비난받았다. 실제로 나 역시 대중에게 자신을 선전하는 과학자들에게 혹평을 가하곤 했다.

우리 논문이 실렸던 『네이처』에 "천사는 어느 편인가?"라는 제목의 편집자 사설이 실렸다. 이 글은 "암울한 전조"를 퍼뜨린 우리의 기자회견을 비판하는 내용이었다. 『네이처』 편집인들은 "대장균의 유전 형질을 …… 조작하는 현 수준은 …… 그보다 복잡한 생물의 유전 정보에 대한 훨씬 정교한 조작까지 가려면 …… 아직도 멀었다"고 주장했다. 그들의 비판을 반박하기 위해서, 기자회견에서 발언에 나섰던 래리 에런, 짐 샤피로, 그리고 나는 『네이처』와 『보스턴 글로브』에 편지를 썼다.

아직 충분한 시간이 있다고 생각하는 사람들에게는 이런 사실을 지적하는 것으로 충분할 것이다. 베크렐이 1896년에 처음 방사선을 발견한 이후, 1945년에 원자폭탄이 사람들을 살상하기까지 50년도 채 걸리지 않았다. …… 우리가 (급진적인 정치적 변화를 위해) 노력하지 않는다면, 언젠가 우리도 자신의 행동을 후회하는 오펜하이머 그룹과 같은 신세가 될 것이다.

1950년대에 화학과에서 학생들을 동원하려는 내 시도에 힘을 불어넣어 주었듯이, 이번에도 오펜하이머가 내가 행동에 나설 수 있는 동기를 제공했다. 나는 원자폭탄이 드리운 그림자 속에서 40년대와 50년대를 보냈고, 전쟁이 끝난 후 원자물리학자들이 공개적으로 양심의 가책을 고백하는 것을 목격했다. 1969년에 기자회견을 할 무렵에는, 이런 물리학자들의 딜레마가 과학의 사회적 책임이라는 주제에서 상징적 의미를 점차 잃고 있던 것이 사실이었다. 그러나 내게 그 문제는 여전히 중요했고, 나의 생각과 행동에 깊은 영향을 미치고 있었다. 오늘날 과거 원자물리학자들이 직면했던 위기 인식은 더 이상 과학자들의 마음에 새롭게 다가오지 않는다. 과학 교육이 과학의 사회적 영향을 둘러싼 논쟁을 다루지 않기 때문에, 과학을 전공하는 학생들은 그들의 역사의 일부를 상실하고 있는 것이다──그리고, 내 견해로, 그들이 잃고 있는 것은 그들의 인간성의 한 부분이다.

다른 과학자들은 유전공학의 가능성에 대비할 '충분한 시간'이 없을지 모른다는 우리의 주장을 비웃었다. 그러나 불과 5년 만에 우리가 예견했던 혁명은 한창 진행중이었다. 과학자들이 즉각 유전자를 조작할 수 있는 능력은 예상보다 훨씬 빨리 현실화되었다. 1973년에 처음 보고된 '재조합 DNA' 기법은 생물학에 일대 혁명을 불러올 터였다. 복제나 유전자 분리처럼 앞서 거둔 성공들은 박테리아 연구에만 직접 적용이 가능했지만, 재조합 DNA 기술은 모든 생물체로부터 유전자를 분리할 수 있게 해주었다. 유전자 크기의 단편을 만들려면 DNA의 특정 장소에서 자주 발견되는 효소[제한효소]를 이용해서 염색체의 DNA를 자르기만 하면 되었다. 그런 다음 이 DNA 단편을 바이러스와 같은 작은 염색체에 묶어서 (재조합) 생물체 속에 넣어서 실험실에서 즉각 연구할 수 있었다.

이처럼 빠른 進展은 과학자들이 우리의 경고를 반박하면서 내놓은 예측이 잘못된 것임을 입증했다. 이 때문에 생물학계의 지도자들은 역사상 유례가 없는 행동을 취하게 되었다. 1973년에 제임스 왓슨과 폴 버그 Paul Berg와 같은 유전학자들이 포함된 일군의 생물학자들은 이 새로운 기법의 사용에 대한 모라토리엄을 요구했다.* 그들의 움직임은 DNA 재조합 실험이 건강에 미칠 수 있는 위해危害를 경고했던 젊은 과학자들의 문제제기로 촉발되었다. 가령 그들은 유전학자들이 지금까지 지구상에 한 번도 존재하지 않았던 바이러스나 박테리아를 창조하고 있으며, 이런 생물체들이 새로운 형태의 질병을 확산시킬 수 있다고 경고했다. 연구자들

---

* 당시에 한 생물의 유전자를 잘라 내어 다른 생물의 DNA에 이식하여 유전자를 이식받은 개체의 형질이 달라지게 하는 DNA 재조합을 두고, 이것이 생명에 대한 인위적 조작을 가능하게 해주기 때문이 이 연구를 계속 수행할지를 둘러싸고 논란이 제기되었다. 이러한 상황에서 스탠퍼드 대학의 폴 버그 교수 주도로 DNA 재조합 연구를 과학자들이 자발적으로 당분간 중지하자는 권고 서한이 공개적으로 발표되었다.

이 제기된 문제를 검토하는 동안, 모라토리엄은 계속 유지되었다.

유전자 조작을 가능하게 한 예상치 못한 획기적인 연구가 현실화되면서, 나는 어떤 과학적 발전의 전망에 대해서든 '절대 안 된다'는 말을 해서는 절대 안 된다는 것을 깨달았다. 누구든 어떤 과학적 업적이 가능할지 확실히 내다볼 수 없으며, 그 발전이 실제로 적용되기까지 얼마나 시간이 걸릴지 어림짐작할 수 없다. 갑작스럽게 그리고 놀랍게도 재조합 DNA 기술로 쉽게 유전자를 조작할 수 있는 가능성이 현실로 다가왔다. 그리고 그 기술은 기초 박테리아 유전학의 분명치 않고 예상하지 못했던 한 귀퉁이에서 발전했다. 지난 수십 년 동안 소수의 과학자들은 외래 DNA의 침입을 받을 때 박테리아가 어떻게 그 사실을 알고 그 DNA를 파괴하는지 연구해 왔다. 그 누구보다도 나는 이 연구가 분자생물학의 주류에 해당하는 발전의 곁가지에 불과하다고 생각했다. 그러나 수십 년에 걸친 연구 끝에, 과학자들은 외래 DNA를 파괴하는 능력이 박테리아에 있는 효소에서 나온다는 사실을 알아냈다. 그 효소는 특정 부위에서 DNA를 자를 수 있었으며, 이때 자신의 DNA에 있는 부위는 변형되어 손상되지 않는다. 이 발견으로 그들은 염색체를 작은 조각으로—심지어는 유전자 크기의 조각—자를 수 있는 도구(제한효소)를 손에 쥐게 되었다는 것을 깨달았다. 지금까지 생물학의 변방에 불과했던 영역에서 수두룩하게 노벨 상들이 쏟아져 나왔다. 나는 이 과학자들이 얻었을 통찰의 순간이 우리가 1969년에 자신의 DNA에 lac 유전자를 갖는 바이러스로 그 유전자 중 하나를 정제할 수 있었던 순간과 흡사했으리라고 상상한다. 제한효소restriction enzymes의 발견으로, 예기치 않게 우리의 연구는 생물학자들에게 새로운 도구를 제공하게 되었다.

우리 기자회견의 여파는 점차 확산되었다. 한때 분자생물학의 떠오르는 별이었던 나는 이제 많은 사람들에게 과학의 반역자, 대중의 마음속에 과학의 순수한 이로움에 대해 의구심을 불러일으킨 배반자로 낙인찍혔다. 내 실험실은 일대 혼란에 빠졌다. 일부 동료 연구자들은 우리의 행동을 개탄했고, 다른 사람들은 지지했다. 기자회견에 동참했던 짐 샤피로는 함께 「투데이 쇼」에 출연했을 때 과학의 결과를 이토록 오용하는 사회에서 더 이상 과학활동을 지속할 수 없다고 선언했다. 『웰쉬』, 『사우스 웨일스 에코』 등의 신문 인터뷰에서, 그는 그 이유를 이렇게 설명했다. "내가 과학계를 떠나려는 이유는 이 나라를 자신들의 목적을 위해 좌지우지하는 사람들에 의해 과학이 착취되고 있기 때문이다. 현 시점에서 실험실에서 연구를 하는 것은 무익한 일이다. 지금 내가 상상하기로 바람직한 유일한 삶의 방식은 현 정치 제도에 도전하는 것이다." 30년 후 프랑수아 윌리엄스가 내게 왜 자신이 같은 시기에 과학을 그만두었는지 설명한 것과 거의 똑같은 말이었다. 그후 샤피로는 곧 내 연구실을 떠났고, 2년 동안 쿠바에서 과학을 가르쳤다.

『뉴욕 타임스』 기자 로버트 레인홀드가 새로운 분자생물학 실험실이 어떻게 운영되는지 보도하는 기사를 쓰기 위해서 내 실험실에 와 있어도 될지 물었다. 60년대 후반의 공동체 정신을 고수하던 우리 실험진은 이 문제를 놓고 열띤 토론을 벌였고, 결국 레인홀드에게 그런 기사에 관심이 없다는 것을 통보하기로 결정했다. 당시로서는 전형적인 입장이었지만, 우리의 토론에서 지배적인 주장은 그런 기사가 나를 초점으로 부각시킬 것이고, 그렇게 되면 과학의 공동체 정신을 간과하고 '개인 숭배'를 강화시킬 우려가 있다는 것이었다.

기자회견 덕분에 나는 과학의 사회적 영향에 대해 식견 있는 대변자쯤으로 인식되었다. 유전학 연구의 위험성을 주제로 한 강연이나 도서 집필 청탁이 쇄도했고, 「투데이 쇼」와 같은 텔레비전 대담 프로에서 해당 주제에 대해 이야기해 달라는 제의를 받기도 했다. 하버드 의대는 당시 내가 품고 있던 우려에 대해 발표해 달라고 요청해 왔다. 소규모의 교수들 앞에서 나는 과학의 사회적 책임에 대해 처음으로 강연을 했다. 당시 미리 준비한 원고를 읽으면서 잘 들리지도 않는 목소리로 웅얼거렸던 것이 기억난다. 그때 나는 정작 나 자신이 이 주제에 대한 지식이 부족하다는 것에 겁을 먹고 있었고, 이것이 내가 깊이 고민했던 주제가 아니라는 것을 알고 있었다.

어쩔 수 없이, 나는 기자회견 때보다 훨씬 깊이 있게 나의 우려를 설명하지 않을 수밖에 없는 상황에 몰렸다. 그리고 처음으로 나는 과학과 사회에 대해 생각하고, 읽고, 쓰기 시작했다. 그러면서 내 자신의 연구 분야에 대해 내가 그토록 우려했던 것이 무엇이었는지 정확히 밝혀 내려고 시도했다. 나는 〈민중을 위한 과학〉이라는 단체에 가입했다. 이 단체는 여러 분야의 과학자들이 한데 모인 운동 단체였다. 우리는 과학이 지향하는 방향이 낳을 사회적 영향에 대해 토론했다. 우리는 과학의 혜택이 사회 부유층에게만 돌아가고, 상대적으로 힘 없는 사람들에게는 피해를 주는 문제에 초점을 맞추었다. 그후 20년 동안 〈민중을 위한 과학〉은 나의 사회운동의 구심점이 되었다.

이러한 학습 경험과 사회운동은 1969년 기자회견 직후 일어났던 사건들에서 중요한 역할을 수행했다. 1970년 1월, 나는 미국 미생물학회가 제정한 그 해의 일라이릴리 상 '미생물학 및 면역학' 부문 수상자로 선정

되었다는 편지를 받았다. 제약회사인 일라이릴리 사가 후원한 이 상은 해당 분야에서 괄목할 만한 과학적 업적을 이룩한 35세 이하의 젊은 미생물학자에게 주어졌다. 부상으로는 1천 달러의 상금과 청동메달이 수여되었다. 나는 과학자로 인정받았다는 사실에 놀라우면서도 기뻤다. 그러나 동시에 혼란스러움을 느꼈다. 당시 과학 환경은 날로 정치화되어 갔다. 〈민중을 위한 과학〉에서는 정부와 산업체가 과학을 오용하고 있다는 강한 비판이 제기되고 있었다. 그 중에서도 제약회사들은 대중에게 쓸모없고 터무니없이 비싼 약을 떠안기는 가장 악질적인 산업 '깡패'로 간주되었다. 그런 상황에서 어떻게 내가 그들 중 한 곳인 일라이릴리 사가 후원하는 상을 받을 수 있겠는가? 나는 이런 쟁점들에 가장 민감했던 실험실 동료들과 내가 직면한 딜레마에 대해 토론했다. 그들은 그것이 정말 풀기 힘든 문제라는 데 동의했다. 나는 수상을 거부하거나 상금을 의미 있는 일에 쓰도록 기부하겠다는 성명을 발표하거나 양자 택일이라고 생각했고, 결국 후자를 선택했다. 어떤 의미에서 그것은 내 동료들과 내가 기자회견을 시작했던 전통을 따르는 것이었다.

그렇다면 어떤 단체에 상금을 기부할 것인가? 나는 약 1년 전에 시작되었던 사건들 덕분에 쉽게 결정할 수 있었다. 1969년 4월 1일 아침, 흑표범당 당원이었던 21명의 흑인과 여성들이 뉴욕시 경찰들에 체포되었다가 결국 투옥되었다. 고소된 죄목 중에는 뉴욕시 경찰관 살해 계획, 뉴욕 식물원 폭파 음모, 그리고 뉴욕 시경 입구에 쥐 오줌을 살포하는 계획* 등이 포함되어 있었다. 이 그룹은 '흑표범 21'이라고 알려졌고, 후일 8명이

---

* 쥐 오줌은 사람이 접촉하면 유행성 출혈열을 비롯해 여러 가지 치명적인 질병을 일으킬 수 있다.

풀려나면서 '흑표범 13'이 되었다. 나는 흑표범21 소송과 흑표범당 사건에 대한 경찰과 정부의 대응책을 조사했다. 1969년에 흑표범당의 두 지도자 마크 클라크와 프레드 햄프턴은 시카고에서 경찰이 급습하는 과정에서 살해되었다. 또한 로스앤젤레스에서는 흑표범당 당원 여러 명이 경찰과 총격전을 벌여 부상당했다. 언론매체뿐 아니라 공식적인 반응에서도, 이러한 경찰의 행동이 정부가 흑표범당을 와해시키기 위해 꾸민 음모라는 풍부한 의혹이 제기되었다. 상당한 시간이 흐른 후, 정보공개법에 의해 정부 문서가 공개되면서 이 의혹은 사실로 확인되었다. 당시 나는 흑표범당원들의 처형에 당혹스러웠고, 무력함을 느꼈다. 내가 할 수 있는 일이 무엇인지 알 수 없었다. 그동안 내가 했던 가장 극단적인 정치 활동은 베트남전 반대 성명서에 교수들의 서명을 받고, 반전 시위에 참가해서 행진을 한 것이 고작이었다.

그러던 와중인 1970년 초 어느 날 아침 나를 흑표범당 참사에 훨씬 긴밀하게 결부시킨 『뉴욕 타임스』 기사를 읽었다. 신문 뒷면에서 나는 '흑표범 21'의 최신 상황을 보도한 기사를 발견했다. 기사 끝 부분에는 투옥된 흑표범당 당원들의 명단이 실려 있었다. 나는 생화학자인 커티스 파월의 이름이 그 속에 있는 것을 보고 소스라치게 놀랐다. 나는 파리의 라 루지앤 호텔의 버터컵스 룸에서 그와 함께 지내던 시절, 그리고 그의 분노에 찬 외침을 생생하게 기억하고 있었다. 나는 21명에 대한 고소와 그들의 처리 문제를 좀더 면밀하게 조사하기 시작했다.

내가 이 사실을 알게 된 직후에 일라이릴리 사가 수상 결정을 통보해 왔다. 모든 일이 한꺼번에 밀어닥쳤다. 상을 받을 것인지 여부에 대한 결정, 내 친구 커티스 파월과 흑표범당에 대한 정부의 박해 등 나는 풀기 힘든 문제들에 직면했다. 게다가, 나는 친구인 하버드 의대생 마이클 윌리엄스를 통해 흑표범당의 지역사회 활동에 대해 더 많은 것을 알게 되었다. 마이크는 인근 록스버리 지역의 흑인사회에서 흑표범당이 벌이던 보건과 급식 프로그램을 돕고 있었다. 나는 상금을 흑표범당에게 주기로 결정했다.

시상식은 1970년 4월 말 보스턴에서 열린 미국 미생물학회 연례회의 석상에서 이루어졌다. 이날 여러 개의 상이 수여되었고, 나는 1천 달러짜리 수표와 메달을 받았다. 이후 내가 하게 될 일에 신경이 한껏 날카로워진 나는 진행자에게 몇 마디만 해도 되느냐고 물었다. 사람들에게는 내 행동이 무척 갑작스럽고 어색하게 비춰졌을 것이다. 나는 마이크를 쥐고 상금을 나누어서 보스턴에 있는 흑표범당 무료병원과 뉴욕시에서 체포된 흑표범당원 13명의 변호 비용에 쓸 것이라고 말했다. 그러자 충격을 받은 관중들의 헐떡임과 신음소리가 들려왔고, 드문드문 박수 갈채도 나왔다. 사람들은 너무 놀라서 무슨 일이 일어났는지 이해하지 못했고, 어찌해야 할지 몰랐다. 무대에 있었던 미생물학회 관계자는 잠자코 다음 차례였던 '올해의 미생물학 교사' 상으로 넘어갔다.

이튿날 밤, 나는 시상 행사의 일부로 1시간 분량의 연설을 하게 되어 있었다. 그 연설에서 나는 내 실험실의 과학적 성취, 내가 상을 받게 된 연구에 대해 설명했다. 그 다음 연설의 후반부에서 나는 기초과학에 대한 이야기를 벗어나 과학과 사회가 만나는 세계에 대해 논의했다.

내가 설명한 연구를 통해 분명해졌겠지만, 우리가 그런 종류의 연구에서 상당한 즐거움을 얻는다는 것은 사실입니다. 마음먹은 대로 유전자를 조작하는 일은 무척이나 즐거운 것이니까요. 깨어 있는 모든 시간 동안 이 분야에 대해 생각하고 일하고 싶다는 생각이 항상 나를 유혹합니다. 그러나 나는 이것이 나와 다른 과학자들이 반드시 극복해야 할 유혹이라고 생각합니다. 왜냐하면 우리와 우리 연구가 사용되는 방식 때문에, 우리는 사회에 대해 특별한 책임이 있기 때문입니다.

나는 왜 상금을 흑표범당 병원과 변호 비용에 쓰기로 했는지 설명했다. 그리고 연설의 나머지 부분에서 과학자의 사회적 책임을 주장했다. 핵무기 개발에서 생물학 무기, 그리고 베트남에서 사용된 첨단기술 무기에 이르기까지, 나는 기초과학과 응용과학이 어떻게 파괴적인 목적에 사용될 수 있는지에 대해 발언했다. 일라이릴리 사가 상을 후원했기 때문에 나는 제약회사의 행태를 집중적으로 성토했고, 항생제 남용 문제도 언급했다. 나는 터무니없이 비싼 약품 가격이 매겨질 수 있는 것은 제약회사들이 자사 제품의 특허권을 확장하기 위해서 가격 조작을 하기 때문이라는 사실을 지적했다. 끝으로 나는 제약회사들의 압도적인 홍보 노력, 가령 "의대생에 대한 선물 공세, 인턴들에게 아낌없이 베푸는 만찬, 의사들을 공략하는 선물 공세와 끊임없는 압력 행사" 등을 공격했다. 그리고 이러한 노력이 값비싼 제약회사 약품의 사용, 남용, 심지어 오용을 부추기게 된다고 지적했다.

나는 더 이상 하버드 대학에서 과학과 사회에 대해 처음 발언했을 때처럼 버벅대지 않았다. 몇 달 만에, 나는 공공연하게 내 관점을 설명할 자신감을 얻었다. 무척 빨리 배운 셈이었다.

나의 행동에 대해 비난과 갈채가 한꺼번에 쏟아졌다. 미생물학회 관계자들은 무척 당황했다. 청중석에 앉아 있던 한 사람은 경악한 나머지 이렇게 외쳤다. "당신 도대체 우리가 준 상으로 무슨 짓을 하는 거요?" 나의 행동은 『뉴욕 타임스』와 그 밖의 신문에 보도되었다. 기사가 실린 후 며칠 동안, 나는 익명의 협박 편지를 여러 통 받았다. "누군가 너를 암살했으면 좋겠다", 또는 "네가 사랑하는 흑표범당원 중 한 사람이 너를 칼로 찔러서 네 목구멍에서 꼴깍꼴깍 숨 넘어가는 소리가 나는 것을 듣고 싶다. …… 관대한 사람들이나 훗날 네 죽음을 애도해 줄 것이다."

그렇지만 이런 위협들을 상쇄할 만한 다른 반응들도 많았다. 강연이 끝난 후, 일라이릴리 사의 한 흑인 연구자가 내게 다가와 이렇게 속삭였다. "잘했어. 형제!" 내 입장을 지지하는 사람들로부터 성원의 편지가 쇄도했고, 위스콘신 대학의 젊은 과학자 단체와 뉴욕에 있는 뉴욕 공중보건 연구소는 각기 나의 행동을 축하하는 서명을 담은 편지를 보내 주었다. 그러나 가장 중요한 것은 커티스 파월로부터 받은 여러 통의 편지였다. 커티스는 신문을 통해 내가 미생물학회에서 했던 강연과 상금 기부 소식을 읽고 크게 감동받았다. 그런데 그는 나를 기억하지 못했다. 신문에 실린 하버드 교수와 카페 드 센에서 함께 뒹굴던 백인 친구를 연결시키지 못한 것이다. 그는 내게 감사를 표시했고, "우리에게 가해지는 억압에 맞서 발언하는 과학자들을 찾기가 너무 힘들다"고 한탄했다. 나는 그에게 답장을 했다. 파리 시절의 기억을 환기시키기 위해 낡은 잡지 『에보니』*에서 오려낸 그와 버터컵스 룸의 사진을 그에게 보냈다.

---

* *Ebony magazine*. 아프리카계 미국인들을 위한 월간지. 1945년에 존 H. 존슨(John H. Johnson)이 창간했다.

그 후로도 커티스와 나는 연락을 계속했다. 1971년 초에 판사는 13명의 흑표범당원들에 대한 고소를 기각했다. 커티스는 동료들과 함께 투옥된 지 거의 2년 만에 감옥에서 풀려 나왔다. 뉴욕 공중보건 연구소의 토머스 벤저민은 커티스에게 연구직을 제안했다. 톰은 이 연구소에서 내게 보냈던 일라이릴리 수상 강연 축하편지에 서명을 했던 사람 중 한 명이었다. 우리는 커티스를 초청해서 〈민중을 위한 과학〉 모임에서 발언을 청하기로 했다. 그는 뉴욕에 있는 벤저민의 연구소에서 수년간 연구하다가 잠비아로 떠났다. 그곳에서 그는 수면병을 일으키는 기생충에 저항성을 갖게 하는 백신 개발을 위해 오랫동안 노력했다.

일라이릴리 상을 받은 후에는 잠시 숨 고를 틈도 없을 정도였다. 미생물학회에서 발언한 1주일 후인 1970년 5월 4일, 오하이오 주방위군이 며칠 동안 닉슨 대통령의 캄보디아 침공에 항의하던 켄트 주립대학 학생들에게 발포하는 사고가 발생했다. 방위군의 소총에 맞아서 4명이 목숨을 잃었다. 불과 몇 달 전에 정부는 흑표범당을 덮쳤다. 당시는 거의 발언하는 사람이 없었다. 그러나 이번에 죽은 것은 백인 가족의 아이들이었다. 전국의 대학에서 격노한 학생과 교수들이 동맹휴업을 선언했다. 하버드 의대의 우리 그룹——학생, 교수, 그리고 직원들——도 동맹휴업 실행위원회를 조직했다.

하버드 의대의 수업은 중단되었다. 우리는 시위와 티치인**을 조직했다. 우리 그룹의 대부분은 베트남전쟁 반대에 초점을 맞추었지만, 나는

** teach-in. 정치·사회적 문제에 관한 교수와 대학생의 장시간의 토론집회.

흑표범당에 대한 공격을 알리는 데 역점을 두었다. 우리는 흑표범당의 많은 구성원들이 죽고 부상당하고 투옥되었던 지난 수년간의 사건들을 설명한 팸플릿을 만들었다. 그리고 당시에도 이런 사건들이 정부에 의해 촉발되었음을 충분히 입증할 수 있는 증거들을 지적했다. 오늘날에는 이런 사태를 이해하기 힘들지도 모르지만, 이러한 행동은 『의대동창회보』의 기사에 실렸다. 탁자 뒤에서 잘 차려입은 두 명의 교수에게 팸플릿을 나눠 주는 내 사진 밑에 "벡위드 교수, 흑표범당 팸플릿을 설명하다"라는 설명이 붙어 있었다. 그러나 모두가 내게 동조한 것은 아니었다. 한 교수는 내가 흑표범당 사건을 옹호하면서 "반전운동을 오염시키고 있다"고 비난했다. 우리는 그에 응수해서 그와 그 동조자들이 인종주의로 반전운동을 오염시킨다고 비판했다.

나는 수줍음을 많이 탄다. 그런데도 내가 이런 위험을 감수할 만큼 대담해진 것은 지금의 내가 있게 된 것, 그리고 과학에서 거둔 성공이 모두 순전히 요행이라고 생각하기 때문이다. 프랑수아 윌리엄스가 내게 로웰 헤이거와 대화를 해보라고 권해 준 요행, 조용한 프린스턴 대학으로 옮기면서 버클리의 세속적 즐거움과 정치적 운동에서 벗어났던 요행, 내가 실업자가 되기 직전에 세간의 관심을 끌 수 있는 과학적 성과를 거두었던 요행 등이 그것이다. 돌이켜보면, 런던에서 나는 불과 6개월만 지나면 장학금, 직업, 그리고 과학자로서의 경력이 끝날 상황이었다. 삶의 중요한 고비마다 나는 자칫 과학을 떠날 뻔했었다. 1950년대 말에 파스퇴르 연구소 시절에 받았던 감화에도 불구하고, 나는 여전히 성공한 과학자가 된 내 모습을 상상할 수 없었다. 이듬해에 직장을 구할 전망도 없이 의기

소침하던 런던 시절에, 나는 작가, 역사가, 또는 문학비평가로 사는 다른 삶을 꿈꾸기도 했다. 바브라는 내게 새로운 경력을 시작하도록 도와주겠다고 제안하기도 했다. 하버드 대학에 좋은 자리를 얻은 후에도 어쩌다 과학에 발을 들여놓게 되었을 뿐 나는 여전히 객꾼이라는 느낌을 떨칠 수 없었다. 그리고 내가 그 자리에 있게 된 것이 믿을 수 없는 행운으로 여겨졌다. 이런 이유 때문에 설령 내 정치적 행동으로 과학자로서의 경력에 부정적인 영향을 입어도 그리 심각하게 생각되지 않았다. 그동안의 요행이 없었다고 가정했을 때 내게 벌어졌을 일들에 비하면 그리 대단치 않게 생각되었다.

그러나 내 행동에는 그만한 결과가 따랐다. 나는 정치적 입장 때문에 과학 발표자로 거명되지 못했던 몇 가지 사례를 알고 있다. 그후 14년 동안 나는 주요 직위에 임명되지 못했고, 상도 받지 못했다. 물론 상을 받지 못한 주된 이유는 그 기간 동안 나의 과학적 업적이 그만한 수준에 도달하지 못했기 때문일 것이다. 그러나 기자회견과 미생물학회 시상식에서 했던 내 행동 때문에 최소한 한 번은 상을 받지 못한 것이 분명했다. 1984년에 국립과학원 회원인 살바도르 루리아가 워싱턴에서 전화를 걸어 왔다. 그는 아카데미의 유전학 분과에서 수년 동안 나를 수상 후보로 고려했다고 말해 주었다. 그러나 그 분과의 일부 위원들이 내가 아카데미의 상을 거부하거나 공격할지 모른다고 경고했다는 것이다. 그 이유로, 그들은 내 이름을 수상자 후보 명단에 올리고 싶어 하지 않았다. 당시 내 활동을 지지했던 루리아는 이 문제를 놓고 수년간 논쟁을 벌인 끝에야 내가 상을 받을 것이라는 자신의 생각을 유전학 분과에 말할 수 있었다. 그는 내게 솔직하게 어떻게 할 것이냐고 물었다. 나는 그에게 그것은 적절한 질문이 아니며, 모든 결정은 공로에 따라 이루어져야 한다고 말했다. 마침내 나는 그 해에 상을 받았다.

다른 과학자들도 이 기간에 결연한 태도를 보였다. 늘어나는 반전운동, 흑표범당 습격사건과 같은 인종분쟁, MIT 대학생들의 동맹휴업, 〈민중을 위한 과학〉의 설립, 우리의 기자회견, 그리고 나의 일라이릴리 상 수상 등을 겪으면서 과학계의 정치의식은 점차 높아졌고 행태도 변모했다. 처음에 과학 행동주의자들은 주로 물리학과 분자생물학 분야 출신이었다. 물리학자들에게 과학의 사회적 영향에 대한 감수성을 준 것은 핵물리학의 역사였다. 과학과 문화 모두에서 혁명을 가져온 원천이었던 분자생물학은 화학과 같은 타분야 과학자들보다 더 우상파괴적이고 문제의식 수준이 높은 젊은 과학자들을 매료시켰다. 물론 거기에는 대학 화학이 대체로 산업 영역에 종속되어 있었던 점도 작용했다.

이 세대의 생물학자들은 북베트남*을 처음 여행한 미국 시민들이기도 했다. 1970년 하버드대의 분자생물학자 마크 프타신은 미국 과학자로는 처음 북베트남을 찾았다. 1971년에는 과거에 나와 함께 연구했던 에선 시그너가 예일대의 생물학자 아서 갤스턴과 중국과 북베트남의 과학 연구소를 방문했다. 이들의 여행은 베트남전에 대한 과학자들의 반대를 표시하는 상징적 행동이었다. 뉴욕 공중보건 연구소의 미생물학자 데이비드 볼티모어와 리처드 노빅은 미 미생물학회가 생물학 무기 개발에 반대하는 입장을 취하도록 설득하기 위한 투쟁을 이끌었다. 하버드대의 유전학자 매튜 메슬슨은 생물 무기의 위험성을 입증하기 위해 헌신적인 노

---

* 베트남 통일 전 북위 17°선 이북, 호치민 지배 하의 베트남 지역을 말한다.

력을 기울였다. 현재 『사이언스』 편집인인 생물학자 도널드 케네디는 스탠퍼드 학생들과 함께 고엽제 살포와 베트남에 투하된 엄청난 양의 폭탄 구덩이로 인한 베트남 전역의 생태적 손상을 기술한 소책자를 만들었다.

많은 시간이 지난 지금까지도 사람들은 내게 흑표범당에 상금을 기부한 결정에 대해 묻곤 한다. 나를 포함한 많은 사람들은 흑표범당 조직 내에서 때로 서로를 죽이는 살육이 벌어지기도 했다는 사실을 알게 되었다. 그들은 이런 사건들이 폭로된 마당에 이제는 내 생각이 바뀌었을 것으로 가정한다. 그들은 내가 한때의 급진적인 열정으로 벌인 행동을 후회할 것으로 상상했다. 그러나 그 시대를 겪지 않은 사람들은 흑표범당에 대한 정부의 억압이 어느 정도였는지 제대로 이해하기 힘들 것이다. 흑표범당이 얼마간 잘못을 저질렀다 해도, 그들의 프로그램은 대부분 흑인들의 삶을 개선하려는 목적이었다. 그러나 더 중요한 것은, 정부가 그 집단을 효과적으로 제거하기 위해 불법적이고 폭력적인 수단을 사용했지만 그 사실은 전혀 문제시되지 않았다는 점이다. 그것은 단지 흑표범당에 대한 정부의 공격이 잘못이었다는 데 그치지 않는다. 이러한 폭거를 수행하기 위해 설립된 정부기구들은 그보다 덜 급진적인 움직임으로 탄압 대상을 확장할 수 있었다. 대중의 항거가 없었다면, 정부의 행동은 훨씬 더 억압적인 사회를 가져오는 전조가 되었을 것이다.

5장 삶의 타란텔라[*]

기자회견이 있기 전인 1969년 말엽, 나는 지난 2년 동안의 강도 높은 정치활동을 멈추고 휴식을 취할 계획을 세우기 시작했다. 구겐하임 재단이 1970년 가을부터 6개월 동안 이탈리아 나폴리에 있는 연구소에서 지낼 수 있는 연구비를 지급해 주었다. 나는 친구 글라우코 토치니-발렌티니가 있는 IIGBIstituto Internazionale di Genetica e Biofisica (국제생물학연구소)를 선택했다. 글라우코는 당시 RNA 중합효소라는 효소가 유전자 발현의 첫 단계, 즉 DNA로부터 RNA를 전사하는 과정에서 중심적인 역할을 한다는 사실을 밝혀냈다. 그렇다면 이 효소는 DNA의 프로모터 부위를 인식하고, RNA 전사를 개시할 것이었다. 우리는 공동 연구를 시작했다. 글라우코의 실험실에서, 나는 정제된 lac 유전자를 더 많이 분리해서 그가 추출한 RNA 중합효소를 이용해 시험관 내에서 발현시키는 실험을 할 수도 있었다.

　　그러나 나폴리를 목적지로 선택했던 이유는 IIGB의 편안한 분위기

---

[*] Tarantella. 남이탈리아의 활발한 춤곡.

와 그곳 사람들의 활기가 내게 강한 인상을 주었기 때문이기도 했다. 수 년 후에 일어났던 하나의 사건은 이 분위기를 각인시킨 상징이 되었다.

1988년의 일이었다. 나는 IIGB 과학자문위원회 위원으로 임명되었다. 어느 날 소장 사무실에서 우리는 연구소 소속 과학자들의 연구 프로그램을 평가하고 있었다. 논의를 하는 동안, 열대 식물의 향기가 배어 있는 촉촉한 봄바람이 우리 주위를 감쌌다. 나는 열린 창문으로 이따금 꽃잎이 날려 들어오고, 바닥에도 떨어지는 것을 알아차렸다. 때로는 풀포기가 통째로 호를 그리며 우리 회의실로 날아 들어오기도 했다. 그런데도 이 신비한 꽃다발 세례를 알아차리는 사람은 아무도 없었다. 휴식 시간에 나는 사람들에게 그 일에 대해 설명을 해달라고 했다. 한 연구자가 노모와 함께 살고 있었는데, 어머니를 집에 혼자 두고 올 수가 없었던 모양이었다. 그녀는 어머니를 연구소에 모셔 와서 혼자 돌아다니게 했다. 그러자 어머니는 연구소 뜰을 배회하면서 정원의 잡초를 뽑고 있었던 것이었다. 그런데 실수로 잡초 대신 꽃을 뽑았든, 회의실 안에서 일하고 있던 과학자들의 하루를 즐겁게 하려고 했든 그녀는 우리에게 꽃다발 선물을 주었던 셈이다.

날아드는 꽃다발로 과학 토론이 중단되었던 사건은 이 연구소 문화를 보여 주는 상징적인 일화였다. 개인들의 사적 삶과 문제들, 그리고 바깥세상에서 벌어지는 문제들과 떠들썩한 소동은 항상 일상적인 과학 활동으로 통합되었다. 이처럼 특이한 환경을 설명하려면 이 연구소의 설립 과정까지 거슬러 올라가게 된다.

IIGB는 이탈리아에 미국과 비슷한 과학 문화를 도입시키기 위한 목적으로 1962년에 설립되었다. 대부분의 유럽 나라들과 마찬가지로, 이탈리아의 대학과 연구소에도 위계 구조가 팽배해 있었다. 나이 든 교수들이 모든 것을 좌지우지했다. 젊은 과학자들은 선배 교수들의 연구 프로그램을 따라야만 했고, 자신들의 과학적 아이디어를 독자적으로 개발하기란 하늘의 별따기였다. 조교수들이 정교수의 지위에 오를 수 있는 것은 정교수가 죽거나 다른 대학의 교수가 죽어서 공석이 생기는 경우뿐이었다. 유럽 체계의 이러한 특성은 미국에는 널리 확산되지 않았다. 미국의 젊은 과학자들은 점차 박사후 연구과정을 끝낸 직후 독립적인 조교수assistant professor 지위를 요구했다. 그들은 더 이상 단순히 선배 교수의 '보조자'assistant에 그치지 않고, 자신의 독자적인 연구 프로그램을 추구할 수 있었다. 젊은 과학자들의 독립성은 어느 과학 분야보다도 분자생물학 영역에서 더 두드러졌다. 이 분야에서 이루어진 극적인 성공과 그에 따른 문화혁명 덕분에, 젊고 무모한 새로운 과학자 집단이 국제무대에 등장했다. 제임스 왓슨과 같은 젊은 과학자들의 성공은 신세대가 독립성을 얻을 길을 닦아 주었다.

미국식 시스템의 과학적 성공은 아드리아노 부자티-트레버소처럼 영향력 있는 이탈리아 생물학자들이 이탈리아에 비슷한 환경을 도입하려는 시도를 고무했다. 그는 미국식 시스템에 따라 운용될 과학 연구소의 창설을 추진했다. 부자티는 그 연구소가 이탈리아에 변화를 불러일으킬 사례를 제공해 줄 것이라고 희망했다. 이탈리아 관료들은 부자티에게 설득당했다. 나아가 그는 이 제안이 또 하나의 정부 프로그램 '카사 페르 일 메조조르노'cassa per il mezzogiorno, 즉 저개발 지역인 남부에 대한 자금 제공 계획을 지지하는 방안이 될 것으로 보았다. 남부 이탈리아로 기업들이 이전함에 따라, 나폴리에 연구소를 설립하면 지역 경제를 활성화시킬 것이라는 기대가 무르익었다. 즉 애초부터 이 연구소는 수많은 과학적, 문화적, 그리고 정치적 갈망을 포함하고 있었던 것이다.

1962년에 부자티의 계획이 승인되자, IIGB 실험실은 나폴리의 푸오리그로타Fuorigrotta 지역에 '가건물'로 세워졌다. 푸오리그로타('터널 밖'이라는 뜻)는 나폴리 북부에 위치한 지역으로 가파른 언덕을 관통하는 터널로 도심과 연결되었다. IIGB의 나지막한 건물들은 인접한 나폴리의 웅장한 축구경기장과 길 아래쪽에 있는 전시공원 모스트라 드 올트레마레Mostra D'Oltremare (무솔리니가 만들었다)와 심한 대비를 이루었다. 연구소 건물의 아담한 크기는 그 문화를 반영했다. 시설은 세월의 흐름으로 심하게 낡았지만, 2000년에도 연구소는 여전히 가건물에 들어 있었다. 낡아 빠진 연구소의 한계에도 불구하고, IIGB는 오늘날 이탈리아에서 활동 중인 상당수의 분자생물학자들을 배출했다. 이런 열악한 조건에도 불구하고 IIGB 과학자들이 보여 준 생산성은 그들의 재능과 뛰어난 유머 감각이 어느 정도였는지 입증해 주었다.

연구소가 처음 출범할 당시, 부자티는 IIGB의 '가건물'을 채우기 위해 여러 명의 저명한 중견 과학자들을 불러 모았다. 부자티의 전망에 동조했던 과학자들 중 대다수는 경제적으로 좀더 발전한 이탈리아 북부에서 온 사람들이었다. 초기에 연구소는 신진 과학자들도 여럿 충원했다. 그들은 이제 막 박사후 과정을 끝내고 자신만의 실험실을 출범시켰다. 그 중에는 제네바 대학에서 훈련과정을 마치고 케임브리지에서 시드니 브레너와 함께 연구했던 내 친구 글라우코 토치니-발렌티니, 하버드에서 매트 메슬슨과 같이 연구했던 파블로 아마티, 그리고 스탠퍼드에서 폴 버그와 함께 단백질을 연구했던 모리치오 라카리노와 같은 과학자들이 포함되어 있었다.

　　나는 1964년에 처음으로 IIGB를 방문해서 내 연구를 주제로 초청 강연을 했다. 내가 만났던 젊은 과학자들은 여느 과학자들과 마찬가지로 자신의 연구에 대해 열광적이었고 진지했다. 그러나 그들은 내가 함께 일했던 북부 기질의 사람들보다 더 넉넉하고, 삶에 대해 덜 악착스러운 태도를 지닌 것으로 느껴졌다. 기후, 환경, 또는 나폴리의 문화와 같은 무언가가 사람들을 부드러움과 매력으로 감염시키는 것 같았다. 그 여행은 지금도 내 마음속에 따뜻하고 즐거운 경험으로 남아 있다. 몇 년 후, 나는 우연히 해럴드 액턴*의 『나폴리의 부르봉 왕가』의 한 구절을 읽게 되었다. 그것은 넓게는 나폴리 전체에서, 그리고 좁게는 IIGB에서 내가 받았던 인상과 정확히 일치했다.

　　이곳에는 붐비는 장소나 분주한 거리 따위는 어디에도 없다. 그리고 하늘에 대고 기도하는 일은 결코 없을 것이다. 여기에서는 인간다움이 모든 것을 지배한다. 일상, 근대의 기계화, 안개, 스모그, 춥고 음산한 기후, 그리고 북부의 피곤함에 지친 사람들에게, 나폴리는 인생을 즐기는 타란텔라 춤에 동참하도록 초대한다.

---

* Harold Acton. 영국의 작가, 학자, 예술 애호가. 그는 이 책에서 나폴리를 유럽에서 가장 매력적인 도시로 묘사했다. 1734년에 시작된 부르봉 왕가의 지배는 1870년에 끝나기까지 가장 아름다운 유산을 남겼다. 18세기에 수백 명의 고상한 예술가와 여행가들이 나폴리를 찾았다.

당시 방문에서, 특히 나는 엔리코 칼레프와 함께 연구하던 아르헨티나의 박사후 연구원 리타 아르디티와 죽이 잘 맞았다. 칼레프는 박테리아의 ϕ80바이러스와 λ바이러스(우리가 lac 유전자 DNA 분리에 사용했던 바이러스)의 DNA가 어떻게 대장균 염색체의 일부로 통합되는지 이해하는 데 중요한 기여를 했던 과학자이다.

이듬해인 1965년에 리타는 브렌다이스 대학에서 박사후 연구원으로 일하기 위해 보스턴에 왔다. 우리——나와 바브라, 그리고 두 아들 벤과 앤서니——는 리타, 그녀의 아들 페데리코, 그리고 리타의 동거남이자 루이지 고르니의 실험실에서 박사후 연구원으로 일한 파울로 스트리지니와 친한 친구가 되었다. 리타를 통해, 우리는 IIGB 출신으로 보스턴 지역에 있던 다른 이탈리아 사람들을 많이 알게 되었다. 프랑코와 안나마리아 구에리니, 리아 피셔-판투치, 그리고 체사레 베스코 등이 그런 사람들이었다. 우리는 글라우코가 보스턴을 방문해서 우리 친구들을 찾아왔을 때 함께 만났다. 존 스케이프, MIT의 대학원생 리처드 다리, 바브라, 그리고 나는 이탈리아 과학자들과 무척 많은 교류를 했다. 1967년에 리타가 나를 찾아와 실험실을 바꾸어 유전학을 연구하고 싶다고 말했다. 내게 그녀에게 제공할 만한 돈과 공간이 있었을까? 마침내 나는 그녀에게 자리를 만들어 주었다.

리타는 정치적으로 매우 적극적이었다. 처음에는 과학의 정치에, 그리고 나중에는 여성해방운동에 중요한 기여를 했다. 그녀는 보스턴에서 〈민중을 위한 과학〉 지부를 결성한 최초의 인물 중 한 명이었다. 우리가 함께 나누었던 정치적 대화, 그리고 그녀가 내게 준 자극은 1969년 말엽부터 시작된 나의 과학운동을 고무하는 데 크게 기여했다. 훗날, 리타는 실험실 연구를 떠나 유니언 대학원Union Institute의 교수가 되었다. 그곳은 작은 단과대학들의 컨소시엄으로 만들어진 유동적인 대학원 프로그램이었다. 그녀는 그후로도 여전히 활발하게 정치활동을 벌였다, 보스턴 지역 최초의 여성 서점 '뉴 워즈'New Words를 설립했고, 여러 권의 책을 썼다. 그 중에는 아르헨티나의 5월광장*의 할머니들을 다룬 『삶의 탐색』 *Searching for Life*이라는 근작도 있다.

우리가 보스턴에서 알았던 이탈리아인들은 IIGB를 방문했을 때 느꼈던 유머 감각과 개방성을 떠올리게 해주었다. 그들은 과학 연구에 깊이 전념했고, 폭넓은 문화적 배경을 가지고 있었으며 인간 활동에 대해 정치적이면서 동시에 풍자적인 관점을 공유했다. 그들이 풍기는 매력적인 분위기에 이끌려 나는 휴가지로 IIGB를 택하게 되었다. 그 휴가는 나의 과학에 대한 열정을 충전시킬 기회를 줄 것이었다.

내가 그곳에 가기로 결정한 후인 1970년 봄에 IIGB에서 일어났던 일련의 사건들은 나폴리에 머물기로 한 나의 선택을 훨씬 흥미롭게 만들어주었다. 이탈리아 과학의 위계적 패턴을 따르지 않은 이 연구소의 설립은 과학에 대한 훨씬 급진적인 관점이 나타날 수 있는 분출구를 열어 주었다. 1960년대 말과 1970년대 초에 대서양을 사이에 둔 미국과 유럽의 과학을 둘러싼 정치환경은 점차 급진적으로 변했다. 독자적인 문화적 뿌리 때문에, 분자생물학은 종종 이러한 정치 운동의 중심이 되었다. 네덜

---

* Plaza de Mayo. 부에노스아이레스의 심장부에 위치하고 있는 유서 깊은 곳이다. 스페인 식민지 지배에서 벗어나기 위한 아르헨티나 독립의 첫걸음이 된 18세기 초의 5월혁명을 비롯하여 파란만장한 정치적 사건의 무대가 되어 왔다.

란드에서 "과학 상점"**——과학자들이 서로 교류하고 지역 대중들을 도와주는 소규모 지역 센터——이 설립되었다. 프랑스에서는 1968년 5월의 봉기 이후에 파스퇴르 연구소를 포함한 여러 연구소의 과학자와 실무자들이 집회에 모여 연구소의 정책을 둘러싸고 논쟁을 벌였다. 그리고 과학자들에 의한 가장 급진적인 활동 중 하나가 IIGB에서 일어났다. 1970년대 초에 연구자와 그 밖의 연구소 직원들은 연구소 지도부에게 요구사항을 적은 목록을 제출했다. 지도부의 대응에 만족하지 못한 그들은 수개월간 실험실을 점거했다. 점거는 수개월이나 지속되었고, 모든 연구는 중단되었다.

점거자들은 연구소의 민주화를 요구했다. 모든 노동자들의 임금 균등화, 연구 프로그램의 과학적 방향에 대한 의사결정 참여, 그리고 연구소 직원들이 연구 활동에 기여할 수 있는 능력을 키울 수 있도록 교육받을 기회 제공 등이 그런 요구에 포함되었다. 연구소를 점거한 사람들 중에는 연구자에서 실무 직원에 이르기까지 각급 직원들이 모두 포함되었다. 6개월의 점거와 교착 상태가 끝난 후, 점거자들은 연구소를 다시 열기로 합의했다. 그 대신 그들은 '가건물' 중 한 곳을 배정받아서 연구소 민주화를 위한 계획을 실행에 옮길 수 있었다. 연구소의 나머지 연구자들은 점거 이전 환경으로 돌아갔다. 점거 사태는 연구소 사람들 사이에

** science shop. 과학기술의 시민참여의 한 형태이며, 대개 지역의 주민들이 그 지역의 대학 연구자들에게 연구를 의뢰해서 지역 주민들의 구체적인 요구에 기반한 연구를 수행하는 것이다. 이것은 한편으로 과학자들이 자신이 하는 연구가 가지는 사회적 의미나 문제점을 인식하고, 시민들이 과학 연구에 참여하는 계기를 만들어 준다는 점에서 의미를 가진다. 우리나라에도 대전에서 2004년에 '시민참여연구센터'가 창립되어 과학상점 활동을 벌이고 있다. http://www.scienceshop.or.kr/new2/index_new.php

서 심각한 분열과 반목을 낳았다. 나는 그 결과 좋든 나쁘든 간에 이 점거 사태를 IIGB와 바깥세상 사이의 경계가 없다는 점을 보여 주는 또다른 사례로 간주했다.

우리 가족은 1970년 9월에 나폴리에 도착했다. 지금은 로마와 나폴리를 오가고 있는 엔리코 칼레프가 자신의 아파트를 우리에게 임대해 주었다. 나폴리의 포실리포 지역의 구릉 지대에서 도시를 내려다 보면, 나폴리 만으로 돌출한 중세 시대의 카스텔 델 오보, 베수비오 화산, 그리고 카프리 섬 등이 한눈에 들어왔다. 우리 두 아들은 나폴리에 있는 존 F. 케네디 학교에 다녔다. 그 학교는 연구소에서 가까운 모스트라 드 올트레마레에 위치했다. 교사 중 한 명인 딕[리처드] 다리는 우리의 보스턴 친구로 잠깐 과학 연구를 벗어나 나폴리로 이주한 사람이었다. 우리와 마찬가지로, 그도 보스턴에서 나폴리 사람들과 친분을 쌓으면서 나폴리에 매료되었다.

내가 나폴리에 도착하기 직전 점거 사태는 끝났다. 내 연구실 창문 밖에서는 격렬한 토론과 논쟁이 빈번히 벌어졌고, 때로는 물리력 행사 직전까지 가기도 했다. 점거 사태로 연구가 중단되었거나 충격을 받은 연구자들의 상당수가 연구소를 떠났다. 그들은 당시 벌어졌던 사태에 경악했을 뿐 아니라 나폴리 문화에 전혀 매력을 느끼지 못했다. 대부분 나폴리 출신이 아니었기 때문이다. 그와 대조적으로, 과학이 아니라 실무를 담당했던 연구소 직원들 중 일부도 과학을 공부하면서 실험실 연구를 시작했다. 오늘날에도 과학자문위원회의 의사결정에는 사무실 직원, 창고 고용인, 그리고 연구자를 포함해 모든 직종의 직원들이 참여한다. 이전에 점거자들이 속해 있던 부서뿐 아니라 연구소 전체가 마찬가지였다.

글라우코는 그를 도와주던 기술자 브루노 에스포시토에게 내 연구를 거들어 줄 것을 요청했다. 브루노는 영어를 못했고, 어쩔 수 없이 나는 몇 마디밖에 모르는 이탈리아어 실력을 늘릴 수밖에 없었다. 브루노와 대화를 나누면서 나는 그의 연구소 내의 지위 격상이 점거가 가져온 직접적인 결과임을 깨달았다.

아버지를 따라 그는 처음에는 연구소에서 목수로 일을 시작했다. 점거에 따른 민주화 분위기 덕분에, 사람들은 브루노에게 과학 공부를 권했다. 연구소가 그의 교육을 지원했다. 그 결과, 브루노는 목수에서 연구 보조원으로 지위가 상승했다. 역설적이게도, 그는 목수일을 그만둔 것을 애석하게 여겼다. 전에는 마음대로 연구소를 벗어나 '태양' 아래에서 어슬렁거릴 수 있었기 때문이다.

나폴리는 부유한 도시가 아니다. 이탈리아에서 가장 가난한 도시 중 하나이다. 도심의 대부분에는 어둡고 복작거리는 길들이 미로처럼 펼쳐졌고, 주민들 중 상당수는 작고, 답답한 거처에서 살았다. 그러나 나폴리 사람들에게는 활기가 있었다. 필경 그들의 열정적 태도는 투명하고 깨끗한 공기와 도시를 에워싼 그림 같은 환경 덕분일 것이다. 이것이 내가 처음 나폴리를 찾았을 때 느꼈던 활력이었다. IIGB 과학자들의 에너지는 삶에 대한 열정이 생산적인 과학 경력을 방해하지 않았다는 것을 (점거 기간을 제외하면) 입증해 주었다. 그리고 브루노는 당시의 우려에도 불구하고 지금도 연구 보조원으로 일하고 있다. 그의 이름은 연구소에서 나온 과학 논문에 실려 있다.

IIGB 과학자들이 연구소 담 너머의 세계에 관여한 징후는 많았다. 나는 프랑코 구에리니와 그가 이탈리아 공산주의자 정치가인 엔리코 벌링구어Enrico Berlinguer가 편집한 책에 기고한 글에 대해 토론을 했다. 프랑코가 쓴 장은 과학에 대한 공산주의적 관점과 사회 속에서 과학의 역할에 대해 성찰하는 것이었다. 그는 인간이 "자산에 대한 요구나 감각"senso di proprieta을 타고나며, 그것이 자본주의적 성향의 기반이라고 주장했다. 인간의 유전적 경향이 사회주의 국가의 출현을 극히 힘들게 한다는 것이다. 사회주의가 승리를 거두려면, 유전학자들이 이러한 '감각'에 관여하는 유전자를 찾아내서 그것을 제거하거나 효과를 없애는 방안을 마련해야 한다는 주장이었다. 연구소의 '민주화된' 영역에 속한 많은 연구자들이 쿠바와 과학적 연대를 맺었고, 쿠바 학생들에게 분자생물학을 가르치고 있었다. 그 중 일부는 제3세계 민중들의 요구에 부응하는 방향으로 연구 주제를 바꾸었다.

글라우코는 내가 하고 있던 유전 프로젝트에 나폴리 대학의 의대생 파올로 바치칼루포를 배정했다. 어느 날, 파올로는 내게 대학에서 과학을 전공하는 학생들을 만나서 미국의 과학 정치에서 어떤 일이 벌어지고 있는지 말해 달라고 청했다. 미국의 강도 높은 정치적 긴장에서 벗어나려 했던 내 시도는 부분적으로만 성공을 거둔 셈이었다.

IIGB의 역사를 특징 짓는 문화적·정치적 참여의 전통은 오늘날까지도 계속되고 있다. 현재 파올로는 연구소에서 연구를 주도하고 있으며, 나폴리의 '이탈리아 철학 연구소'Istituto Italian per gli Studi Filosofici와 함께 일련의 심포지엄을 공동 조직했고, 과학과 사회의 상호작용에 대해 발표한 과학자들 중 한 명이다.

연구소 안팎에서 나는 나폴리의 문화를 빠르게 배워 나갔다. 나폴리에서 내가 해결해야 했던 첫번째 과제는 은행구좌를 개설하는 것이었다.

실험실에 출근한 첫 주에 나는 웃옷을 걸치고 문을 나서 가까운 은행으로 향했다. 그러자 글라우코가 나를 불러세웠다.

"어디 가는 거지?"
"은행계좌를 하나 열려고."
"혼자서는 불가능해. 은행에 친구가 있어야 가능하네. 잠깐만 기다리게. 내가 비서를 부를 테니. 그녀가 시내에 있는 은행직원 중 한 명을 알고 있다네."
("내 돈을 맡기는데 왜 은행에 아는 사람이 있어야 한단 말인가." 나는 도무지 납득이 가지 않았다.)

그렇게 해서 나는 글라우코의 비서와 함께 은행에 갔다. 그곳에서 그녀는 한 은행직원에게 신호를 보냈다. 그러자 그가 마치 금지된 행위라도 하듯이 우리에게 은밀히 다가왔다. 두 사람은 사투리로 빠른 대화를 주고받았고, 마침내 직원은 내가 은행계좌를 열 수 있게 해주었다.
이 은행 나들이는 그후 내가 겪었거나 관찰했던 숱한 협상 중 첫번째에 불과했다. 나폴리 문화와 경제의 기반은 호의好意의 교환이었다. 그리고 그 호의는 최소한 외부인에게는 거의 해당사항이 없었다. 예를 들어, 한번은 글라우코에게 복사기가 어디에 있는지 물었다. 그는 직원 중 한 명이 복사기 담당이라고 대꾸하면서, 그렇지만 그 직원과 '친구'가 아닌 사람은 영원히 복사를 할 수 없을 것이라고 말했다. 글라우코는 늘 내게 배려를 베풀곤 했다. 나는 이 시스템 속에서 나름의 논리를 찾을 수 있었다. 그 논리는 (명백한) 상호 부조를 통해 인간관계와 우정을 돈독히

하고 북돋는 것이었다. 그러나 거기에는 몇 가지 심각한 결함이 있었다. 이 시스템은 비효율적이고, 과학의 경우, 때로 실험실이 과학의 질보다는 이런 관계에 더 의존하게 만들 수도 있다. 예를 들어, 몇 년 후, 내가 이 연구소의 과학자문위원회 위원이 되었을 때, 나는 일부 사례에서 과학 프로그램 평가와 관련된 요인들에 대해 알게 되었다. 첫번째 회의가 있기 전날 저녁에 우리는 X박사의 연구 지원서를 검토하고 있었다. 그런데 연구소 소장이 나를 한편으로 불러내더니 이렇게 설명했다. "X는 나폴리 대학 Y교수의 부인입니다. 이 Y교수는 대학 측과의 협상에서 우리에게 많은 도움을 줄 수 있는 인물입니다. 따라서 연구 지원서를 심사할 때 이 문제를 염두에 두시기 바랍니다."

이 미국식 연구소가 부자티의 꿈과는 상충되는 사회적 가치와 문화 속에서 운영되고 있는 것이 분명했다. 그러나 이 모든 것에도 불구하고, 연구소는 번성해 나갔다.

역사책에 따르면 동시대의 나폴리인들이 가졌던 삶에 대한 풍자적이고, 때로는 냉소적인 관점은 오랫동안 깨지지 않고 지속된 전통에서 유래한 것이었다. 문제를 해결하기 위해 호의를 나누던 고대의 전통이 그런 태도를 만들어 낸 것이다. 나는 내가 알던 과학자들의 창조성이 부분적으로 이러한 문화에서 살아남기 위해 풍부한 지략이 요구되었던 문화적 상황에서 비롯되었을 수 있다는 것을 알았다. 이러한 문화의 여러 측면들은 마피아가——나폴리에서는 카모라Camorra라고 불린다——누리던 권력의 바탕이 되었다. 나폴리 사람들의 생활방식에도 불구하고 수세기 전에 이 도시는 마침내 유럽의 서너 개의 문화 중심 중 하나가 되었다. 18세기에 나폴리는 음악, 특히 오페라·문학·철학으로 명성을 떨쳤다.

그러나 19세기 중엽에 이탈리아가 통일된 후에 일어난 일련의 변화로 말미암아 이 도시의 명성은 쇠퇴했다.

나폴리 체류 기간은 파리에서와 마찬가지로 내게는 정치적인 형성기였다. 색다른 문화 경험은 사회변화에 대한 나의 관점과 정치 방식에 모두 영향을 주었다. 나는 나 자신이 나폴리 사람들이 지닌 생활양식의 여러 측면에 끌리고 있는 것을 알아차렸다. 그것은 어두운 일면이 있는 그들의 문화적 관행으로부터 분리될 수 없는 것처럼 보였다. 나는 그 이전에 이처럼 강한 개인적 상호 관계에 익숙했던 적이 한 번도 없었다. 그것은 격노, 협상, 또는 사랑이나 섹스일 수도 있지만, 어쨌든 개입이었다. 나는 스스로 이렇게 물었다. 네가 정치적 변화를 믿는다면, 한 문화에 포함된 이렇듯 많은 긍정적인 요소들을 어떻게 유지시킬 것인가? 수세기—또는 수천년—에 걸친 오래된 문화적 관습을 어떻게 처리할 것인가? 그러자 내가 막 매료되기 시작했던 좌파 정치에 내재한 견고한 교조적 경향성 중 일부가 덜 매력적으로 비쳐지기 시작했다.

보스턴을 떠나기 전에만 해도 나는 좀더 급진적인 정치 이념을 고려했었다. 당시 하버드 대학의 철학자 힐러리 퍼트넘Hilary Putnam과 친분이 있었기 때문에, 나는 마오주의Maoism를 따르던 진보노동당Progressive Labor Party의 정치학에 대한 그녀의 주장을 설득력 있게 받아들였다. 나폴리에서 보스턴으로 돌아간 후, 나는 모든 종류의 교조적인 정치 노선에 흥미를 잃었다. 나폴리에서 지낸 짧은 기간이 단순한 해결책에 대한 내 의문을 강화시켰고, 나의 정치에 (그리고 내 과학에) 인간적 요소에 대한 강한 요구를 불러일으켰다.

IIGB의 경험은 내가 장차 연구할 과학 연구의 방향에도 중요한 영향을 미쳤다. 나는 거의 10년 동안 생물학적 문제를 유전학을 통해서 해결하고자 했다. 우리 유전학자들은 근본적인 문제들을 해결하기 위해 세포를 열고, 단백질을 추출하고, 시험관 속에서 근본 반응을 연구하지 않았다. 그 대신 우리는 살아 있는 박테리아를 대상으로 직접 생물학적 현상을 연구했다.

머리끝까지 철저한 유전학자였던 시드니 브레너는 1960년대에 자신이 거둔 엄청난 승리를 다음과 같은 말로 자랑스럽게 표현했다. "우리는 생화학을 건드리지도 않고 그 모든 것을 해냈다."

생물 현상을 이해하기 위해 우리가 취했던 방법은 일부 형질의 발현 과정에서 변화된 생물체의 돌연변이를 고립시키는 것에서 시작했다. 그런 다음, 우리는 이 돌연변이를 염색체상의 특정 유전자에 위치시키기 위해서 "지도를 작성했다." 우리는 그 형질과 관련된 행동이 어떻게 달라지는지 돌연변이와 야생형(비돌연변이 부모) 생물체를 비교했다. 이러한 비교 실험을 통해 종종 새로운 생물학적 안목을 얻을 수 있었다. 수년 동안 여러 가지 유전학적 방법들이 개발되었고, 덕분에 이런 연구가 수월해졌다. 우리 유전학자들은 우리가 생체 내에서 일어나는 현상, 즉 성장하는 동안의 생물체의 움직임을 관찰하고 있다는 점을 중요하게 생각했다.

20세기 초에 유전학이 수립된 이래, 이러한 방법은 수많은 근본적인 생물학적 의문들에 빛을 비추는 데 성공적으로 이용되었다. 예를 들어, 파디, 자코브, 그리고 모노가 제안했던 유전자 조절gene regulation 모델은 대장균 돌연변이 분리를 기반으로 한 것이었다. lacI라는 유전자에서 돌연변이가 일어나면 대장균은 영양 배지에 젖당이 있을 때뿐만 아니라 항상 β-갈락토시드 가수분해효소를 만들게 된다. 연구자들은 이 lacI 돌연변이를 다시 야생형 lacI 박테리아에 도입시켜서, 야생형과 돌연변이 유전자를 모두 가지는 박테리아를 만들었다. 다른 박테리아에서의 β-갈락토시드 가수분해효소 합성과 비교해서, 유전자 조절의 억제자 모델 repressor model이 탄생했다. 파스퇴르 연구자들은 한 번도 박테리아 세포를 열어서 억제자를 추출하거나 억제자가 β-갈락토시드 가수분해효소 유전자의 발현을 차단할 수 있다는 것을 직접 보여 주지 못했다. 그럼에도 불구하고, 그들이 얻은 유전적 증거로 과학계에서 파자모 논문은 분자생물학의 즉석 고전이 될 수 있는 충분한 설득력을 갖게 되었다.

자코브, 모노, 그리고 브레너와 같은 과학자들의 연구에 영감을 얻은 나는 그들의 뒤를 따랐다. 1969년에 나와 동료들은 과거에 우리가 분리했던 프로모터 돌연변이와 전혀 다른 β-갈락토시드 가수분해효소 돌연변이를 일으키는 대장균의 능력에 영향을 줄 수 있는 새로운 유형의 돌연변이를 획득했다. 이러한 돌연변이를 가지는 박테리아의 특성은 지금까지 발견되지 않았던 요인이 lac 유전자의 제어에 관여하고 있음을 시사했다. 컬럼비아 대학의 제프리 추베이Geoffrey Zubay와의 공동연구를 통해 우리는 그 돌연변이가 β-갈락토시드 가수분해효소 합성에 필수적인 단백질을 지시하는 유전자 속에 있다는 사실을 밝혀냈다. 우리는 그 단백질에 CAP이라는 이름을 붙였다(CAP은 박테리아의 당 이화작용——분해——과 관련이 있는 대사물 유전자 활성화 단백질catabolite gene activator protein의 약자이다). lac 유전자에 대한 새로운 조절 단백질regulatory prtein의 발견은 우리가 오랫동안 연구해 왔던 유전자 발현이 과거에 생각했던 것보다 훨씬 복잡하다는 것을 뜻했다. 국립보건원의 이라 파스탄Ira Pastan과 동시에 발견한 lac 유전자의 새로운 특성은 유전학 연구만으로 lac 유전자 발현의 주요 측면을 밝혀낸 마지막 발견이었다. 이제 유전자 발현 문제를 더 진전시키기 위해서는——조절 단백질과 DNA 사이의 상세한 상호작용을 밝혀내려면——생화학이 필요했다. lac 유전자를 계속 연구하려면, 나는 다시 생화학자가 되어야 했다. 내가 안식년을 보낼 장소로 글라우코의 실험실을 선택한 요인들 중에는 이 점에 대한 인식도 포함되었다.

나는 처음으로 진지하게 생화학을 연구할 작정이었다. 과학자로의 경력을 시작하던 초기에 화학과 생화학을 공부한 적이 있었지만, 내 관심과 열정이 유전학에 너무 쏠려 있었기 때문에 그동안에 발전한 기법들을 거의 알지 못했다. 나는 동료들과 나의 관심을 끌었던 기법을 사용해서 순수한 lac 유전자 DNA를 분리시킬 계획이었다. 제프리 추베이에게서 얻은 CAP 단백질 시료를 이용해서, 나는 시험관 속에서 CAP, 중합효소, 그리고 이 DNA와 lac 유전자의 발현에 관여하는 다른 단백질 사이의 상호작용을 연구할 예정이었다. 첫번째 단계는 1969년 『네이처』에 개괄했던 절차를 반복하는 것이었다——즉, lac을 포함하는 두 개의 바이러스를 분리해서, DNA를 추출하는 작업이었다. 브루노 에스포시토의 도움을 받아, 나는 많은 양의 바이러스를 얻을 수 있었다. 그런데 순수한 바이러스를 분리하려고 시도하는 과정에서, 나는 일반적인 초원심분리기 ultracentrifugation 절차로는 바이러스의 다른 구성 부분으로부터 DNA를 분리할 수 없었다. 나는 바이러스에 대해 알고 있는 사람이면 누구에게든 조언을 구했다. 그 중에는 로마에서 이곳을 방문 중이었던 바이러스 전문가 엔리코 칼레프도 있었다. 나는 사람들이 제안해 준 모든 방법을 시도했다. 그러나 아무도 내가 실패한 이유를 설명하지 못했다. 나는 무척

우스꽝스럽다는 느낌이 들었다. 생물학의 좀더 화학적 측면에 대해 내가 가졌던 능력을 영원히 상실한 것처럼 생각되었다.

생화학 실험의 간단한 첫 단계에서 맛본 실패는 내게 큰 충격이었다. 내가 lac 오페론*을 연구하려면——즉, 유전자가 어떻게 작동하는지 구체적인 세부사항을 알려면——생화학적인 기법을 익혀야 했다. 나는 과연 이 계획이 성공할 수 있을지 의구심이 들기 시작했다. 어쩌면 유전학자로서 내 재능을 활용할 수 있는 다른 과학적 주제를 생각해야 할지도 몰랐다. 이제 지능이 필요한 유전학의 과정은 나의 장점이자 사랑이었다. 나는 유전학이 모든 문제에 대한 접근방식으로 이용될 수 있으며, 대장균이 내가 풍성한 연구 성과를 얻을 수 있는 보다 복잡하고 근본적인 문제들을 제공해 준다고 확신했다. 나폴리에 체재하는 동안, 나는 앞으로의 진로에 대해 읽고 생각할 시간을 가질 수 있었다. 단백질 분비——즉, 세포가 어떻게 일반적으로 넘을 수 없는 장벽인 세포막을 넘어서 어느 정도의 단백질을 내보낼 수 있는지——문제에 대한 연구를 처음 고려한 것이 나폴리 시절이었다. 나는 보스턴에 돌아간 직후에 이 계획을 실행에 옮겼다.

나는 다시 유전학으로 방향을 전환해서 파울로와 함께 내가 배당한 과제를 연구했다. 우리는 프로모터 돌연변이 중 하나를 이해하려고 시도하고 있었다. 그것은 내가 존 스케이프, 네일 크리거와 함께 몇 년 전에

---

* lac operon. 젖당 오페론으로 lacZ(β-갈락토시드 가수분해효소), lacY(permease), lacA(acetylase), 이 세 개의 유전자로 이루어져 있는데, 이 유전자들이 젖당을 흡수하여 포도당과 갈락토스로 분해하는 효소를 암호화한다. lacZ는 젖당을 포도당과 과당으로 분해하고, lacY는 젖당과 다른 당을 세포 내로 수송한다.

분리했던 돌연변이였다. 우리가 그 돌연변이에 관심을 가진 까닭은 그것이 프로모터 부위promoter site뿐 아니라 lac 유전자를 조절하는 억제자까지 비활성화시키기 때문이었다. 그곳에 머물던 짧은 기간 동안, 연구 계획은 그리 빨리 진척되지 않았지만 파올로와 나는 좋은 친구가 되었고, 이듬해에 그는 박사후 연구원으로 내 실험실로 오게 되었다.

1970년 12월, 우리가 나폴리에 도착한 4개월 후에, 아들 벤이 나무에서 떨어져서 팔이 부러졌다. 우리는 치료할 만한 의사를 찾을 수 없었다. 연구소의 다른 연구자들의 충고를 받아들여서 벤과 바브라는 보스턴으로 날아가서 아동병원에 입원했다. 보스턴 의사들은 아들의 팔을 계속 관찰하기 위해서 벤이 그곳에 머물기를 권했다. 앤서니와 나도 얼마후 보스턴으로 돌아갔다. 따라서 나폴리 체재는 겨우 4달로 막을 내렸다.

6장 과학은 정치보다 뒷전인가?

나는 과학자가 생산적인 과학 경력을 쌓아 가면서도 동시에 과학과 관련된 사회적 활동가가 될 수 있음을 밝히기 위해 이 책을 썼다. 많은 과학자들은 그것이 불가능하다고 믿는다. 젊은 시절에 정치적으로 전투적이었지만 지금은 그렇지 않은, 예일대의 뛰어난 생물학자인 클레먼트 마커트는 "나는 일류 과학자이면서 동시에 사회적 활동가가 되는 것은 불가능하다는 의식적인 결론에 도달했다"고 말한 바 있다. 내 경력을 돌이켜보면서 나 역시 그러한 회의를 품기 시작한 때가 있었다는 것을 깨달았다.

나는 내 과학 연구의 방향성에 대해 여전히 확신을 갖지 못한 상태로 1970년 말에 나폴리에서 돌아왔다. 그 다음 몇 년 동안 내 실험실의 과학 생산성은 저조했다. 미 국립보건원NIH은 처음으로 나의 연구비 신청에 안 좋은 점수를 내렸고 연구비를 삭감했다. 나는 불공평한 대접을 받았다고 느꼈다. 그 당시 나와 내 동료들이 하고 있던 일을 돌아보면 왜 국립보건원의 심사위원회가 그런 태도를 보였는가를 이해할 수 있다. 1972~1976년 사이 우리는 1년에 고작 한두 편의 논문만을 출간했던 것이다. 그 전 4년 간 우리는 연간 평균 5편의 연구논문을 출간했었다. 이때의 논문들은 주로 1970년 훨씬 이전에 수행된 실험실 연구의 결과물이었다.

이러한 생산성 하락은 부분적으로는 나의 과학적 연구방향이 변화했기 때문이다. IIGB 시절에 기초 생화학 분야에서 실패를 맛보았기 때문에 나는 새로운 프로젝트를 구상하지 않을 수 없었다. 그럼에도 불구하고, 파올로 바치칼루포가 나폴리로부터 내 실험실로 오게 되자 우리는 생화학 분야에서의 마지막 시도로 시험관에 들어 있는 lac 유전자를 연구하였다. 우리는 분리된 DNA 분자 연구 분야에 경험이 있는 대학원생을 조수로 채용하였다. 딘 해머는 하버드 의대 내의 우리 실험실과 가까이에 있던 생화학과에서 일하고 있었다. 파올로와 딘은 우리의 정제된 lac 유전자가 시험관에서 기능을 발휘하도록 하여 그 결과물, 즉 β-갈락토시드 가수분해효소를 암호화할 수 있는 RNA를 만들기 위해 몇 달씩 노력하였다. 그러나 아무런 성과도 없었다. 우리는 딘에게 고마워했고, 딘은 자신의 실험실로 돌아갔다. 그 직후 우리는 또 다른 프로젝트로 옮겨 갔다. 이제 실험실에서 생화학을 계속하고 싶다는 생각은 전혀 없었다. 우리는 나의 강점 분야, 즉 유전학에 집중하기로 했다.

20년이 지난 후 딘과 나는 다시 만났다. 그러나 이번에는 유전자와 인간 행동 사이의 관계를 둘러싸고 논쟁의 적수로서였다. 딘은 국립보건원의 연구자가 되어 인간의 성성sexuality에 대한 유전학을 연구하는 쪽으로 방향을 바꿨던 것이다. 1993년에 그는 『사이언스』에 일정 수의 남성들에게서 동성애와 관련된 인간 X염색체에 대한 표지 유전자genetic marker*

---

* 유전학 해석에서 표지로 쓰이는 유전자. 재조합형이나 양친형을 검출하기 위해 실험에 이용되는 경우가 많다.

를 발견했다고 보고하는 논문을 출간하였다. 한편 나는 당시 인간 행동 유전학이 지니고 있는 과학적으로 빈약한 연구의 질에 대해 소리 높여 비판하였다. 나는 또한 그 분야에서 사회적 중요성을 지닌다고 주장되던 모든 발견들에 대해서 의문을 제기하였다. 딘과 나는 1990년대에 다양한 회합, 예컨대 고등학교 생물학 교과서 출판사에 대한 자문그룹 회합이나 다트머스 대학에서 열렸던 행동유전학 포럼 등에서 이러한 이슈들을 가지고 논쟁하였다.

생화학적 실험을 하기 위한 시도들 외에, 지속되고 있던 프로젝트들의 세부적 내용들을 다듬는 일이 이 당시 실험실에서의 주요 업무였다. 내 동료들과 나는 lac 유전자 발현의 첫번째 단계(그 유전자들의 DNA를 RNA로 복사하는 것copying)를 방해했던 새로운 촉진자 돌연변이 군을 획득했다. 그러나 우리의 가장 중요한 발견은 실험실에 있던 대학원생 맬컴 캐서더번의 작업으로부터 나왔다. 맬컴은 다음 수십 년에 걸친 우리 연구의 상당 부분에서 필수적이 될, 그리고 일반적인 생물학적 문제들에 대한 연구의 주요 방법론을 제공할 새로운 유전자 기법을 발전시켰다. 이 기법은 유전자 융합gene fusion이라고 불렸는데, 통상적으로 서로 관계가 없고 관련되지 않은 두 개의 유전자들을 박테리아 염색체로부터 분리한 다음 그것들이 단일한 표현 단위를 형성하도록 서로 결합시키는 것을 의미한다. 한 유전자를 다른 유전자와 융합할 때, 우리는 유전자들 중에서 한 유전자가 기능하는 것을 일반적으로 통제했던 신호들을 제거하고 그 유전자를 다른 유전자의 표현을 담당하는 신호의 통제 하에 위치시켰다. 예를 들어 우리는 맬컴의 접근법을 이용하여 lac 유전자를 다른 유전자 세트의 통제 신호(예컨대 촉진자promoter)에 연결하였다. 이 두번째 유전자 세트(ara 유전자)의 산물들 때문에 박테리아는 젖당과는 다른 아라비노스arabinose라고 불리는 당에서 성장할 수 있다(127쪽의 〈그림 3〉을 보라). 아라ara 유전자들은 아라비노스가 배지에 존재할 때만 표현된다. 우리가 lac 유전자들을 ara 유전자들의 촉진자 영역에 융합할 때 박테리아는 통상적으로 그랬던 것처럼 배지에 있는 젖당의 존재에 반응하여 β-갈락토시드 가수분해효소를 더 이상 합성하지 않았다. 그 대신에 우리는 박테리아가 성장 배지에 있는 아라비노스의 존재에 반응하여 β-갈락토시드 가수분해효소를 만들도록 효과적으로 유인하였다. 불쌍한 박테리아는 이 일을 하느라고 자신의 에너지를 낭비하고 있었다. 왜냐하면 β-갈락토시드 가수분해효소는 박테리아가 아라비노스를 분해하는 데 아무런 쓸모가 없는 효소이기 때문이다.

중요한 성취는 박테리아의 유인이 아니었다. 오히려 유전자 융합은 더 진전된 연구를 위해 유용하였는데, 왜냐하면 이제는 β-갈락토시드 가수분해효소의 발현이 아라비노스 유전자에서 정상적으로 작동했던 모든 통제들의 지표였기 때문이다. β-갈락토시드 가수분해효소는 아라비노스를 분해하는 데 관여하는 효소보다 분석하기가 훨씬 더 쉽기 때문에, 그리고 수많은 유전적 도구들이 lac 유전자 분석에 활용될 수 있기 때문에, 이 모든 lac 유전자 분석방법들은 이제 어떻게 아라비노스 유전자들이 작동하는가를 연구하는 데 이용될 수 있었다. 현재, 박테리아만이 아니라 효모에서 초파리, 생쥐에 이르는 수많은 고등 생물체에서의 유전자 표현 및 다른 생물학적 문제들을 연구하기 위해 수많은 상이한 유전자들에 대한 lac 융합들lac fusions이 활용된다. 이러한 유전자 융합의 활용은 유전자 복제, 소량의 DNA 증폭을 위한 PCR 및 DNA 서열결정과 아

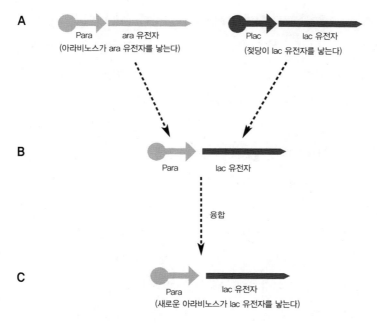

A Para ara 유전자
   (아라비노스가 ara 유전자를 낳는다)
   Plac lac 유전자
   (젖당이 lac 유전자를 낳는다)

B Para lac 유전자

   융합

C Para lac 유전자
   (새로운 아라비노스가 lac 유전자를 낳는다)

〈그림 3〉 유전자 융합.
Ⓐ ara 유전자와 lac 유전자는 통상 구분되고 서로 분리되어 있다. 그들 각각은 도면 왼쪽에 자신들 고유의 부위를 가지고 있는데(Para와 Plac), 이 부위는 그들이 적절하게 규제되도록 하는 기능을 수행한다. Ⓑ 다양한 종류의 유전 기법들을 이용해 lac 또는 ara 유전자를 그것들의 "P" 부위들로부터 분리해 낼 수 있다. Ⓒ 그리고 나서 한 세트의 유전자가 다른 세트의 유전자로부터도 P 부위에 의해 규제될 수 있도록 이 분리된 DNA 조각들을 재조정(융합)할 수 있게 된다.

울러 오늘날 분자생물학에 필수적인 도구의 하나가 되었다.

한편, 나는 나폴리에서 생각했던 프로젝트 아이디어들을 실현하기 위한 탐색적 실험들을 시작했다. 나는 박테리아 세포들이 자신의 막을 통해 단백질을 분비할 수 있는 메커니즘을 연구할 수 있는 유전적 방법을 설계했다. 이 새로운 과제는 궁극적으로 우리 실험실의 과학 연구를 다시 활성화하는 추진력이 되었다. 단백질 분비를 연구해야 하겠다는 영감은 나의 같은 과 동료 루이지 고리니로부터 나왔다. 루이지에게는 이 문제를 연구하던 미나 비셀이라는 박사과정 학생이 있었는데, 이 문제는 그 이전에는 박테리아 연구에서 철저히 무시되던 것이었다. 그 정체가 분명치 않은 미생물 사르시나Sarcina를 가지고 작업하면서 그녀는 이 생물체가 그의 단백질 일부를 성장 배지로 보내는 메커니즘을 분석하였다. 나는 이것이 생물학적 난제임을 인식하였으나, 이 문제는 대장균 유전학의 힘을 빌리면 더 잘 밝힐 수 있을 것으로 생각하였다.

1970년대 초반은 생물학에 많은 변화가 일어난 시기였다. 오랫동안 분자생물학자들은 박테리아를 생물학적 메커니즘을 연구하는 도구로 이용했다. 이제 염색체의 구조와 기능, 유전자의 작동 방식, 그리고 세포의 성장을 촉진하는 물질대사에 대해 커다란 성공과 안목을 획득함에 따라 많은 과학자들은 그들의 실험실을 박테리아보다 더 복잡한 유기체—초파리, 벌레, 생쥐, 심지어 인간—에 대해 연구하는 곳으로 바꾸었다. 이러한 생물학의 변화기에 대해 프랑수아 자코브는 최근에 다음과 같이 설명하였다: "우리가 예전과 동일한 낡은 질문들을 반복하는 데 머무르길 원하지 않는다면, 우리는 오랜 연구 관행과 모델들을 포기하고 새로운 문제들에 다가가서 그것들을 좀더 적절한 유기체를 가지고 연구할 용기를 필요로 했다." 그러나 나는 우리가 박테리아에 관한 생물학의 보다 복잡한 문제들에 대한 연구를 아직 시작해 보지도 못했다고 느꼈다. 이때까지 분자생물학자들은 유전자가 어떻게 작동하는지, DNA에 코드화되어 있는 정보가 어떻게 염기서열과 단백질 구조로 번역되는지, 그 정보의 표현이 어떻게 통제되는지—파디, 자코브 및 모노가 개척한 영역—의 문제들에 주로 초점을 맞췄다. 고등 생물체로 재료를 바꾼 사람들도 대부분 여전히 이러한 유전자 발현의 문제를 집중적으로 연구하였다. 그러나 선택 사항이 이것만 있던 것은 아니었다. 나는 지금이 또한 박테리아 그 자체의 보다 복잡한 문제들, 예컨대 세포 내의 다른 장소로, 또는 심지어는 세포질을 벗어난 단백질의 이동——3차원적 공간에서의 거대 분자들의 이동——을 다루는 문제들로 연구를 전환할 시점이라고 느꼈다. 이것이 내가 생물학에서 어느 정도의 상상력과 '용기'가 필요하다고 느낀 바로 그 시점이다. 나는 단백질 분비에 관한 내 연구가 결실을 맺는 데에는 오랜 시간이 소요될 것이라는 것을 알고 있었다. 연구 과제를 바꾼다고 해서 실험실에서 연구의 느린 진전을 직접적으로 해결할 수 없었다.

생물학과 내 실험실에서의 이러한 전환기는 내 실험실의 생산성 저하를 부분적으로 설명해 준다. 그러나 다른 요인들도 있었다. 60년대 후반과 70년대 초반의 문화적·정치적 소용돌이가 실험실 생활에 영향을 미치게 되었던 것이다. 내 실험실 그룹을 구성하는 사람들 중 일부는 학생들과 박사후 연구원들이었는데, 이들은 과학 연구에 대한 헌신에 회의를 품기도 하고, 관습에 반기를 들기도 하며 대안적 삶의 양식을 고민하고 있었다. 나는 항상 실험실을 느슨하게 관리하였다. 아마도 이러한 느슨함의 일부는 과학자가 되는 길을 추구하는 과정에서 내 자신도 주저하였던 경험으로 인해 생겨난 것이라고 볼 수 있을 것이다. 나는 아트[아서] 파디처럼 어떻게 하면 과학자가 될 수 있는지에 대한 아이디어——모델——를 가지고 있지는 못했다. 그러므로 나는 사람들로 하여금 특정한 방식으로 행동하거나, 심지어는 그들이 연구활동에 적극적이지 않으면 열심히 연구하라고 강요할 정도로 내 자신에게 그러한 확신이 없었다. 내 지도교수였던 로웰 헤이거는 많은 점에서 동일한 방식으로 실험실을 운영했던 것이다. 나는 우리의 프로젝트에 대한 내 열정과 흥미가 실험실 사람들에게 저절로 전달되기만을 바랄 뿐이었다. 과학에서의 자신들의 미래에 대해 심각하게 고민하는 학생들에게는 내 자신의 과학 경력에서의 부침을 이야기해 주곤 했다. 아마도 실험실의 이러한 느슨한 분위기가 자신들의 미래에 대해 가장 불확실해하던 학생들에게는 매력을 주었던 것 같다. 그 이유가 무엇이든 간에, 내 실험실을 선택했던 많은 사람들이 정치적이거나 대항문화적 활동들에 깊숙이 관여하고 있었다.

또한, 나의 정치적 활동들이 널리 알려지면서 내 실험실에서 일하기를 지망했던 사람들 중 일부는 내 실험실을 자신의 과학과 정치적 활동을 부담 없이 결합시킬 수 있는 공간으로 간주하였다. 도널드 미쿨레키가 바로 그러한 경우다. 도널드는 하버드 의대 내의 다른 과에서 연구를 하고 있었다. 그는 그 과의 직원들을 대상으로 정치조직화 작업을 하다가 쫓겨나게 되자 내 실험실에서 박사후 연구원으로 피난처를 찾게 되었던 것이다.

세 명의 박사후 연구원들, 즉 돈 미쿨레키, 리타 아르디티, 그리고 짐 샤피로는 〈민중을 위한 과학〉에서 적극적으로 활동했다. 박사과정 학생인 마이클 비알레스는 2년 동안의 논문 연구 후에 예술학교에 진학하기 위해 실험실을 떠났다. 또 다른 학생인 리처드 샌더스는 내 실험실에서 논문을 끝낸 지 얼마 되지 않아 콜로라도에 있는 나로파 연구소Naropa Institute에 본부를 두고 있던 불교 분파에 합류하였다. 세번째 학생 앤 그루여는 영적 지도자가 이끄는 수많은 대항문화 치료집단들 중의 하나인

〈애리카〉Arica에 깊이 빠지게 되었다. 그녀는 논문 작업을 시작한 지 얼마 되지 않아 실험실을 떠나게 된다. 짐 샤피로는 우리의 기자회견 후 얼마 안 있어 쿠바에서 과학을 가르치기 위해 떠났다(짐은 쿠바 체재 후에 과학으로 다시 돌아와서 지금은 시카고 대학 교수로 있다).

내 실험실의 박사후 연구원이었던 아서 서스먼은 짐 샤피로만큼이나 놀랄 만한 변신을 하였다. 나는 아서를 1970년에 런던에서 열린, 생물학의 사회적 영향에 관한 학술회의에서 처음 만났다. 그는 긴 검은색 망토를 입고 학술회의장을 휩쓸고 다니면서 강한 인상을 주었다. 내 실험실에서 아서의 연구는 꽤 잘 진행되었다. 우리 과의 동료 교수들은 그 자신의 연구를 추진할 수 있도록 아서에게 과의 조교수 자리를 제안할 정도로 그에게 매료되었다. 그러나 제안이 있은 지 며칠이 지나지도 않아 아서는 내 방으로 와서 과학을 그만두겠다고 통보하였다. 그와 그의 여자친구, 그리고 그녀의 아이는 북캘리포니아로 이사를 가서 원뿔형 천막에서 살았다. 거기서 그들은 자신들의 이름을 '선댄스'와 '취키타'로 바꿨다. 천막에서 살면서 아서는 두 권의 책을 썼다. 『손으로 만든 온수 시스템』Handmade Hot Water Systems과 『새로운 성서』The Brand New Testament가 그것인데, 후자는 유머가 가득한 새로운 종교에 대한 대항문화적 제안서이다. 이 두 책은 모두 조이데이즘Joydeism(?) 출판사에서 출간되었다. 그러고 나서 1980년대에 그는 과학으로 다시 돌아왔는데, 궁극적으로는 샌프란시스코 항만 지역에 있는 정부 지원의 교육용 실험실에서 일하게 되었다. 그는 『아서 박사의 지구별 가이드』를 최근에 출판하여 호평을 받았는데, 이 책은 캘리포니아 교사연맹으로부터 특별상을 수여받았다.

그러한 극적인 삶의 방식과 실험실에서의 정치적 변화들에도 불구하고 대학원생이었던 수전 고트스먼, 제프리 밀러 및 맬컴 캐서더번과 박사후 연구원인 윌리엄 레즈니코프를 포함한 몇몇 사람들은 이 기간 동안 많은 업적을 이룰 수 있었다. 우리는 1968년 대통령선거에 출마한 조지 맥거번의 선거운동에 참여한 적이 있던 빌[윌리엄]을 두고 실험실 내의 보수주의자라고 놀려댔다.

문화적 격변은 내 실험실에만 국한된 것은 아니었다. 내가 속해 있던 과에서도 나는 많은 다른 젊은 과학자들, 학생들, 박사후 연구원들, 그리고 일부 교수들이 새로운 삶의 방식이나 정치활동을 시도하는 것을 볼 수 있었다. 그들 대부분은 과학 분야에 남아 생산적인 경력을 쌓아 갔다.

돌이켜보면, 내 과학 연구 프로그램의 전환적 성격과 실험실에서 일하던 사람들에 대한 사회적 영향 때문에 내 연구가 저조해졌다는 점은 분명하다. 그러나 당시 나는 이러한 생산성 저하를 주로 내 자신이 과학 내에서 정치적 행동주의를 점차 키워 간 탓으로 돌렸다. 나폴리로부터 돌아오면서, 나는 우리의 기자회견으로부터 비롯되었던 정치적 궤적을 추구하는 일에 매진하였다. 나는 과학이 사회에 영향을 미치는 방식들에 에너지를 쏟아 붓고자 했다. 〈민중을 위한 과학〉의 조직화는 내 정치행동의 핵심이 되었다.

1960년대 후반과 1970년대 초반의 정치적 분위기 속에서 〈민중을 위한 과학〉은 많은 과학 관련 분야와 직업들로부터 활동가들의 관심을 끌었다. 초기에 영입된 회원들은 주로 학교에 있는 사람들——교수들과 학생들——이었는데, 생물학자들, 물리학자들, 컴퓨터 과학자들 및 소수의 화학자들이 주축을 이루었다. 조직이 급성장하면서, 기술 기반의 산업에서 일하던 과학자들, 과학적 훈련은 거의 받지 않았으나 과학기술의 발전이 초래할 결과에 경각심을 갖고 있던 사람들과 함께 중·고등학교와 단기 대학의 과학 교사들도 〈민중을 위한 과학〉에 가입하였다. 회원들은 미국과학진흥협회의 1969년 12월 회합에서 "과학의 유감스러운 상태" The Sorry State of Science라고 이름 붙인 세션을 조직하였다. 나는 이 세션을 지역 공영TV를 통해 보았는데 거기서 분출되었던 도전의 힘에 놀랐다. 처음으로 메이저급 과학 학술회의가 과학의 사회적 영향에 대한 의미 있는 토론을 다룬 것이다. 수많은 청중들이 과학의 오용을 성토하는 젊은 과학자들을 보게 되었다.

행동주의적 과학자들은 버클리, 매디슨, 시카고, 뉴욕, 보스턴, 로스엔젤레스, 세인트루이스, 그리고 앤아버, 미시간을 포함한 나라의 주요 도시에서 〈민중을 위한 과학〉의 지부를 설립하였다. 보스턴 지부는 조직의 소식지를 격월간 잡지로 바꾸자고 제안하였다. 잡지 『민중을 위한 과학』의 기사들은 그 구성원들의 다양한 성격을 반영하는 폭넓은 범위의 주제들——과학의 군사적 이용, 컴퓨터와 프라이버시, 미국의 정책이 제3세계 농업에 미치는 영향, 유전공학, 유전학과 인종차별, 과학 교육, 직업보건 문제, 환경 문제, 핵무기와 핵에너지——을 포괄하였다. 이처럼 서로 다른 성격의 주제들이 포괄된 것은 과학기술 발전의 부정적 결과들의 많은 부분이 계급과 경제의 문제들로 소급될 수 있다는 믿음이 증대되었기 때문이었다. 1960년대의 정치적 사건들은 미국의 정치·경제체제에 전반적으로 불만족을 느끼는 사람들의 수를 증가시켰다. 정치체제 자체를 과학기술과 관련된 문제들의 주요 원천으로 보는 근본적인 비판은 단순하였지만 호소력 있었다. 내 동료들과 내가 1969년의 기자회견에서 걱정하였던 위험들——유전학의 잠재적인 오용 가능성——은 제초제의 과다 사용, 작업장 안전의 무시, 그리고 베트남 민중을 죽이는 레이저 유도 무기들의 사용으로 이끈 것과 동일한 경제적·사회적 요인들에 뿌리 박혀 있는 것으로 보였다.

나폴리에서 돌아온 몇 달 후에 나는 잡지 『민중을 위한 과학』의 편집위원이 되었다. 나는 과학 교육에 대한 비판을 발전시키기 위해 〈민중을 위한 과학〉 내에 〈과학교사그룹〉을 조직하는 데 도움을 주었다. 이 그룹의 멤버들은 학교에서 과학을 객관적이고 중립적인 지적 추구라고 전통적으로 가르쳐 왔던 것에 대해 비판적이었다. 우리가 보기에, 미래에 과학자가 될 수도 있는 학생들이 과학에 대한 문화적·사회적·정치적 영향 및 과학 발전의 사회적 결과들에 대한 아무런 지침도 없이 과학을 배우고 있었다. 전형적인 과학 교과서는 과학과 기술의 부정적 효과들을 생략하고, 과학을 진리를 향한 부드럽고, 불가피하며, 거의 오류가 없는 전진으로 표상하였다. 교과서 집필자들은 과학기관의 역할이나 운, 개인적 특성과 같이 과학 연구의 수행에 좀더 인간적인 면모를 부여할 수 있는 그 모든 요인들을 무시하였다. 과학은 유익하지만 아직 발전시킬 여지가 매우 많은 지적 추구 행위로 인식되었다.

과학의 실제 작동방식에 대한 이러한 왜곡은 학생들이 과학의 개인적이고 사회적인 맥락성 모두를 인식하는 현실주의적 과학관을 갖지 못하도록 하였다. 과학은 그 완성 과정에서 거의 깊이를 알 수 없고 도전할 수 없는 그 무언가가 된다. 미래의 시민들은 미디어에 의해 시민들에게 표상되는 과학적 발전의 중요성——자신들의 삶에 영향을 미칠 수 있는 과학——에 대해 질문을 던질 준비가 잘 되어 있지 않았다. 이러한 교육으로 인해, 미래에 과학자가 되고자 하는 학생들은 그들이 향후 수행하게 될 수도 있는 일이 초래할지도 모르는 그 어떤 성가신 결과들에 대한 준비가 잘 되어 있지 못했다.

우리의 비판의식을 과학 교사들에게 전달하기 위해 우리는 보스턴 지역에서 교사들을 위한 워크숍들을 조직했다. 미국 내 다른 지역에 있는 〈민중을 위한 과학〉 회원들은 〈전국과학교사협회〉National Science Teachers' Association와 〈전국생물교사협회〉National Association of Biology Teachers의 연례 회의에서 발표를 하기 위해 우리와 연합하였다. 우리는 IQ와 인종, 유전공학, 영양과 세계기아, 그리고 환경오염과 같은 주제들을 가르치기 위한 수업자료들을 준비했다.

나는 고등학교 과학 교사들, 학술 연구자들과 학생들, 그리고 컴퓨터와 여타의 기술 기반 산업에 종사하는 과학자들이 포함된 그룹에서 일했다. 이러한 혼합으로 인해 나는 다른 상황에서 일하고 있는 사람들의 일상적인 경험들과 교류할 수 있었다. 우리 중 일부는 근로조건에 항의하는 동료들을 지원하기 위해 폴라로이드 사 건물 밖에서 피켓 시위를 벌이기도 했다. 그룹 내의 교사들은 자신들이 가르치는 고등학교 과학수업에 나를 초대하기도 했다. 이러한 경험들은 나 자신이 대학원생들을 교육하는 데에도 영향을 주었다. 나는 과학과 사회의 연계성을 보여 주는 예들을 박테리아 유전학에 대한 내 세미나 수업에 끌어들였다. 학생들에게 돌연변이의 특성에 대한 일련의 연구논문들을 나누어 줄 때, 나는 산업 현장의 작업장에서 돌연변이를 유발하고 암을 일으키는 물체가 존재한다는 것을 지적하는 논문들을 포함시켰다. 내 학생들은 유전학에서 잘 알려져 있는 조작된 논문을 과학 행위에 영향을 주는 사회적이고 개인적인 요인들을 다루는 논문들과 함께 읽었다. 20세기 초반 미국 우생학 운동의 역사를 다룬 논문은 연구 결과에 대한 과학자들의 책임에 대한 토론에 활용되었다.

다른 〈민중을 위한 과학〉 그룹들은 과학 진보의 혜택으로부터 가장 소외된 사회 구성원들에게 다가갔다. 〈베트남을 위한 과학〉, 〈새로운 세계의 농업그룹〉, 〈기술지원 프로젝트〉의 회원들과 직업보건 문제를 조사하고 있던 다른 회원들이 자신들의 과학기술적 지식을 미국인뿐만 아니라 다른 나라 사람들에게도 제공하였다. 우리는 대학 내에서 수행되는 군사적 연구에 항의하였고, 논쟁적인 이슈들을 부각시키기 위해 대학 내에서 우리 자신의 학술회의들을 개최하였다.

초창기에 〈민중을 위한 과학〉에 속해 있던 우리들 중 많은 사람들은 다른 사회들에서 과학과 기술을 활용할 적절한 방식에 대한 영감을 얻고자 했다. 회원들은 두 번에 걸쳐 〈민중을 위한 과학〉의 중국 여행을 조직하였다. 여행을 갔던 사람들은 인민공화국의 상황에 대한 열정적인 보고서들을 가지고 귀국하였다. 이 여행 중의 하나는 문화대혁명의 와중에서 이루어진 것이었다! 이 시기 동안 중국에서 벌어진 파괴적인 결과가 분명해지자 나는 걱정하기 시작했다. 그룹의 다른 회원들과 마찬가지로 미국 사회와 미국의 과학 정책에 대한 대안을 찾는 데 몰두했던 나는 기만당했음을 깨달았다. 나는 윌리엄 힌턴의 『판셴』*FanShen* 및 조슈어 혼 박사의 『해충 박멸』*Away with All Pests*과 같은 책을 읽은 후 중국의 사회 정책에 매료되었었다. 비록 중국인들에게 도움을 준 사회 프로그램들도 있었겠지만, 우리들 중 많은 이들은 모든 인민들에 봉사하기 위해 노력하는 사회의 범례를 찾기 위한 우리의 열망으로 인해 중국의 정책들이 지니는 재앙적이고 억압적인 성격을 보지 못했었다.

　나중에는 니카라과가 〈민중을 위한 과학〉 회원들을 포함한 좌파들에게 새로운 등대가 되었다. 이때쯤에는 나는 그러한 등대들을 비판적인 눈으로 바라볼 준비가 되어 있었다. 〈민중을 위한 과학〉의 앤아버 지부에 속해 있던 많은 회원들이 니카라과에 가서 니카라과 정부의 농업 관계 일들을 도와주면서 장기간 체류하였다. 그들 중의 한 명은 『민중을 위한 과학』 잡지에 쓴 기사에서 니카라과의 상황을 순수한 진보의 하나라고 묘사하였다. 그러나 회원들에게 보낸 사적 편지에서 그녀는 산디니스타들*의 문제점들에 대해 언급하였다. 이것은 나에게 커다란 실망을 안겨줬다. 나는 비록 우리가 니카라과에서 벌어지는 것과 같은 사회운동을 지원한다고 해도 비판이 필요할 경우 우리 역시 비판에 개방적이 되어야 한다는 사실을 진작 배웠어야 했다고 느꼈다. 이러한 자세를 취하지 않는 것은 미국 내에 있는, 우리의 주장에 귀를 기울여 주고 있는 사람들뿐만 아니라 우리가 지원했던 사회운동에게도 좋지 않은 일이었다. 사람들은 이러한 사회들의 상황이 자신들이 믿었던 만큼 이상적이지 않다는 것을 알게 되었을 때 속았다는 느낌을 갖게 되었다. 이러한 실망의 결과는 종종 운동 자체에 대한 이반으로 나타났다.

　1984년과 1985년에 바브라와 내가 쿠바를 방문했을 때 나는 과학에 대해, 바브라는 교육에 대해 논문을 썼는데, 이 두 논문 모두 쿠바 사회에 내재해 있는 독단주의와 권위주의로부터 나오는 문제들을 지적하였다.

---

* Sandinistas. 1979년 소모사 독재정권을 무너뜨린 니카라과의 사회주의자 및 민족주의자들의 정당인 산디니스타 민족해방전선(Frente Sandinista de Liberación Nacional)의 구성원을 이름.

동시에 우리는 쿠바 시민들을 이롭게 한 사회정책이 지니고 있던 그러한 측면들을 지적하였다. 1987년에 나는 진보적인 잡지 『마더 존스』*Mother Jones*에 편지를 싣고 우리는 니카라과 혁명의 경우처럼 좌파 혁명이라고 해서 "무비판적 환호"를 보내서는 안 된다고 주장하였다.

문화적으로나 정치적으로 〈민중을 위한 과학〉은 갈등적인 경향들의 혼합체였다. 회원들에는 무정부주의자들도 있었고 맑스주의자들도 있었으며, 아무런 고정된 이념적인 성향도 가지고 있지 않지만 사회적인 관심을 지닌 과학 노동자들도 있었고, 대항문화에 의해 강력하게 영향을 받은 비과학자들도 있었다. 우리들 중 많은 사람들은 과학적 진보의 호혜적인 잠재력과 파괴적인 잠재력 양면을 모두 인식하고 있었지만, 회원 중 일부는 과학에 대한 전반적인 불신에 의해 추동되는 것처럼 보이기도 했다. 이러한 상이한 경향들 사이의 긴장은 생산적 활동의 시기를 중단시킨 논쟁들——맑스주의자들과 무정부주의자들 사이의 논쟁, 과학자들과 대항문화에 의해 영향 받은 사람들 사이의 논쟁, 여성과 남성 사이의 논쟁——로 분출되었다. 사태를 복잡하게 만든 것은, 〈10월 리그〉October League나 〈전국노동자위원회 간부회의〉National Caucus of Labor Committees와 같은 분파주의적 좌파 그룹들이 자신들의 조직원들을 〈민중을 위한 과학〉의 회의들에 대거 참여시켜 〈민중을 위한 과학〉을 장악하고자 시도한 것이다. 〈10월 리그〉는 1970년대 말에 강력한 맑스주의 성향의 문건인 "통일 원칙들"이 우리의 행동 지침이 되어야 한다고 주장하며 〈민중을 위한 과학〉이 1년 동안 억지 논쟁에 휩쓸리게 하는 데 성공했다.

나는 그러한 지침에 반대하는 사람들로 구성되어 1년 넘게 지속된 간부회의에서 수많은 시간을 보냈다. 우리는 만일 〈10월 리그〉가 그 뜻을 이루게 되면 〈민중을 위한 과학〉은 유사종교적인 교리를 위한 단지 또 하나의 고립되고 재미 없는 대변자로 전락하게 될 것이라고 믿었다. 이러한 내적 갈등, 사회 문제들에 대한 빈번하고 나이브한 단순화, 그리고 독단주의를 회피하기 위한 오랜 투쟁에도 불구하고 수많은 헌신적인 활동가들이 수년간 조직을 강하게 유지시켰다. 대부분의 회원들에게 〈민중을 위한 과학〉은 자신의 작업장을 넘어서 우리를 세계와 연계시키는 필수불가결한 매개였다.

〈민중을 위한 과학〉은 과학과 그것의 사회적 영향을 둘러싼 토의에 오랫동안 영향을 미쳐 왔다. 1969년에 조직되었던 "과학의 유감스러운 상태" 세션 후에 〈민중을 위한 과학〉은 미국과학진흥협회의 연례회의 때마다 정규적으로 워크숍을 열고, 시위를 벌이고, 청원서를 돌렸다. 그 결과, 미국 과학진흥협회는 과학과 사회적 이슈들에 대한 세션들을 자신의 프로그램에 흡수하기 시작하였는데, 이는 오늘날까지도 지속되고 있다. 〈민중을 위한 과학〉이 과학적 이슈들에 대한 대중 논쟁들에 영향력을 행사했던 많은 집단들에게 씨앗을 심은 것이다. 새로운 조직들이 〈민중을 위한 과학〉의 행동 그룹들로부터 새로 탄생하거나 〈민중을 위한 과학〉의 이전 회원들에 의해 시작되었는데, 반反핵에너지 단체인 〈조가비 연맹〉, 〈직업안전보건 지역위원회들〉, 〈책임 있는 유전학위원회〉, 그리고 〈유전자 스크리닝 연구그룹〉 등이 그것이다. 〈민중을 위한 과학〉 내의 많은 활동가들은 학생들 가르치는 일을 계속하고 있고, 조직의 전통을 따르는 프로젝트들에 참여하고 있다.

1990년에 〈민중을 위한 과학〉은 재정적인 문제와 1980년대의 정치적 행동주의의 쇠퇴로 인해 잡지 출판을 중지하였다. 조직의 재정을 복구하기 위한 시도로서 나는 〈민중을 위한 과학〉의 의장 자리——의장 자리는 이때가 처음이자 마지막이었다——를 맡아 달라는 요청을 받았다. 그것은 지는 싸움이었다. 조직은 흩어졌고, 에너지는 고갈되었으며 생존에 필요한 재정 마련은 불가능했다. 나는 최후의 순간까지 〈민중을 위한 과학〉을 붙잡고 있었다. 왜냐하면 과학과 사회의 문제들을 좀더 넓은 사회적 맥락에 위치시키는 그 어떤 그룹도 존재하지 않았기 때문이었다. 또한 〈민중을 위한 과학〉은 20년 동안 내 삶의 한 부분이 되어 왔기 때문이다.

어떠한 실험실의 과학적 삶에도 부침은 있기 마련이다. 때로는 아무것도 작동되지 않는 것으로 보이기도 하고 때로는 모든 사람들이 마법의 손을 가지고 있는 것처럼 보이기도 한다. 이러한 부침이 삶의 한 부분이라는 사실을 배우는 것이 과학자들에게는 생존이 달린 문제이다. 1972년에서 1975년에 걸친 내 실험실의 시기는 이러한 하강의 시기였다. 나는 내 정치적 활동으로 이러한 침체를 설명할 수 있지 않을까 걱정하였다. 〈민중을 위한 과학〉 활동에 쏟아 붓는 시간 때문에 내가 실험실 연구진을 충분히 지도하도록 집중하지 못하는 것은 아닐까 걱정했던 것이다.

　　1972년에 두 명의 대학원생, 레니 과렌테와 아파나 사티가 나에게 와서 내 실험실에서 박사학위 논문을 써도 되느냐고 물었다. 나는 환영하지만, 내 정치적 활동들 때문에 내가 그들에게 가장 좋은 지도교수가 아닐 수도 있음을 알려주었다. 그들 중 아무도 정치적으로 활동적이지 않았는데, 이는 '60년대 이후 세대'의 도래를 알리는 징후였다. 그럼에도 불구하고 그들은 여전히 내 실험실 환경을 놓치고 싶지 않을 만큼 매력적으로 느꼈음이 분명하였다. 그 둘 모두 내 실험실에서 박사학위를 끝냈다. 레니는 현재 MIT 교수로 있고, 아파나는 애보트 연구소Abbott Laboratories에서 연구그룹을 이끌고 있다.

내 실험실에서의 과학 연구는 1975년경 다시 상승세를 타는 계기를 얻었다. 이러한 회복이 시작되었을 때 나의 정치적 활동이 수그러든 것은 아니었다. 나는 계속해서 이러한 두 가지 삶을 영위할 수 있을 것이다.

7장 유전학의 어두운 역사, 우생학

이것은 여느 통상적인 과학 세션처럼 보인다: 커다란 강의실이 있고, 수백 명의 과학자들이 펜과 노트를 가지고 앉아 있으며, 무대 위의 연사들은 자신의 차례를 기다리고 있다. 1997년 프랑스 오를레앙에서 열린 행동유전학과 신경생물학 연구자들의 연례 학술회의에 앞서 캐나다 앨버타주에서 온 레일라니 뮈어Leilani Muir가 연단에서 발표를 시작한다. 그러나 지금 막 최근의 연구 결과를 보고하려고 하는 뮈어는 과학자가 아니다. 대신, 그녀는 좀더 개인적인 이야기를 들려주는데, 이 이야기는 많은 청중들, 심지어는 우생학 운동의 역사를 잘 알고 있는 사람들조차 눈물을 흘리게 만들었다. 레일라니의 경험은 과학사에서의 이 치욕적인 시기에 대해 가슴 아픈 사실감을 부여해 준다.

뮈어는 아이를 낳을 수 없다. 그녀가 원래 불임이었던 것은 아니다. 그녀는 1959년에 14세의 나이로 불임시술을 받았다. 뮈어는 자신의 어린 시절을 다음과 같이 묘사한다. 그녀의 어머니는 수시로 그녀를 묶어서 지하실에 하루 종일 가둬 두는 등 그녀를 심하게 학대했다. 결국 어머니는 정신지체아 수용 시설에 찾아갔고, 거기서 IQ 검사 결과 불과 64점을 받은 뒤 저능아로 확정된 레일라니를 그곳에 맡겼다. 그녀는 저능아 판정을 받았기 때문에 1928년에 만들어진 앨버타주 우생법에 따라 합법적으로 불임시술을 받게 되었다. 당시 이 10대 소녀는 맹장수술을 받으러 병원에 입원해 있는 것이라는 말을 들었다. 그녀는 자신이 불임시술을 받았다는 사실을 13년이 지나서야 알게 되었다. 27살의 그녀가 임신이 되지 않는 이유를 찾던 중 알게 된 사실이었다. 뮈어는 최근에 IQ 검사를 다시 받았는데, 이번에는 101점이 나왔다.

그 학술대회에서 뮈어의 뒤를 이어 미국의 윌리엄 볼티모어William Baltimore 판사는 형법에 대한 행동유전학의 관련성을 이야기한다. 그 다음에 내가 20세기 동안 행동유전학 연구가 사회정책에 미친 영향에 대해 논의한다. 여기서 박테리아 유전학자인 나는 초파리에서 인간에 이르는 그 모든 존재의 행동을 연구하는 유전학자들에게 이야기하고 있는 것이다. 그리고 나는 그들에게 그간 거의 논의되지 않았던 그들 자신의 연구 분야의 역사에 대해 강의하고 있는 것이다. 나는 행동유전학에 대한 개인적 체험을 사회적 맥락 속에서 논의한 시민 두 사람의 이야기도 들었다. 이는 과학자들이 통상 과학 학술대회에서 기대하게 되는 그러한 종류의 포럼은 아니다.

1928년부터 1972년까지 2천 명 이상의 앨버타 주민들이 '앨버타주 불임시술법'에 따라 강제 불임시술을 받았다. 이 모든 사람들은 20세기 초 북미 지역에서 전개된 우생학 운동의 성공에 따른 희생자들이었다. 미국, 캐나다, 그리고 유럽을 휩쓸었던 이 운동에 대해 잘 알고 있는 유전학자는 최근까지도 많지 않았다. 그 운동에서 자신들의 연구 분야인 유전학이 중요한 역할을 수행했음을 인식한 사람의 수는 더 적다. 유전학자들과 달리 물리학자들은 지난 20세기 후반 내내 그들이 관여한 과거로 인해 발생한 역사적 부담과 공개적으로 대면하였다. 그들은 원자폭탄 개발 과정에서 자신들이 수행한 역할 때문에 초래한 결과들을 끊임없이 인식하도록 자극을 받아야 했다. 히로시마와 나가사키에 원자폭탄이 투하된후 수십 년 동안 냉전은 그러한 핵무기의 위험에 대한 공포를 그대로 유지시켜 주었다. 이러한 무거운 부담감으로 인해 그 분야에 종사하는 많은 사람들 사이에 사회적 책임의식이 고양된 것이다. 1950년대와 1960년대에 물리학자들은 핵무기들을 더욱 철저하게 통제하기 위해 의회와 대중 모두를 향해 로비를 벌였다. 그들은 평화, 핵실험 중지, 그리고 핵무기 감축을 주장하는 내용을 담은 『원자과학자회보』*Bulletin of Atomic Scientists*를 출간하여 널리 배포했다. 물리학자들은 〈퍼그워시〉Pugwash라는 조직을 만드는 데 핵심적인 역할을 했는데, 이 단체는 『원자과학자회보』가 추구하는 것과 유사한 목적을 가지고, 미국과 소련의 과학자들 사이에 학술회의를 여러 번 조직하였다.

유전학자들에게는 자신들의 선배들의 작업과 유전학의 개념들이 파괴적인 목적으로 이용된 초창기를 기억하게 하는 그러한 부단한 자극이 전혀 없었다. 물리학자들과는 반대로, 유전학자들은 그들 자신의 '어두운' 역사에 대해 철저히 무지하였다. 내 자신도 35세가 넘어서야 우생학 운동에 대해 알게 되었다. 화학과 생화학 분야의 대학원생으로서 나는 유전학 코스를 청강했는데 우생학에 대한 언급은 한 번도 없었다. 그뿐 아니라 내가 거쳐 온 어떤 유전학 실험실에서도 우생학에 대해 들어본 적이 없었다. 1965년에 하버드로 돌아왔을 때, 나는 내 서가를 유전학과 미생물학에 관한 교과서들로 채웠지만, 이 책들 중 어떤 것도 우생학 운동에 대해서는 언급하지 않았다.

1970년대 초반에 이르러서야 나는 이러한 역사에 눈을 뜨게 해준 책 한 권을 만날 수 있었다. 나는 『사이언스』에 "고통의 역사"라는 제목으로 실린 서평을 읽었다. 서평자는 의사이자 과학사가인 케네스 러드머러가 쓴 『유전학과 미국 사회』*Genetics and American Society*를 높이 평가하였다. 그 책은 우생학 운동의 등장과 그 과정에서 유전학자들의 역할을 기록하고 있다. 나는 그 책을 하버드 의대 도서관에서 빌렸는데, 이 숨겨진 역사에 매료되어 2~3일 만에 다 읽었다. 나는 우생학 운동 시기 동안의 과학자 들의 행태와, 유전학에서 나온 과학적 아이디어들이 어떻게 사회정책으 로 전환되는가를 알게 되었다. 러드머러의 책과 우생학에 대한 다른 저 작물들은 나에게 매우 커다란 영향을 주었다. 나는 과학과 관련된 행동 주의자가 된 이래 내가 수행했던 일의 많은 부분이 내 스스로 알아 가게 된 우생학의 역사에서 기인하는 것으로 생각한다.

우생학 운동은 미국과 서유럽에서 거의 동시에 전개되고 있었다. 미 국에서의 우생학 운동의 기원은 복잡하다. 핵심적인 우생학 조직은 소 육종에 주로 관심이 있던 협회가 발전된 것이었으며, 상류계급 인사들 에 의해 주도되었다. 20세기 초반 멘델의 유전법칙이 재발견됨에 따라 우생학자들은 자신들의 프로그램을 지원할 강력한 새로운 과학적 도구 를 갖게 되었음을 깨달았다. 그들은 미국 내 유전자 풀pool의 질이 나빠 지고 있다고 주장했다. 그들은 '좋은' 유전자를 가진 사람들의 수를 증대 시키고 '결함 있는' 유전자를 가진 인구 비율을 저하시킬 수 있는 정책들 을 요구했다. 『위대한 인종의 종말』*The Passing of the Great Race*이라는 대중적인 우생학 책의 저자인 매디슨 그랜트Madison Grant와 같이 우생학 운동에서 중요한 역할을 했던 귀족적 인물들, 그리고 〈이민억제연맹〉Immigration Restriction League의 지도자인 로버트 드쿠시Robert DeCourcy는 특정 인종집단들과 하층계급들이 열등하다는 자신들의 주장을 뒷받침하기 위해 새로운 유전학적 개념들을 활용했다.

20세기의 처음 20년 동안 대부분의 주도적인 유전학자들은 우생학적 이론들에 매료되거나 우생학적 이론들을 부추겼다. 러드머러에 따르면 『유전학』이라는 잡지(1916년 창간)의 제1대 편집위원회의 모든 위원들, 즉 토머스 헌트 모건, 윌리엄 캐슬, 에드워드 이스트, 허버트 제닝스, 그리고 레이먼드 펄이 우생학 운동을 지원하였다. 펄은 이렇게 말했다. "나는 우생학에 대해서처럼, 국제적인 공동의 논의와 행동이 그렇게 훌륭하고 유익하게 이루어질 수 있는 사상이나 시도가 또 있을지 궁금하다." 이스트(그는 사람의 성향 중 많은 부분은 다양한 유전자들에 의해 결정됨을 궁극적으로 보여 주었다)는 우생학이 없이는 "인간의 많은 문제들이 이전과는 전혀 다르게 매우 빠른 속도로 증폭될 것이다"라고 느꼈다. 또 다른 선도적인 유전학자인 마이클 가이어는 "우리 자신의 문명이 이 주제[우생학]에 달려 있다"고 걱정하였다. 하버드 대학의 윌리엄 캐슬과 같은 뛰어난 유전학자들에 의해 집필된 유전학 교과서들은 우생학에 대한 부분을 포함하고 있었다. 미국 내 모든 단기대학과 종합대학의 4분의 3 정도가 전적으로 우생학만을 가르치거나 우생학에 대한 내용을 포함하는 과목들을 제공하고 있었다. 우생학은 존중할 만한 과학 이론으로 간주되었다.

이러한 존중에도 불구하고 우생학이라는 새로운 '과학'의 방법은 다른 유전학적 연구에서 사용되던 기준에 훨씬 못 미쳤다. 롱아일랜드의 콜드스프링하버에 있는 우생학 자료실 책임자로 있던 찰스 대번포트Charles Davenport의 경우를 보자. 하버드 대학에서 훈련을 받은 이 유전학자는 헌팅턴병*의 가족 유전 패턴에 대해 주의 깊게 연구하였다. 그는 두 복사본two copies의 '헌팅턴' 유전자 중 단 하나에서만 돌연변이가 일어난 개인들에서 그 병이 나타난다고 올바르게 추론하였다. 헌팅턴병은 '우성의'dominant 돌연변이로 인한 것이었다. 그러나 동시에 대번포트는 범죄, 빈곤, 지능과 같은 사회적 현상, 그리고 심지어는 배를 타는 직업의 선택까지도 단일 유전자로 설명할 수 있다고 주장했다. 헌팅턴병에 대한 그의 결론은 그 병에 대한 정밀한 묘사와 가계도에 대한 주의 깊은 조사에 기반했다. 대번포트는 빈약하게 정의된 특성과 의문의 여지가 많은 가계도를 인용하여 개인적 행동과 성향의 유전에 대한 자신의 주장을 지원하였다. 그의 결론은 그 자신의 편견을 반영한 것에 불과하였다. 대번포트는 또한 별 증거도 없이, 서로 다른 인종 및 민족집단 사이의 생식적 결합은 열등한 자손을 낳게 한다고 주장했다.

케네스 러드머러의 책을 읽으면서 나는 왜 그렇게 많은 수의 과학자들이 과학적 토대가 미약함에도 불구하고 우생학적 이론들을 조장했는가를 이해하기 위해 노력했다. 내 생각에 그 한 가지 설명을 1900년 멘델의 유전법칙이 재발견된 후 유전학에서 거둔 성공 그 자체에서 찾을 수 있다. 20세기 초반에 일련의 놀랄 만한 진전들이 이루어졌다. 단순 특성

---

* Huntington's disease. 헌팅턴병은 유전질환으로서, 특정 뇌 부위의 퇴행을 초래하여 치매를 유발한다. 환자의 의도나 상관없이 행해지는 동작이 마치 춤을 추는 듯이 보이기 때문에 헌팅턴 무도병이라고 불리기도 한다.

이 하나둘씩 멘델의 법칙을 따르는 것으로 입증되었다. 멘델의 완두콩 농장으로부터 초파리의 특성들까지, 그리고 알캅톤뇨증*과 헌팅턴병과 같은 인간의 유전적 결함에 이르기까지 단일 유전자 결정요인 개념이 휩쓸었다. 이러한 의문의 여지없이 강력한 새로운 이론과 분석 도구는 유전학자들 사이에 과도한 자신감을 불러일으켰을 것이다. 그리하여 그들은 동일한 단순 유전적 개념들이 좀더 복잡한 인간 특성들도 설명할 수 있을 것이라고 믿게 되었다. 하나의 성공적인 새 이론이 나타나면 과학자들은 종종 그 이론의 설명력을, 그 이론이 다룰 수 있는 범위를 뛰어넘는, 보다 넓은 범위의 현상들에까지 확장한다. 과학 연구 분야가 성숙해짐에 따라 과학자들은 결국 좀더 조심스럽게 그 이론을 적용하는 데 합의하게 되지만.

　그러나 유전학자들 사이에서 우생학적 사고가 널리 퍼져 있었던 것이 모든 것을 포괄하는 이론을 선포하려는 그들의 야심 때문이었다고 단순히 설명하기는 어려울 것이다. 러드머러는 이 시기의 주도적인 유전학자들이 주로 초창기 미국 선조들의 후손인 상류계급 출신임을 지적하고 있다. 미국에서 20세기 초반은 상당한 사회적 격동의 시대였다. 생산을 교란하는 노동쟁의와 주요 이민운동들은 미국 사회 내의 사회적이고 인종적인 지형을 변화시키고 있었다. 이러한 변화들이 못마땅한 사람들이 우생학을 지지했는데, 이들은 사회적 현상의 뿌리를 개인이나 멸시받고 있던 인종집단의 유전적 결함에서 찾았다. 우생학은 설명만이 아니라 해

---

* alkaptonuria. 호모젠티신산 산화효소의 결핍으로 소변으로 호모젠티신산이 대량으로 배설되고, 산화된 호모젠티신산 색소가 결합조직에 축적되는 티로신 대사이상으로, 퇴행성 관절염의 원인이 되기도 한다.

결책까지도 제시했다. 사회에 이상적인 유전적 구성을 복구하는 것이 바로 그것이다. 이는, 사회의 문제들을 이민자들과 사회 빈곤층에 돌릴 수 있게 된 상류계급 구성원들에게 틀림없이 위안이 되었을 것이다. 이 계급은 그 어떤 특권도 포기하지 않고 우생학에서 그 해결책을 찾을 수 있었던 것이다.

그러나 보수적인 사회적 태도들만으로는 우생학 운동의 다양한 흐름을 다 설명할 수는 없다. 마거릿 생어나, 다른 자유주의적이고 좌파적인 인사들도 우생학이 사회의 빈곤층에게 실제로는 혜택을 줄 수 있다는 믿음에서 우생학 프로그램들을 지지하기도 했다. 우생학 이데올로기는 또한 독일의 사회주의자들 사이에서, 그리고 초창기 소련의 공산주의자들 사이에서도 강력하게 퍼져 있었다. 어떤 경우에, 좌파 인사들의 이러한 태도는 그들 자신의 계급적 출신배경과 일관성을 보이는 것이라고 할 수도 있다. 그들 중 많은 사람들이 부르주아지나 심지어 상류계급의 가족 배경을 가지고 있었기 때문이다.

과학적 토대를 가진 것으로 보이는 사회적이고 정치적 힘으로서 우생학 운동은 미국의 공공정책에 커다란 영향을 미쳤다. 우생학 프로그램 추진의 압력으로 인해 많은 사람들의 삶에 심각하게 영향을 준, 주정부와 연방정부 차원의 입법이 이루어졌다. 대다수의 주들은 지능이 낮거나, 특정한 종류의 범죄 성향을 보여 주거나 여타의 행동적 '이상성' abnormality을 보여 주는 사람들에 대한 강제 불임시술을 승인하였다. 이러한 법률의 지지자들은 강제 불임시술을 정당화하는 형질들이 유전적으로 결정되어 있다는 우생학자들의 주장을 인용하였다. 캐나다에 살고 있는 레일라니 뮈어 및 그 외의 사람들처럼 미국에 살던 수만 명의 사람들이 이러한 법률들 하에서 강제 불임시술을 받았다. 또한 많은 주들에서는 상이한 인종들 사이의 결혼을 금지하는 법률이 혼혈 '인종들'의 열등성에 대한 '과학적' 이론들에 의거하여 통과되었다. 미국 의회는 1924년에 이민억제법을 통과시킴으로써, 남유럽과 동유럽, 그리고 열등한 것으로 여겨졌던 다른 문화들로부터 미국에 이민 오는 사람들의 숫자가 극적으로 줄어들도록 하였다. 이민자들에게 IQ 검사를 실시했던 우생학자들과 심리학자들이 의회 위원회 앞에서 이 법을 지지하는 증언을 하였다.

나는 그렇게 많은 사람들에게 피해를 끼친 법안이 그처럼 신속하게 통과될 수 있었던 과정에 관심을 갖게 되었다. 나에게는, 우생학에 대한 대중들의 태도를 발전시키는 것이 그러한 입법을 가능케 했던 분위기를 만들어 내는 데 핵심적인 역할을 한 것처럼 보였다. 우생학 운동에 참여한 사람들은 그들의 시각을 대중들에게 여러 가지 방식으로 전달하였다. 그들은 군이나 주 차원의 박람회에서 우생학의 이념을 설명하는 전시물들을 내걸었는데, 이 전시물들에는 종종 '우월한' 유전자와 '열등한' 유전자들을 가진 가족들에 대한 극화된 그림들이 실려 있었다. 그들은 단기대학과 종합대학에서 우생학 과목들을 가르쳤고, 대중적인 인쇄 매체를 통해 우생학적 이념들을 조장하였다. 나는 그 당시 인기 있던 잡지와 신문들을 살펴보고 사회 문제들에 대한 우생학적 설명을 주창하는 기사들을 발견하였다. "인간 유전의 쇠락", "평범한 미국인들을 위한 이민에 대한 평이한 소견", 그리고 "세계의 인간 쓰레기들이 미국을 타락시킬 위험성"이 당시의 기사 제목이다. 1918년에 『내셔널 지오그래픽』*National Geographic*은 한 권 전체를 "유럽의 인종들"에 할애했는데, 여기에는 상이한 민족 집단들을 그들의 유전에 기반한 것이라고 가정되는 '인종적' 행

동 형질에 따라 분류하였다. 이러한 우생학 선전의 범람으로 인해 대중
들 사이에 우생학적 태도가 강화되었다.

나는 그 당시 널리 읽히던 과학 잡지가 그 주제를 어떻게 다루었는
지 보고 싶었다. 나는 존경 받던 심리학자인 제임스 매킨 캐틀이 편집하
던 『월간 대중과학』*Popular Science Monthly*을 골라, 하버드 대학 내 캐버과학
센터의 지하 도서관에서 그 잡지를 뒤적거리며 오후를 보냈다. 그 잡지
에 주로 과학자들이 쓴 우생학 지향의 기사들의 표본은 우생학 운동이
대중 문화에 미친 영향을 보여 준다. 1913년에서 1915년까지 『월간 대중
과학』은 다음과 같은 제목의 기사들을 게재하였다.

"앨리스 섬* 통과하기"

"유태인 정신병리학 연구"

"유전과 명예의 전당"

"흑백혼혈아Mulatto의 생물학적 지위와 사회적 가치"

"유전, 꾸중 들어야 할 일, 칭찬할 만한 일, 그리고 보상"

"특히 지성과 성격의 측면에서 본 우생학"

"이민과 공중 보건"

"교육에서 활용되는 우생학의 문제점"

"우생학에서의 경제적 요인들"

"국가적 생명력에 있어서 인종적 요인"

---

* 미 연방정부는 1892년에 뉴욕 맨해튼 남부에 있는 앨리스 섬에 이민국을 세웠다. 이에 따라 대
  서양 항로를 이용하여 미국에 입국하려는 사람들은 이민국이 폐지되는 1954년까지 앨리스 섬
  에서 까다로운 입국심사를 거쳐야만 했다. 현재 앨리스 섬에는 이민박물관이 있다.

"우생학과 전쟁: 전쟁의 열생학적 효과"

"미국 과학자들의 가계"

"인종운동의 생물학적 효과"

    몇몇 발췌문들을 보면 이 '대중과학'이 어떤 것이었는지를 알 수 있다. J. G. 윌슨 박사는 "유태인 정신병리학 연구"라는 보고서에서 "유태인들은 근친교배율이 높아 정신병 성향이 있는 인종"이며, "명백히 드러난 정신박약자들 중에서 유태인은 정신박약이라는 이유로 추방된 이민자들 리스트에서 2순위를 차지하고 있다"고 주장했다. 진화학자이자 스탠퍼드 대학 총장이었던 데이비드 스타 조던은 "인종운동의 생물학적 효과"라는 글에서 유럽과 아시아에서 미국으로 이민하여 "우리 자신의 평균"을 낮추고 있는 "열등 인종들"에 대해 말했다. 버지니아 대학의 H. E. 조던 박사는 "흑백혼혈아의 생물학적 지위와 사회적 가치"에서 유전학자 찰스 대번포트와 통계학자 칼 피어슨을 인용하여 "흑인의 형질들(예컨대 낙천적인 기질, 왕성한 상상력……)은 공통의 성격들(즉, 단일 유전자에 기인하는)이라는 특질을 가지고 있다"고 결론지었다.

    우생학 운동은 학문적 이론화에서 출발하여 미디어와 여타의 수단을 통해 그 이념을 대중에게 전달하는 방향으로, 그리고 종국에는 대중들의 태도가 원하는 바대로 만들어지고 사회정책을 제정하는 방향으로 나아갔다.

    유전학 분야가 성숙해짐에 따라 미국에서 우생학을 지지했던 많은 유전학자들이 그들의 후원을 철회했다. 유전학의 세부적 지식이 쌓여 가면서 인간유전학이 얼마나 복잡한가가 분명해졌다. 이처럼 과학적인 뒷

반침이 약화되었음에도 불구하고 우생학 정책의 실행에는 거의 영향을 미치지 못했다. 우생학자들은 자신들의 정치활동에 잘 참여하였고, 적극적이었다.

반대로, 근래 우생학에서 떨어져 나온 유전학자들은 거의 대중적인 활동을 하지 않았다. 그들이 우생학자들의 정책적 제안들에 반대하는 목소리를 낼 때는 이미 너무 늦었다. 유전학자인 이스트, 캐슬, 그리고 제닝스는 우생학적 근거에서 만들어진 이민억제법에 대해 의회에서 통과되기 직전에야 비판하였다. 유전학자들 내에서 우생학의 과학적 주장들에 대한 경멸감이 증대했음에도 불구하고, 그들은 대체로 목소리를 내지 않았다. 그 당시 가장 뛰어난 유전학자였던 토머스 헌트 모건은 우생학의 기반이 되는 유전학적 주장들에 대해 사적으로는 매우 비판적으로 되었다. 그는 우생학적 주장들의 사회적 결과들에 공공연하게 맞서기를 꺼려 하는 이유를 1915년에 한 동료에게 보낸 사신에서 다음과 같이 설명하고 있다. "만약 그들[유전학자들]이 이러한 종류의 일을 하고자 한다면, 좋네. …… 그러나 나는 우리 중 일부가 더 나은 기준을 만들고 그 쇼에는 참가하지 않는 편이 좋겠다고 생각한다네. 나로서는 그 어떤 소란도 일으킬 생각이 없다네."(갤런드 앨런Garland Allen, "유전학, 우생학, 그리고 계급투쟁"에서 재인용) 유전학자들은 우생학이 초래하는 폐해들을 인식하고 있었지만 대체로 논쟁에서 비켜나 있었다. 이민억제법의 제정에 따라 1924년까지는 우생학자들이 추구했던 법안 중 대부분이 법으로 제정되었다.

1924년 이후에 우생학 운동은 미국에서 쇠퇴하기 시작했다. 그러나 유럽에서는 이제 막 그 영향이 감지되기 시작했다. 1923년에 아돌프 히틀러는 그 유명한 비어홀 폭동*을 기도하였다. 가까스로 체포를 피한 그는 친한 친구이자 출판업자인 줄리어스 레만의 집에 은신했다. 1924년에 마침내 히틀러가 잡혀서 수감되자 레만은 그의 출판사에서 막 출간된 책 한 권을 히틀러에게 보내 주었다. 감옥에서 히틀러는 다음과 같은 구절들을 읽었다.

사기 치거나 모욕적인 언사를 쓰는 것은 유태인들 사이에서 더 많이 나타난다. …… 일반적으로, 흑인은 열심히 일하고자 하지 않는다. … 몽고인들의 성격은 …… 전통적인 것에 지나치게 빠져드는 경향이 있다. …… 러시아인들은 고통을 잘 참아 내고 인내력이 강하다. …… 정신적 재능의 측면에서 볼 때 게르만 인종은 인류의 선두에 서 있다.

이 책의 저자들은 또한 다음과 같이 말했다.

역사가들이 한 나라의 퇴화, 병듦, 그리고 노화라고 간주하는 것, 그들이 한 나라의 쇠퇴로 간주하는 것들은 관련된 사람들의 인종적 구성이 역선택된 결과이다.

오늘날, 이러한 주장들은 KKK단이나 아리안 민족우월주의적 출판물에서 발췌한 것처럼 읽힌다. 그러나 그렇지 않다. 그 주장들은 당시 가

---

* 1923년 11월 8일, 히틀러가 이끄는 나치당원 600여 명은 뮌헨의 한 맥주홀을 습격하고 바이마르 정부에 맞서 폭동을 일으켰다. 이 폭동은 결국 실패로 끝났다.

장 많이 쓰이던 인간유전학 교재 중의 하나였던 『인간의 유전』에도 나온다. 독일 유전학자 에르윈 바우어Erwin Baur와 프리츠 렌츠Fritz Lenz, 그리고 독일의 인류학자 오이겐 피셔Eugen Fischer가 그 책의 저자였다. 그들은 2류 학자가 아니었다. 렌츠는 혈족과 열성 유전자의 발현 사이의 관계를 보여 준 최초의 학자였다. 바우어는 최초의 치사 유전자를 발견하였다. 오이겐 피셔는 휘황찬란한 경력 끝에 베를린 대학의 총장으로 임명되었다. 『인간의 유전』은 유전학적 기반을 갖는 개인 형질에 따라 인종들과 민족 집단들의 특성을 밝히는 것을 당연시하는 방식의 하나로 유전학을 이용했다. 이 책은 실제로 우생학과 생물학적 결정론의 교본이었다. 1990년대 후반에 쓴 글에서 독일의 유전학자 베노 뮐러-힐Benno Muller-Hill은 히틀러의 『나의 투쟁』 중에서 인간 유전학과 우생학을 다루는 부분은 『인간의 유전』에 나오는 주장들로부터 직접적으로 영향을 받은 것이라고 주장한다.

『인간의 유전』을 읽어 갈수록 나는 더 많이 놀라게 되었다. 나는 이 책의 어디에서고 저자들의 주장이 그 어떤 독일의 과학 연구에 의해서도 뒷받침되고 있지 않다는 사실을 발견하였다. 오히려, 그들의 자료와 주장의 주된 원천은 미국의 과학계로부터 온 것이었다. 그 책은 심리학자이자 지능 검사자인 루이스 터먼과 에드워드 손다이크와 같은 사람들, 그리고 찰스 대번포트 같은 미국의 유전학자들로부터 가져온 표와 가계도 그림들로 가득하다.

내가 처음으로 『인간의 유전』을 알게 된 것은 1973년 하버드의 학부 학생 로버트 윌딩거로부터였다. 그는 자신이 독일에서 수행한 연구에 기반하여 "자연의 제사장들: 독일의 의학, 1883~1933"이라는 제목의 학부

우등 논문을 썼다. 친구를 통해 내가 우생학에 관심이 있다는 것을 전해 들은 윌딩거는 그의 우등 논문을 나에게 빌려 주었다. 윌딩거의 논문으로부터, 나는 또한 우생학적 사회정책 (또는 독일식 표현으로는 "인종위생학"racial hygiene)을 부추겼던 독일인들이 종종 아메리카의 우생학과 미국의 우생학법에서 자신들의 주장의 근거를 찾았다는 사실을 알게 되었다. 1923년에 독일에서 지도적인 위치에 있던 한 의사는 연방정부로 하여금 미국의 강제불임 관련법들을 구해서 독일에도 실행하라고 다음과 같이 촉구했다.

우리 같은 인종위생학자들이 하고자 하는 것은 전혀 새롭거나 못 들어 본 것이 아니다. 일류 문화국가인 미국에서는 우리가 추구하는 것이 이미 오래 전에 도입되고 시험되었다. 그것은 그만큼 분명하고 단순한 사실이다.

1907년에 인디애나주에서 제정된 강제불임법이 독일 최초의 우생학적 강제불임 프로그램들의 모델이 되었다. 독일의 인종위생학 운동은 나치가 권력을 잡기 훨씬 전부터 시작되었는데, 이 운동의 영감과 사회적 수용성의 일부분은 이미 미국에서 일어났던 우생학 운동으로부터 도출된 것이다. 미국의 우생학 운동과 그것을 지원했던 유전학자들의 영향은 나라의 경계를 훨씬 뛰어넘어 간 것이다.

나치독일의 우생학 정책과 관련하여 독일 유전학자들과 의사들이 한 역할을 자세히 기술한 저술들 중에서 베노 뮐러-힐이 쓴 것이 단연 돋보인다. 뮐러-힐이 1988년에 쓴 『잔혹한 과학』Murderous Science은 독일의 과학자들과 의사들이 수백만 명의 사람들에 대한 강제불임과 학살을 계획하고 지원하는 데 얼마나 깊게 개입하고 있었던가를 독일 사회에 처음으로 폭로했다. 나는 1960년대 초에 프랑수아 자코브의 실험실에 자리를 얻으려고 노력하던 중에 파스퇴르 연구소에서 베노를 처음 만났다. 당시 과학 연구 방문차 거기에 와 있던 베노는 나에게 강한 인상을 남겼다. 그는 나에게 분자생물학이 그 자체로 새로운 과학이고 좀더 자유로운 문화를 가지고 있었기 때문에 그 분야에 매료된 그러한 젊은 과학자들 중의 하나로 보였다. 나는 당시 여전히 학계에 종사하던 과학자들 사이에서 보편적이었던 양복 저고리와 타이를 착용하고 있었다. 베노는 리바이스 청바지와 무명 작업셔츠를 입고 있었는데, 이것들은 당시에는 흔치 않았지만 나중에는 분자생물학자들 사이에서는 거의 유니폼과 같이 되었다. 이 만남이 있은 지 몇 년 후에 나는 하버드 의대로 돌아왔고, 베노는 케임브리지 하버드 캠퍼스에 있던 월터 길버트와 함께 일하는 박사후 연구원이 되어 있었다. 우리는 친구가 되었고, 종종 정치 토론을 벌이고 베트남전쟁 반대시위에 함께 나가곤 했다.

베노와 나는 또한 과학 연구 측면에서도 공통점이 많았다. 어느 날 베트남전쟁 반대시위 중에 우리의 이야기는 과학 쪽으로 바뀌었다. 나는 그에게 내 실험실에서 lac 유전자를 박테리아 바이러스로 복제하는 데 성공한 사실을 이야기해 줬다. 이 바이러스들은 그가 lac 유전자 억제체에 대한 연구를 수행하기 위해 찾고 있던 것과 정확히 일치하는 것으로 드러났다. 그와 월리[월터] 길버트는 억제자를 분리했는데, 이는 사상 처음으로 조절 단백질이 시험관 내에서 얻어진 것을 의미하는 것이었다. 그들은 내 실험실의 바이러스들로부터 추출된 DNA를 이용하여 억제체가 유전자 자신들에게 직접적으로 영향을 미치게 될 것임을 보여 주고자 했다. 그들의 작업은 마침내 유전자 규제에 대한 자코브-모노 이론을 생화학적 차원에서 직접적으로 증명하는 결과를 낳았다.

베노와 나는 정치적으로나 과학적으로나 많은 점을 공유하고 있었기 때문에 그가 보스턴을 떠난 후에도 계속 연락을 하며 지냈다. 1970년에 나는 바브라와 우리 두 아들과 함께 쾰른Cologne에 살고 있던 베노를 방문했다. 베노는 거기에 있는 대학의 교수로 재직하고 있었다. 우리는 여전히 정치와 과학에 대해서는 이야기했지만, 그때나 그 뒤의 수많은 만남들에서나 유전학의 사회적 영향에 대해서는 전혀 이야기하지 않았다. 베노가 책을 쓰기 시작해서야 비로소 당대의 우생학의 역사적 토대에 우리가 서로 관심을 공유하고 있다는 사실을 깨닫게 되었다. 우리 둘 모두 유전학과 사회의 상호작용에 대한 공통의 관심을 발전시키고 있었다는 사실을 알고 나서 느낀 놀라움은 내 과거 실험실 동료 프랑수아 윌리엄스와 내가 다양한 관점들에서 서로 일치하고 있다는 점을 발견하고 느낀 것과 거의 비슷하였다. 이 두 경우 모두 우리가 서로를 알던 시기 동안에는 그 주제가 전혀 부상하지 않았다. 단지 과학자들 사이의 담론에는 과학의 사회적 영향에 대한 토론이 포함되지 않았던 것이다.

1988년이라고 해도 독일에서 『잔혹한 과학』을 출판하는 것은 용기 있는 행동이었다. 나치 시대에 연루된 수많은 과학자들이 여전히 살아 있었고 독일의 대학들 내에서 영향력을 발휘하고 있었다. 뮐러-힐이란 이름은 독일 유전학 공동체 내의 많은 사람들 사이에서 좋지 않은 인물로 통하게 되었다. 그의 책은 다른 나라들에서는 많은 반응을 받았지만 독일에서는 신문이나 잡지에 실리지조차 않았다. 1999년도가 되어서야 독일의 과학자 공동체는 나치 시기 이전과 나치 시기 동안에 이루어진 과학자들의 역할을 탐구하기 시작했다. 부분적으로는 베노가 들쑤신 덕분에 과학 기구들은 나치의 잔학행위에 가담한 혐의가 있는 과학자들의 행동들을 기록하고 있는 오래된 파일들의 공개에 나섰다.

처음에는 독일의 과학자들에 의해, 나중에는 나치 정권에 의해 유전학이 극도로 오용되었다는 사실은 몇몇 저명한 영국과 미국의 유전학자들로 하여금 보다 공개적으로 목소리를 높이게 하는 계기가 되었다. 1939년에 열렸던 제7차 국제유전학회의에서는 많은 유전학자들이 우생학 프로그램을 비판하는 '선언문'을 발표하였다. 서명자 중에는 J. B. S. 할데인, J. S. 헉슬리, H. J. 뮐러, 테오도시우스 도브잔스키, 그리고 A. G. 스타인베르크가 포함되어 있었다. 이 유전학자들 중 일부는 자신들도 처음에는 우생학적 관점을 견지하고 있었지만 독일에서 우생학이 실행되는 것에 전율을 느끼게 되었다. 그러나 전체적으로 볼 때 자신의 분야가 잘못 적용되고 있는 것에 대한 유전학자들의 반대는 너무나 소규모였고 때늦었기 때문에 거의 아무런 효과도 내지 못하였다.

나치 우생학에 대한 전후의 보편적인 반감으로 인해 유전학자들과 여타 많은 사람들은 우생학 운동을 거부하게 되었다. 특히 인간의 행태적 특성들과 사회 문제들이 그 기원에 있어 대체로 유전적이라는 주장은 환경이 그러한 이슈들에 있어 결정적인 요인이라는 주장으로 대체되었다. 이러한 입장은 유네스코가 1950년대 초반에 발표한 두 건의 선언문에 부분적으로 반영된다. 선언문들 중의 하나는 당시 일급의 체질인류학자들과 유전학자들에 의해 준비되었는데(이들 중 일부는 1939년 선언문을 썼던 그룹 출신임), 이 선언문은 인종 개념을 비판하고 민족집단 사이의 문화, 지적 성취 및 행태의 차이들이 유전적으로 기원하는 것은 아니라고 주장하였다. 몇몇 유전학자들, 특히 테오도시우스 도브잔스키는 그 후 수십 년 간 유전학의 오용에 대해 계속해서 비판의 목소리를 높였다.

나는 미국에서의 우생학 운동의 역사가 유전학자들에게 필수적인 읽을거리가 되어야 한다고 생각한다. 우생학의 역사를 아는 것이 유익한 것은, 미국과 독일에서 일어났던 공포와 비슷한 어떤 일이 다시 일어날 가능성이 있기 때문이 아니다. 오히려, 우생학 시기 동안에 유전학자들이 행한 역할과 행태들을 이해하는 것이 유전적 진보의 새로운 시기를 맞아 이루어지는 우리들의 행동에 영향을 줄 수도 있을 것이다. 우생학의 초창기에 왜 그렇게 많은 일급 유전학자들이 우생학적 개념들에 빠져들게 되었던 걸까? 왜 그들은 우생학 운동에서 빠져 나온 다음에도 우생학과 그것의 법률적 의제에 맞서 공개적으로 목소리를 높이지 못했던 걸까? 그들은 독일에서 인종적 위생운동을 싹트게 하는 데, 그리고 나치의 정책들에 미국의 우생학적 과학 연구와 결론들이 미친 영향을 알고 있었던 걸까? 어떻게 해서 물리학자들은 히로시마와 나가사키에 대한 반응으로 사회적 양심을 발전시켰던 반면에 유전학자들은 유전학의 이러한 오용 결과들을 금방 잊어버리게 되었을까? 미국에서 우생학적 입법으로 인해 야기된 피해와 홀로코스트[대학살]의 공포는 유전학자들의 참여, 그리고 나중에는 침묵이 없었어도 여전히 일어났을 것이다. 그러나 유전학 공동체 내의 사회적으로 의식 있는 상당수의 멤버들이 일찍부터 자신들의 분야가 오용되는 것에 대한 분노를 분출했더라면 어떤 결과가 나왔을지 누가 알겠는가?

1969년의 기자회견에서 내 동료들과 나는 우리들의 연구가 가져올 결과들에 대한 두려움을 표현하였다. 유전학의 영향에 대한 관심을 이제 막 가지게 된 그 시점에서 나는 어떻게 하면 과학자들인 우리가 과학의 진보로부터 사람들이 해를 입지 않도록 할지 고민했다. 나는 과연 유전학자들이 잠재적인 남용 가능성에도 불구하고 인간 유전자를 조작하는 더 나은 기법들을 만들어 내는 일에 나서야 되는지 의문을 가졌다. 이러한 과학을 추구하는 것의 위험이 그것의 편익을 능가하게 되었는가? 아마도 나는 이러한 기법들의 개발에 대해 반대해야 했을 것이다. 짐 샤피로도 과학 연구를 떠나기로 작정했을 때 똑같은 우려를 나타냈다. 1970년대 초반의 놀랄 만한 유전학적 성과인 DNA 재조합 기술의 등장은 나에게 딜레마를 안겨다 주었다. 인간유전자 조작이 바로 눈앞에 와 있었다. 나는 이러한 문제들을 1977년까지도 스스로 해결하지 못하고 있었다. 재조합 DNA에 관한 국립과학아카데미의 포럼에서 나는 유전학 연구 공동체가 과연 재조합 DNA 연구를 계속해야 하는지의 여부에 대해 공개적으로 문제를 제기했다.

그러나 우생학의 역사를 읽으면서 나는 다른 시각을 갖기 시작했다. 우생학자들이 강제 불임, 흑백 인종 간 결혼 규제, 그리고 이민억제법들을 통과시키는 데 성공했던 것은 그들이 대중과 입법자들에게 유전으로 사회의 악을 설명할 수 있다는 점을 설득할 수 있었기 때문이었다. 사회 속에서의 사람의 가치는 그들이 지닌 유전자의 성격에 의해 평가될 수 있다는 생각은 지혜로 받아들여졌다. 나는 레일라니 뮈어와 수만 명의 사람들을 자신들의 의지에 반해 또는 자신들이 알지 못하는 사이에 불임으로 만든 것은 불임 기법의 과학적 발전이 아니라는 점을 깨달았다. 과학의 오용은 사람들에게 혜택을 줄 수도 있고 해를 입힐 수도 있도록 이용될 수 있는 의료적 절차와는 아무런 관계가 없는 요인들의 결합으로부터 성장한 것이다. 사람들에게 끼친 해는, 유전학의 한 관점을 사람들의 삶의 운명을 결정하는 것으로 표상했던 과학 연구의 결과들로 인한 것이었다. 이러한 연구들은 과학자들이 자신들이 수행하던 연구에 끄집어들인 사회적 편견들로 인해 결함을 안게 되었다. 과학자들, 우생학 운동에 관여하던 다른 사람들, 그리고 미디어가 그들 뒤에 있는 과학의 권위를 빌어 유전이론과 유전과학에 대한 이러한 왜곡된 내용을 대중에게 전달하였다. 사회적 단절, 범죄, 그리고 이민의 문제들이 심각한 사회에서는 이러한 생각들이 급속하게 수용되어 사회정책으로 나타났다. 마지막으로, 이러한 과학에 비판적이었던 유전학자들이 목소리를 높이지 못함으로써 우생학주의자들이 제멋대로 자신들의 생각에 과학의 권위를 주장할 수 있었다는 점을 지적할 수 있겠다.

나는 특정한 새로운 과학적 진보의 부정적 결과들을 예측하고 예방할 수 있는 사회의 능력에 대해 여전히 걱정하고 있었다. 그러나 또한 새로운 기술들의 오용을 가져오는 여타의 모든 요인들과 우리가 대결하지 않는 한 그러한 결과들이 나올 잠재력은 항상 존재할 것이라는 점을 깨달았다. 나는 심지어 오늘날에도, 좀 다른 형태이긴 하지만, 20세기 초반에 우생학자들이 했던 것과 비슷한 종류의 생물학결정론적인 과학적 주장들이 반복되고 있음을 발견했다. 과학자들과 미디어는 다시 한번 범죄성, 빈곤, 그리고 인종적 지능 차이를 유전자를 바탕으로 설명하며 대중들의 관심을 끌고 있다.

나는 서서히 입장을 바꾸었다. 과학 발전을 멈추게 하는 것이 우리가 우려하는 오용을 반드시 방지하는 것은 아닐 수 있다는 생각이 점차 강해졌다. 특정한 새로운 기술들을 낳는 과학 연구의 진로는 종종 예측할 수 없다. 우리는 특정 연구의 방향을 중단시킬 수 있을지도 모르겠지만, 결국은 인간유전자를 신속하게 조작할 수 있는 능력은 다른 연구 분야에서 등장하고야 말 것이다. 그러는 동안에 우리는 우려하던 오용을 가능케 만든 이데올로기와 결함투성이의 과학, 그리고 그러한 잘못된 과학을 대중에 전달하는 것에 대항하지 않았을 수도 있었을 것이다. 나는 또한 과학 연구의 진로를 막는 것이 잠재적인 지적, 실제적 편익을 없앨 수도 있음을 알게 되었다. 그래서 나는 부정적 결과들을 낳을 수 있다는 이유로 유전학에서의 새로운 발전들에 반대하기보다는 과학 발전의 오용을 부채질하는 이데올로기적인 자세에 초점을 맞추기로 결심하였다. 나는 대중과 동료 과학자들에게 다가가 사회적으로 특정한 가치를 내장한 주장들이 객관적 과학으로 위장해 있음을 폭로하는 작업을 수행하고자 했다. 강의와 저술 및 대중 강연을 통해 나는 유전학자들에게 그들의 '어두운' 시대에 대한 역사적 기억을 복구하는 데 노력했다. 나는 과학자들 자신과, 충분한 정보로 무장해 있는 대중의 깨어 있음이 과학이 많은 사람들에게 좀더 편익을 주도록 이용되는 것을 보증할 수 있는 충분한 힘을 만들어 내길 기대했다.

과거를 상기하는 것에는 성과가 뒤따른다. 1996년에 레일라니 뮈어는 그녀의 강제 불임시술의 책임을 물어 앨버타주를 상대로 낸 소송에서 승리했다. 뮈어를 뒤이어 1998년에는 앨버타주 강제 불임시술의 희생자들 중 생존해 있는 사람의 3분의 2에 달하는 거의 5백 명의 사람들이 성공적으로 보상을 받았다. 나머지 소송들도 현재 여전히 진행되고 있다. 뮈어의 고통이 대중에게 드러나면서 저명한 심리학자인 존 매키치런 박사가 그녀의 사례에서 행했던 역할이 밝혀졌다. 에드먼턴에 있는 앨버타 대학교 철학 및 심리학과 학과장이던 매키치런은 뮈어와 많은 다른 사람들의 강제 불임시술을 명령한 위원회의 위원장이기도 했던 것이다. 과학자들을 포함한 수많은 사람들의 항의로 인해 명예교수직과 대학 내의 중요 회의실에 붙어 있던 그 심리학자의 이름은 결국 삭제되었다.

8장 범죄자 염색체의 신화

시고니 위버는 그녀의 추락한 우주 캡슐의 잔해 안에 의식을 잃은 채 누워 있다. 그녀는 외계인의 공격에서 살아남은 유일한 생존자인데 퓨리 161이라는 행성에 불시착한 것이다. 특히 고약한 냄새가 날 것같이 보이는 일련의 인물들이 그녀를 구조하러 온다. 이 인물들은 '이중 Y염색체' 남자들로서, 보통 남자들이 남성 Y염색체를 하나만 가지고 있는 반면에 이들은 모든 세포에 남성을 결정하는 유전자를 쌍으로 가지고 있다. 두 개의 Y염색체를 가지고 있다는 사실은 그들에게 범죄자로서의 삶과 반사회적인 행위를 운명 짓는다. 이처럼 유전적으로 결정된 일탈자들에게는 아무런 갱생의 희망이 없기 때문에 지구의 통치자들은 XYY남성들을 멀리 떨어져 있는 무인 행성에 추방했던 것이다. 그들의 지도자에 따르면, 그녀는 "도둑놈, 살인자, 강간범, 아동성추행자와 같은 각종 인간 쓰레기들"의 집단과 맞서야 한다. 외계인들만이 아니고 이 믿지 못할 일탈자 일당으로부터도 살아남아야 하는 것이다.

XYY남성의 신화는 1993년에 상영된 SF영화 「에일리언 3」에서 그 대중적 정점에 도달했을지도 모르지만, 사실 그러한 신화의 발자취는

1965년까지 거슬러 올라간다. 그해 그 주제에 대한 짤막한 유전학 연구 논문이 출간되면서 여기에 많은 미디어의 관심이 집중되었다. 이제, 35년 이상이 지났음에도 불구하고 대중(그리고 「에일리언 3」의 제작자들)은 과학자 사회가 1970년대 중반 이후에는 XYY남성을 초강력 범죄자로 보는 이미지를 이미 상당히 기각했다는 사실을 여전히 알지 못했다.

1973년에 나는 보스턴 아동병원에 근무하던 한 젊은 정신과 의사와 만날 기회가 있었는데, 이로 인해 나는 곧장 XYY남성과 범죄 행동을 둘러싼 논쟁의 한복판에 끼어들게 되었다. 베트남전쟁 반대회합에서 허버트 슈라이어 박사는 나에게 자신을 소개하고 그의 병원에서 이루어지고 있는 XYY연구 프로젝트를 설명해 주었다. 그는 이 프로젝트가 비윤리적이라고 느끼고 있었다. 그 연구의 책임자인 정신과 의사 스탠리 왈처Stanley Walzer는 XYY유전자형의 행태적 특성을 연구하는 데 관심이 있었다. 왈처 박사는 보스턴 라잉-인Boston Lying-In 산부인과 병원에서 Y염색체를 하나 더 가지고 태어난 남자아이들을 조사하기 시작했다. 그러고 나서 그는 그 아이들의 부모에게 자신이 수행하고 있는, 아이들의 행동 발달을 추적하는 프로젝트에 참여할 용의가 있는지 물었다. 허버트와 나는 그 연구의 자세한 내막을 검토하면서 그 연구가 과학적이고 윤리적인 차원에서 심각한 문제들을 지니고 있다는 것을 확신하게 되었다. 우리는 아동병원과 라잉-인 병원이 모두 하버드 의대 소속 병원이고 왈처 박사 역시 하버드의 교수였기 때문에 하버드 대학 위원회 앞에서 이 프로젝트의 문제점에 도전하기로 결정했다. 그 뒤에 벌어진 논쟁으로 인해 나는 하버드 대학의 동료 교수들과 심각한 갈등을 빚게 되었고, 내 하버드 대학 교수 자격마저 위협을 받게 되었다.

　나는 이제는 반사회적 행동을 설명하고자 한 유전학 연구에 대해 의구심을 가지고 행했던, 우생학의 역사에 관한 나의 독서를 통해 자신감을 얻게 되었다. 나는 유전자와 범죄성에 대한 결함투성이의 연구들을 잘못된 사회정책을 입안하는 데 활용하는 다양한 방법들을 알고 있었다. 범죄성과 반사회적 행동의 유전적 토대는 우생학자들의 핵심적인 교의였다. 미국에서 비네식 지능검사*를 널리 확산시킨 바 있는 심리학자 고다르는 1912년에 마틴 캘리캑이라는 가명의 인간에 대해 묘사하는 보고서를 발간하였다. 마틴 캘리캑은 두 명의 여성과의 관계에서 아이들을 낳았는데, 한 여성은 정신박약이었고, 다른 여성은 "수준 높은" 사람이었다. 고다르에 따르면 정신박약 여성이 낳은 아이들과 손자 손녀들의 대부분은 다양한 수준의 반사회적 행동을 보여 주었던 반면에, "수준 높은" 여성의 후손들 모두는 훌륭한 도덕적 성품을 지녔다. 이러한 성격의 보고서들에 영향을 받아 입법자들은 20세기 전반에 범죄자들에 대한 강제 불임시술을 허용하는 법률들을 통과시켰던 것이다. 고다르의 주장들은 심리학 교과서에 반영되기도 했는데, 그것들 중 일부는 1950년대까지도 나쁜 행동의 유전적 토대에 대한 증거로서 마틴 캘리캑 가족에 대한 만화 그림을 싣기도 했다.

　그러나 1960년대에 이르자 오랫동안 서가를 장식했던 고다르의 캘

---

* Binet IQ test. 비네는 아동들 중에서 정신박약아를 골라 내기 위해 1905년 처음으로 지능검사의 형식을 고안한 프랑스 심리학자이다. 비네식 지능검사는 검사자가 개별적으로 1개 문항씩 질문을 하면 이에 대하여 피검사자가 말이나 행동으로 응답하는 개별식·문답식 지능검사 방법이다.

리캑에 대한 연구는 더 이상 과학적으로 존중할 만하지 않다고 간주되었다. 치명타는 스티븐 제이 굴드로부터 나왔다. 굴드는 『인간에 대한 오해』*The Mismeasure of Man*라는 저서에서 고다르가 자신의 주장을 강화하기 위해 그의 보고서에 실린 캘리캑 가족의 사진들을 조작하기까지 했다는 증거를 발표한 것이다. 분자생물학의 새로운 시대를 맞이하여, 그리고 좀더 정교한 유전적 기법들을 이용할 수 있게 됨에 따라 과학자들은 범죄성이 가족들 내에 유전된다고 주장하는 그러한 연구들을 설득력이 있는 것으로 보지 않게 되었다. 증거로서 요청되는 것은 좀더 생물학적인 그 무엇, 실험실에서 인간 시료들을 대상으로 좀더 관찰할 수 있는 그 무엇——한 개인의 범죄 행위들과 연관시킬 수 있는 유전적 표지——이었다. 이때에 이르면 연구자들이 인간세포 안에 있는 염색체의 모든 구성 요소들을 정확하게 관찰하고 셀 수 있는 정도로 현미경 기법들이 개선되었다. 이러한 개선으로 인해 다운증후군 환자들과 육체적 또는 정신적 문제를 안고 있는 또 다른 개인들이 과잉의 염색체를 지니고 있다는 점이 발견되었다.

이러한 새로운 염색체 관찰 기법들이 발전하게 된 지 얼마 지나지 않아 XYY남성의 문제가 극적으로 등장하였다. 스코틀랜드 에딘버러에 있는 퍼트리셔 제이콥스Patricia Jacobs 박사와 그녀의 동료들은 1965년 12월 25일에 『네이처』에 "공격적 행동, 정신이상, 그리고 XYY남성"이라는 제목의 논문을 게재하였다. 이 연구그룹은 스코틀랜드에 있는, "정신적으로 정상이 아니"라고 말해지는 특별보안감옥 수감자들에 대한 연구 결과를 보고하였다. 그들은 현미경 기법을 이용하여 이 수감자들을 대상으로 과잉 염색체 물질을 탐색하였다. "과잉 Y염색체가 그 담지자로 하여금 비정상적으로 공격적인 행동을 하도록 만든다"고 할 수 있는지 궁금해하던 유전학자들은 남성을 결정하는 이 염색체에 관심을 집중하였다. 197명의 수감자들 중에서 7명(3.5%)이 XYY남성임이 밝혀졌다. 저자들은 이러한 높은 빈도로 인해 과잉 Y염색체와 이 남성들의 수감 사이에 그 어떤 인과적 관계가 있는 것은 아닐까 의심하였다. 『네이처』에 실린 이 연구결과를 보고한 논문의 논쟁적인 제목은 유전학자들 사이에 많은 관심을 불러일으켰다. 다른 연구자들도 제이콥스의 연구결과를 재현하고자 시도하였다. 감옥에 대한 조사들은 XYY남성들의 높은 빈도를 보여 주지 못했다. 그러나 정신병이 있는 범죄자 수용기관에서 행해진 몇몇 조사에서는 최초 논문에서 보고된 것과 같은 결과들이 나왔다. 봇물 터진 대중매체들의 보도가 뒤를 이었다.

미국에서는 잡지와 신문들에서 다음과 같은 제목의 기사들이 등장하였다. "유전적 비정상이 범죄를 낳다"(『뉴욕 타임스』 1968년 4월 21일), "XYY와 범죄자"(『뉴욕 타임스』 1968년 10월 20일), "염색체와 범죄"(동일한 제목으로 『사이언스 다이제스트』 1967년 12월, 『사이콜로지 투데이』 1968년 10월), 그리고 "태어날 때부터 나쁜 인간?"(『뉴스위크』 1968년 5월 6일). 미국에서 일어난 극적인 범죄 하나가 대중들의 흥미를 훨씬 더 고취시켰다. 1968년에, 많은 사람을 죽여 유명해진 살인자 리처드 스펙Richard Speck이 XYY남성이라는 주장이 제기되었다. 1966년 어느 늦은 밤에 스펙은 시카고 지역 간호인 훈련생들이 살던 한 아파트에 침입하여 8명의 학생들을 죽였다. 유죄 판결을 받자 그는 1968년에 항소하였다. 그때 필라델피아에 살고 있던 유명한 유전학자 매리 텔퍼Mary Telfer가 『뉴욕 타임스』 기자에게 스펙이 XYY남성이라고 넌지시 말했다. 무엇보다도 스펙은 큰 키에, 여드름이 심했고, 약간 퇴화한 듯 보였으며 사람들을 죽였는데, 이 모든 특성들은 XYY남성이라고 "알려진" 것들과 일치하였던 것이다. 『뉴욕 타임스』는 텔퍼의 주장을 실었다. 그리고 그 다음날에는 스펙의 염색체를 검사해 봤더니 스펙이 정말 XYY남성이었다는 기사를 내보냈다. 그런데 이 기사는 『뉴욕 타임스』 기자와 시카고 의사 사이의 원활치 못한 의사소통으로 인한 오류였다. 그러나 『뉴욕 타임스』는 결코 원래의 주장을 정정하지 않았다. 유전학자 에릭 엔젤Eric Engel은 스펙이 정상적인 XY염색체 구성을 가지고 있음을 벌써 간파하고도 신문 기사들을 반박하기 위해 그의 발견을 공표하지 않았다. 그는 1972년에야 눈에 잘 띄지 않는 과학 저널에서 이 사실들을 밝혔다. 이러한 오류를 알 턱이 없는 대중들은 단지 리처드 스펙이 XYY남성이라고만 기억하게 될 것이다. 전국적으로 미국인들은 XYY남성을 끔찍한 범죄와 연관시키게 되었다.

왜 엔젤 박사는 스펙이 XYY남성이라는 기사들을 결코 공개적으로 반박하지 않았을까? 우생학이 창궐하던 시기에 토머스 헌트 모건이 그랬던 것처럼 그도 "쇼의 참여자로 비춰지는 것"을 원치 않았던 것은 아닐까? 한 과학자는 이 서커스에서의 그녀의 역할에 대해 후회하게 되었다. 1965년의 논문으로 큰 반향을 야기했던 퍼트리셔 제이콥스는 뒤늦게야(1982) 그녀의 연구결과 발표로 인해 나타난 파급 효과에 대한 실망감을 다음과 같이 표현하였다. "돌이켜 보면, 나는 논문 제목에서 '공격적 행동'이라는 단어들을 쓰지 말았어야 했으며, 그 기관을 '위험하고 폭력적이거나 범죄적 성향을 지니고 있는 사람들을 치료하는' 장소로 묘사하지 말았어야 했다." 이것은 흥미로운 인정이다. 왜냐하면 그것은 왜 그녀가 처음에 제목에서 그러한 단어들을 사용했었는가라는 질문을 제기하기 때문이다. 가장 단순한 설명은, 그 제목이 그녀 연구의 기반이 되던 강력한 가정——두 개의 Y염색체가 존재하면 남성적 공격성이 두 배가 된다——을 반영하였다는 것이다. 비록 XYY 이야기가 대중적으로 어떻게 각색되는지 알고 있었음에도 불구하고 엔젤이나 제이콥스 어느 누구도 이러한 잘못된 개념들을 정정하고자 발언하지 않았다. 그들은 이러한 과학이 초래하는 사회적인 결과들과 맞서지 않는 쪽을 선택한 것이다.

그리고 결과들이 뒤따랐다. XYY남성이라는 '신화'가 공적 사실의 영역 안으로 들어왔다. 의과대학의 정신병리학 책과 고등학교의 생물학 교과서들은 XYY '신드롬'을 과학적 진리인 것처럼 서술하였다. 널리 사용되던 의과대학 정신병리학 교과서(저자는 앨프리드 프리드먼, 해럴드 캐플런, 그리고 벤저민 새독)에 수록된 범죄 행동의 유전학에 대한 한 섹션은 리처드 스펙의 사진을 실어 극화를 꾀했다. 영국에서는 『XYY맨』이라는 인기 있는 스파이 소설이 텔레비전 시리즈로 만들어지기도 했다. 뛰어난 공포영화 감독인 다리오 아르젠토가 만든 1971년의 이탈리아 영화 「꼬리 아홉 달린 고양이」*Il gato a novo code*는 자신의 XYY염색체 구성의 비밀을 지키기 위해 살인을 저지르는 연쇄 살인자에 대한 이야기를 다뤘다. 미국에서는 메릴랜드와 매사추세츠 주가 수감된 청소년 범죄자들 중에서 XYY남성을 색출하기 위한 검색 프로그램을 수립하였다. XYY수감자들은 그들의 과잉 남성성을 저하시키기 위해 여성 호르몬 처치를 받았다. 「에일리언 3」이 영화관에서 상영된 1993년에도 XYY남성의 신화는 여전히 살아 있었다. 심지어 오늘날에도 나의 유전학 수업을 듣는 학생 대부분도 XYY 이야기를 알고 있으며, 과잉 Y염색체와 범죄 행동 사이의 연계성이 과학적으로 입증되었다고 믿는다.

그러나 XYY과학에 대한 비판이 제이콥스의 논문이 처음 출판된 지 얼마 지나지 않아 제기되었다. 연구자들은 기관에서 발견된 XYY남성들이 평균보다 키가 크고 지능은 낮으며, 종종 여드름이 심하게 나는 경향이 있다고 보고했다. 이러한 개인들을 감금한 것은 가상의 초공격적인 유전자보다 이 요인들 때문이었을 가능성이 높다. 키가 큰 사람들은 키가 평균인 사람들보다 체포될 가능성이 좀더 높았을 것이다. XYY소년들의 심각한 여드름이나 낮은 지능은 또래들과의 상호작용에 영향을 주었을 것이고, 그들에게 그 어떤 반사회적 태도를 생성시켰을지도 모른다. 더욱이 감금된 XYY남성들의 행동을 유심히 관찰한 결과 연구자들은 이러한 남성들이 통상적으로 다른 수감자들에 비해 사람들에 대한 범죄보다는 재산에 대한 범죄를 저질렀고, 덜 공격적이라는 사실을 발견했다.

　감옥 환경에 있던 남성들에 대한 연구를 할 때 대조군을 설정하지 않았다고 지적한 과학자들도 있었다. 전체 인구에서 XYY남성들이 차지하는 비율을 알려주는 보고서가 전혀 없었으며, 그 어떤 연구도 기관에 수용되지 않은 XYY남성들의 행동을 감옥에 있는 XYY남성들과 비교하지 않았다. 이러한 결점들은 과거에 인간의 질병과 행동에 대한 유전학적 연구를 오염시켰던 문제점을 예증하는 것이다. 유전적 비정상성은 심각한 건강 문제를 겪거나 발달장애 문제를 겪던 사람들이 의사의 검진을 받을 때 비로소 발견되는 것이 일반적이다. 그러나 이와 동일한 유전적 비정상성은 유전물질의 변형으로 인해 아무런 특이한 결과를 경험하지 않거나 혹은 매우 미약한 결과만을 겪는 다른 사람들 안에도 존재할 수 있다. 이상 징후가 없는 사람들은 그들의 특이한 문제 때문에 의사를 만날 일은 전혀 없으므로 의사들 역시 그들을 파악할 수가 없다. 의사-연구자들은 자신들이 보는 환자들에 대한 관찰에 의존하게 된 결과로 최악의 시나리오를 가정하며, 특정한 표지유전자의 존재가 불가피하게 극단적인 형태의 특정 질병을 일으키게 된다는 결론을 내리기 쉽다. XYY 연구자들도 유사한 오류를 범해 왔다. 그들은 감옥에 갇혀 있는 수형자들을 조사해서 XYY남성의 비율이 높다는 점을 밝혀 내고, 과잉 Y염색체와 범죄 행동 사이에 상관관계가 있음을 주장했다. 그들은 그러한 기관 외부에 있는 XYY남성들에 대해서는 아무것도 알지 못한 채 이러한 주장을 한 것이다.

오늘날, 과학자들은 유전적 돌연변이와 특정 질병 혹은 성향 사이의 상관관계의 정도에 대해서는 훨씬 더 정교하게 생각하고 있다. 최근 비약적으로 발전한 유전자 스크리닝genetic screening 기법들이 대체적으로 이러한 변화를 가져왔다고 볼 수 있다. 이제 과학자들과 의사들이 가족 내에서 혹은 전체 인구에서 특정한 질병 돌연변이를 손쉽게 탐지하게 됨에 따라 그들은 많은 질병들의 경우 돌연변이와 질병 사이에 일대일 상관관계가 존재하지 않는다는 사실을 발견하고 있다. 예컨대 낭포성 섬유증*은 통상적으로 간의 심각한 질병 및 불임과 결부되고 있다. 그러나 동일한 낭포성 섬유증 돌연변이를 가지고 있는 두 남성들 중에서도 한 사람은 심각한 장애 상태에 놓여 있다가 일찍 죽을 수도 있겠지만 다른 또 한

---

* cystic fibrosis. 체내에 생산되는 점액이 비정상적으로 진하고 끈적끈적해져 폐와 췌장 등 장기에 이상을 유발하는 유전질환이다. 폐에 축적된 점액이 호흡곤란이나 세균성 감염을 유발하며, 췌장에서의 소화액 분비를 막아 소화장애를 일으키고 필수 영양소의 흡수를 막는 등의 문제를 일으킨다. 백인들(코카서스 인종)의 경우 2,000명에 1명 꼴로 비교적 흔한 질병이지만, 흑인, 동양인들에게는 드물게 나타난다.

사람은 단지 불임 증상만을 보일 수도 있는 것이다.

사실상 이러한 상황이 XYY남성들에게도 존재한다. 연구자들이 전체 인구를 대상으로 XYY남성들에 대한 연구에 착수함에 따라 과잉 Y염색체를 지니고 태어난 남성의 비율 자체가 높다는 점이 밝혀졌다. 1000명의 남성 중에서 약 1명이 과잉의 Y염색체를 지니고 있었다. 이것은 예를 들자면 미국 인구에 10만 명이 넘는 XYY남성이 존재하고 있음을 의미하는 것이다. 이들 중 극히 일부분만 감옥에 수감되어 있을 것이다. 1974년에 XYY 분야의 문헌들에 대해 이루어진 과학적 검토의 대체적인 결론은 "XYY남성이 보이는 반사회적 행동의 빈도는 아마도 유사한 배경과 사회계급을 가진 비XYY사람들과 많이 다르지 않은 것 같다"는 것이었다. 1976년에, H. A. 위트킨이 이끌던 일군의 덴마크 연구자들이 『사이언스』에 게재한 연구 결과를 통해 많은 과학자들에게 여전히 남아 있던 XYY신화를 깨트렸다. 그들의 연구는 전체 인구 내에서 키가 큰 XYY남성들의 행동을 조사하여, 이들이 "특별히 공격적"이지는 않다는 점을 밝혀냈다. 그 당시까지는 아무도 감옥에 수감되어 있지 않은 XYY남성들의 행동 특성을 밝히려고 시도한 바가 없었다. 보다 최근에 이루어진 이러한 종류의 연구들은 XYY남성들 사이에 약간의 학습 장애가 있음을 보고하고는 있지만 공격적이거나 폭력적인 행동의 징후에 대해서는 아무런 보고도 하고 있지 않다.

XYY신화는 폭력에 대한 대중적 관심이 증대하던 시기에 미국 대중들의 상상력을 사로잡았다. 잘못된 과학적 연구들과 그것들에 대한 지나치게 긴장된 반응 모두가 과학적 현상이라기보다는 사회적 현상에 더 가까운 것이었다고 할 수 있을 것이다. 1960년대 초반의 민주당 행정부는 빈곤과의 전쟁을 선포했는데, 이것은 불우한 사회적 조건들을 고침으로써 사회 문제를 완화시키려고 설계한 일련의 프로그램들을 말한다. 문제들은 사라지지 않았다. 1968년에 리처드 닉슨Richard Nixon이 대통령으로 선출된 것은 부분적으로 그가 "범죄에 강력하게 맞서"겠다고 약속했었기 때문이었다. 유전에 바탕을 둔 범죄성 개념은 혼란스러운 사회 문제에 대해 많은 사람들에게 만족스러운 하나의 설명 방식을 제공한 것이었다. 만약 범죄자들이 "태어날 때부터 나쁜 인간"이라면, 아마도 유일한 해결책은 도심 내 10대 청소년들을 위한 오락시설이나 빈곤퇴치 프로그램 개선에 지출을 증대하는 것이 아니라 강력한 형사적 조치와 유전자 검사를 도입하는 것이 될 것이다. 1966년에 설립된 국립정신보건원 산하의 범죄 및 비행 연구센터는 수많은 XYY연구 프로젝트들을 지원했는데, 그 중에는 왈처 박사의 연구도 포함되어 있었다. 유전자로 범죄 행동을 설명할 수 있다는 연구제안서는 흑인들이 교육 시스템에 적응하지 못하는 것은 그들의 열등한 유전자 때문이라는 1969년의 아서 젠슨의 주장과 일맥상통하였다. 이 두 경우 모두에서, 사회정책상의 변화를 필요로 하는 사회문제들이 사람들의 유전자 구성 탓으로 돌려졌다. 낮은 학업성취도에 대한 젠슨의 유전적 설명은 사회가 그와 관련해 할 수 있는 일이란 없다는 것을 의미하는 것으로 받아들여졌다. 우익 국회의원들은 의무교육 프로그램을 종료시키기 위한 시도들을 지원할 목적으로 젠슨의 1969년 논문을 『국회의사록』에 집어넣기도 했다.

XYY연구의 역사는 과학자들이 사회적으로 중요한 이슈들을 연구할 때 어떻게 문제가 발생할 수 있는지를 잘 보여 주는 고전적인 사례이다. 연구자들은 이처럼 매우 복잡한 인간 행동의 문제를 단순화해서 취급했고, 허점이 있는 자료에 기반해 서둘러 결론을 내고자 했다. 그들은 논쟁적인 제목과 결론을 무장한 채 과학에 선정주의를 불러 넣었다. 객관적 과학이라는 권위는 그들의 주장에 진리의 분위기를 부여했는데, 이는 결국 무비판적인 대중매체의 기사들을 낳았다. 대중매체는 과학보고서들의 함의를 부풀려서 대중과 정책 결정자들의 태도에 영향을 미쳤다. 과학자들이 자신들의 작업이 초래할 부정적 결과를 인식할 때조차도 그들은 대중적으로 퍼진 잘못된 생각들을 정정하려고 하지 않았다. 과학자들에 의해 정정되지 않은 상태로 남아 있었기 때문에 이러한 잘못된 생각들이 결국에는 감옥 내 유전자 검사 프로그램과 범죄의 유전적 뿌리에 대한 연구 자금의 증진과 같은 공공정책들로 발전된 것이다.

더욱이, 과학자들과 대중매체들은 종종 마치 XYY남성들이 공격적이고 반사회적이며 범죄적인 행동을 보이는 삶을 살 운명인 것처럼 XYY 이야기를 발표하였다. 설사 과잉 Y염색체가 반사회적 행동을 유발한다는 증거가 강력하게 존재한다고 해도, 유전자가 개개인이 운명을 타고 태어났다는 것을 의미하는 것은 아니라는 점을 인정함으로써 이러한 보고들을 완화시켰어야 했다. 유전자에 의해 영향을 받는 인간의 특성은 또한 영양공급, 가족양육, 경제적 조건, 그리고 여타의 사회문화적 요인들에 의해서도 강력하게 영향을 받을 수 있다. 어떤 유전적 질병은 예컨대 개개인의 식습관을 변화시킴으로써 처치할 수 있고 때로는 치료할 수도 있다. 덧붙여 질병 자체의 유전적 기반은, 사람에 따라 달라지는 많은 유전자들의 효과들을 포함하여 복잡할 수 있다. 만약 XYY구성이 어느 정도 공격적 성향을 증대시킨다고 하더라도, 이것이 과잉 Y염색체를 지닌 모든 남성들 또는 대부분의 남성들이 그러한 행동을 보일 것이라는 점을 의미하는 것은 아니다. 그러나 "운명 지어진", "고질적인", "태어날 때부터 나쁜 인간", 그리고 "타고난 범죄자" 등은 상상 속에서 만들어진 XYY남성을 묘사하기 위해 쓰인 말들이었다. 여전히 이러한 잘못된 유전적 결정론이 오늘날 유전학의 많은 부분이 대중들에게 전달되는 과정에서도 영향을 미치고 있다.

허브[허버트] 슈라이어가 아동병원에서의 연구에 대해 나에게 이야기해 줬을 때 나의 흥미를 자극했던 것은 XYY연구의 역사에 대한 이러한 지식이었다. 우리는 신생아 스크리닝 프로그램에 대한 우리의 분석팀에 합류하도록 다른 과학자들——이들은 대부분은 하버드 의대 소속이었다——을 초대했다. 루이지 고리니, MIT의 유전학자인 조너선 킹, 그리고 리처드 로블린이 우리 팀의 멤버였다. 로블린은 바로 그 동일한 1973년에 'DNA 재조합 연구에 대한 모라토리엄'을 제안했던 과학자들——짐 왓슨과 폴 버그를 포함하여——이 쓴 편지에 대한 공동서명자 중의 한 사람이기도 했다. 우리는 그 연구의 성격을 조사하기 시작했다. 부모들은 어떻게 모집했는지, 왈처 박사는——만약 그런 것이 존재한다면——XYY유전자형의 결과들을 어떻게 파악하고자 했는지를 말이다 (왈처는 또한 XXY남성들, 즉 과잉 X염색체를 지닌 소년들의 성장 과정 역시 추적하고 있었다). 우리는 산모들이 분만실에 들어가는 가장 취약한 시점에서 병원 직원들이 산모들을 대상으로 신생 남자아이들에 대한 염색체 분석을 허락해 줄 것을 요청하였다는 사실을 알게 되었다. 그러면 분만 직전의 미래의 엄마들은 "만약 어떤 심각한 비정상성이 발견되면 귀하는 그러한 사실을 통보받을 것입니다"라고 적힌 짤막하고 잘못 작성된 동의서 형식에 서명하였다. 과잉 X 또는 Y염색체가 탐지되면 왈처 박사는 부모들을 접촉하여 "비정상성"의 불확실한 결과들에 대해 말해 주면서 그 아이의 성장 과정을 추적하다가 만약 행동상의 문제가 발생하게 되면 도움을 주고 싶다고 이야기할 것이었다. 실험윤리 분야의 권위자로 잘 알려진 예일대 법과대학의 제이 카츠Jay Katz는 나에게 편지를 써서, 그 동의서 형식은 "뉘른베르크 조약에 의해 금지된 '사기, 협잡', 그리고 심지어 '강박과 기만'의 요소들"(1974년 9월 30일자 편지)을 이용한 것이라고 말했다.

만약 이 연구가 제이콥스의 연구와 그에 따른 대중화 시기보다 앞서 나왔다면 문제는 훨씬 더 적었을 것이다. 그러나 이미 이 시점에서는 XYY남성에 대한 대중적인 개념화가 이러한 종류의 연구들에 대한 설계와, 이들 연구가 관련된 가족들에 미칠 잠재적 효과 모두에 영향을 미치게 되었다. 많은 사람들이 XYY남성들은 "태어날 때부터 나쁜 인간"이라고 믿게 되었다. 부모들의 걱정을 불러일으키고 싶지 않았던 왈처는 동의서에서, 또는 부모들에게 자신의 연구에 참여하도록 요청할 때 결코 XYY에 대해 언급하지 않았다. 그러나 그 전에 이루어진 연구들을 이미 알고 있던 많은 부모들이 왈처에게 염색체 이상이 XYY를 의미하느냐고 물었다. 왈처는 그들에게 어쩔 수 없이 정직하게 답해야 한다고 느꼈다. 부모들은 자신의 아이가 이상행동을 유발할 수 있는 과잉 염색체를 지니고 있다는 사실을 알고 아마도 무척 걱정을 하였을 것이다. 자신의 아이가 폭력적인 또는 심지어 범죄적인 경향을 보일 수 있다는 점을 "알게 된" 사람들의 걱정이 얼마나 늘어날지 상상해 보라. 그들은 이 사실을 왈처 박사가 그들에게 말해줘서 "알게 된" 것이 아니었다. 그들은 이미

XYY남성에 대한 대중적인 이미지를 잘 알고 있었다. 나중에 왈처에 대한 우리의 비판이 널리 알려졌을 때 그 연구에 참여한 엄마들 중 한 명이 나에게 연락을 해왔다. 그녀는 자신과 남편이 아이가 조금이라도 비행의 소지를 보일까 봐 얼마나 민감해져 있었던가를 말해 주었다. 이 엄마가 나에게 말해 준 신경과민증은 단지 이 엄마에게만 해당되는 것은 아니었다. 또 다른 유사한 연구에서, 한 엄마는 "만약 비정상성과 그것이 던지는 함의들을 몰랐더라면 그녀에게 아무런 걱정거리가 되지도 않았을 순종하지 않는 행동과 반항적 행동에 대한 근심에 빠지게 되었다."

XYY유전자형의 효과에 대한 부모들의 '지식'이 아이에 대한 그들의 행동과 아이의 발달에 어떠한 영향을 미쳤을지 알기란 어렵다. 한편으로, 그들은 더 많은 문제들을 성공적으로 예방하기 위해 행동했을지도 모른다. 다른 한편으로, 그들이 아이를 다루는 방식 및 그들의 뚜렷한 신경과민증은 자기충족적 예언을 낳았을 수도 있다. 그들이 두려워한 바로 그 행동이 결과적으로 나타날 수도 있었을 것이다. 가족의 사정을 더욱 복잡하게 만든 것은, 그 부모들이 왜 아동 정신분석학자가 자신들의 집에 규칙적으로 방문하는지를 이웃들에게 설명하기 위해 가짜로 이야기를 꾸며 냈다는 사실이었다. 그런데 이 꾸며 낸 이야기들은 XYY남성들은 폭력적이라는 대중들의 인상 때문에 필요하게 된 것들이었다.

만약 문제가 발생하면 부모들에게 도움을 제공하는 방식으로 아이들의 발달 과정에 왈처가 개입하는 것 역시 과학적인 의문들을 야기하였다. 만약 그 아이들이 아무런 심대한 행동상의 비정상성을 보이지 않는다면 왈처는 무슨 결론을 이끌어내야 할까? 그러한 발견은 과잉염색체가 행동에 아무런 영향도 미치지 못한다는 것을 의미하는 것일까, 아니면 그가 개입함으로써 심각한 문제들을 성공적으로 예방했던 것일까? 거꾸로, 만약 아이가 반사회적 경향을 보였다면 왈처는 어떤 결론을 이끌어내야 할까? 그 행동은 과잉염색체 때문이었을까, 아니면 부모의 지식이 아이의 양육에 영향을 미친 것이었을까? 왈처 박사조차도 이 프로젝트를 위한 연구비 신청서에서 "부모로부터 심각한 압력이 없다면 우리는 과잉염색체 물질의 특정한 성격을 누설하지 않을 것이다. 왜냐하면 그러한 정보[아이가 XYY라는 것]는 아이의 심리적 발달에 치명적일 수 있기 때문이다"라고 인정하였다. 과학적 관점에서 보면, 이 연구가 약간이라도 비판적인 시각을 가진 사람들도 수용할 수 있는 결과를 어떻게 산출할 수 있을지 알기 어렵다.

마침내 연방정부의 연구 지침은 인간을 대상으로 연구를 수행하는 과학자들이 그들의 연구의 편익이 위험을 상쇄할 수 있다는 점을 강력하게 입증해야 함을 요청하게 되었다. 그러나 만약 우리의 비판이 옳다면 이러한 XYY연구가 가져올 분명한 과학적 편익은 존재하지 않는다. 가족들에 대한 왈처의 개입이 아이들의 발달에 상당한 영향을 미쳤을 수도 있기 때문에 과잉염색체의 실제 영향에 대해서는 그 어떤 결론도 이끌어낼 수가 없었을 것이다. 동시에, 이 연구에 가족들이 참여하는 것 역시 위험을 수반하였는데, 아이의 양육과 가족 환경에 부정적인 영향을 미칠 가능성이 있기 때문이었다. 이론적으로 볼 때, 과잉염색체가 행동상의 문제나 신체적 문제를 유발할지 여부를 알아 내고자 한 것은 합리적이었다. 그러나 XYY연구의 역사는 이러한 부류의 연구를 교정이 안 될 정도로 악화시켰다.

우리 연구팀은 1974년 3월에 하버드 의대 내 조사위원회에 왈처의 연구에 대해 상세한 제소장을 접수시켰다. 이 위원회는 제소장을 하버드 의대의 원로 평의원statesmen 중의 한 사람인 데이나 판즈워스 박사가 이끌던 의료연구위원회에 넘겼다. 판즈워스 박사는 1974년 가을에 열린 회의에서 증언하도록 왈처와 나와 다른 사람들을 불렀다. 그 회의에서 우리 연구팀 멤버들은 왈처 박사가 우리가 제기한 많은 문제들에 얼마나 예민하게 반응하는지, 그리고 그가 얼마나 열심히 그러한 문제들로부터 빠져나갈 방도를 찾는지를 알고 놀랐다. 그러나 그 후 위원회는 왈처 박사에 대해서만 청문회를 열었고, 우리는 초대받지 못했다. 11월의 마지막 회의 후에 판즈워스 박사는 위원회가 투표를 통해 왈처의 연구가 지속되는 것을 지지하기로 결정했음을 하버드 의대 교수회에 보고하였다. 그러나 이것이 이야기의 전부는 아니었다. 판즈워스의 보고 이후에 위원회 멤버 중의 한 사람인 프랭크 스파이저 박사는 나에게 기대하지 않았던 정보를 제공해 주었다. 스파이저는 나에게 말하길, 위원회의 다수 위원들은 XYY연구에 상당히 경악하여서 사실은 투표를 통해 왈처가 유전자 검사를 확실히 중단하도록 강력한 지침을 요구하는 쪽으로 결정했다는 것이었다. 판즈워스 박사는 이 연구를 중단시키는 것은 연구 자유에 치명타를 주는 것이라고 하면서 그 자신의 강경한 입장을 드러냈고, 재투표를 주장했다는 것이다. 의장의 권위와 그의 극단적인 경고에 직면하여 위원회 멤버들은 재투표를 실시했는데, 그 결과 이제 다수가 수정 없이 연구를 계속하는 쪽을 지지하게 되었다. 판즈워스는 최종 보고서에서 "몇몇 위원회 멤버들이 그 연구의 잠재적 위험이 편익을 상회한다고 [결정하였다]"고만 언급하였다.

우리 연구팀은 판즈워스의 행동이 왈처의 연구를 지지하는 의대 행정부 고위층과 영향력 있는 선임 교수들의 결정을 보여 준 것이라고 확신하게 되었다. 미션힐 지역 재개발 논쟁이 시작되자 의대 행정부 고위층이 위원회 회의들에서 우리를 배제했던 것과 동일한 방식인데, 이번 경우에는 위원회가 현상유지를 정당화시켜 주는 단순한 메커니즘에 지나지 않는 것으로 보였다. 조사위원회 멤버들의 다수는 적어도 처음에는 우리의 비판에 동의하였다. 우리는 절차가 왜곡되었다고 결론지었다. 우리는 기자회견을 열어 판즈워스 위원회의 심의 결과를 알리고 비판하였다. 동시에 조녀선 킹과 나는 영국의 저널 『뉴 사이언티스트』*The New Scientist*에 "XYY신드롬: 위험한 신화"라는 제목의 논문을 발표하였다. 거기서 우리는 XYY연구의 역사를 검토하였고, 하버드 의대에서 수행된 왈처의 연구에 대한 우리의 도전에 대해 설명하였다.

　　우리는 인간연구위원회의 보고서를 공개적으로 거부하고, 그 문제가 전체 교수회의에서 논의되고 투표되어야 한다고 주장하였다. 1975년 3월 14일에 열린 교수회의에서 우리는 왈처의 연구에 대한 검토를 다시 개시하기 위한 결의안을 제시하였다. 신경생물학과의 데이비드 포터 교수와 나는 그 결의안에 찬성하는 발언을 하였고, 아동병원에서 온 파크 제럴드 박사와 줄리어스 리치먼드는 반대하는 발언을 했다. 우리의 결의안은 교수들의 압도적 다수에 의해 기각되었다. 그 회의 이후 선임 교수 한 명이 그와 일군의 다른 교수들이 우리의 행동에 화가 나서 일련의 행동을 결정하기 위한 회합을 가졌음을 나에게 알려주었다. 이들에게 나의 가장 나쁜 죄악은 하버드 내부의 일을 대중들 앞에 까발린 것이었다. 원래 그들은 의대 학장에게 가서 나의 종신재직권을 취소하라고 요구할 생각이었다. 그런데 우리의 결의안이 압도적으로 패배함에 따라 그 그룹은 이제 그러한 행동이 더 이상 필요치 않게 되었다고 느꼈다.

  이 연구를 중지시키고자 한 우리의 시도에 반대한 투표의 수에 나는 놀랐다. 불과 몇 년 전만 해도 하버드의 근린 재개발 정책에 대한 나의 비판을 지지했던 많은 사람들이 이제는 과학 연구에 내포된 위험성에 대한 우리의 비판을 강력하게 반대하였다. 나는 그들 중 몇몇 사람들에게 그 연구에 대한 우리의 평가에 과연 동의하지 않는지를 물어보았다. 내가 받은 답변들은 이들 과학자들 사이에 존재하던—내가 생각지도 못했던—깊은 우려를 드러내 주었다. 그들 중 한 명이 나에게 말했다. "당신이 만약 이 과학 연구를 중지시킬 수 있다면 다음 번에는 내 연구가 그 대상이 될 것이오." 이들 동료들은 이 과학 연구의 중지를 보편적인 과학 연구의 자유를 침해하는 것으로 여겼다. 그러나 우리의 관점에서 보면, 과학 연구의 자유는 그것으로 인해 사람들이 해를 입을 수도 있는 상황에서는 분명히 제한되어야 하는 것이다. 우리는 이 연구가 인간 연구에 대한 지침을 위반했다고 느꼈고, 따라서 그러한 지침에 비추어 보면 이 연구는 더 이상 계속되어서는 안 되는 것이었다. 인간 연구에 대한 지침의 핵심적인 포인트는 사람들의 동의도 없는 상태에서, 그리고 편익이 더 크지 않는 상황에서 사람들에게 해를 초래할 수도 있는 연구들은 변경하거나 막아야 한다는 것이다. 그런데 이것이 일방적인 투표결과를 낳은 유일한 원인은 아니었다. 종신재직권을 아직 받지 못한 일부 교수들은 그들이 속한 학과의 선임 교수들로부터 우리가 제출한 결의안에 찬성하지 말라는 회유를 받았다는 말도 들렸다. 그러나 나는 하버드 공중보건대학 학장인 하워드 하이어트와, 연구의 선두주자로 MIT에 있는 데이비드 볼티모어로부터 지지를 받았다.

하버드에서의 XYY논쟁은 내가 관여했던 다른 어떤 논쟁보다 더 나의 개인적 삶과 영혼에 영향을 주었다. 내 인생에서 처음이자 마지막으로 나는 아주 심한 편두통을 앓았다. 하버드 의대의 복도에서 다른 교수들을 지나칠 때마다 나는 그들의 적의를 느끼거나 짐작하였다. 이러한 불신은 아내의 갑상선에 혹이 있는 것이 발견되었을 때 최고조에 달했다. 그녀는 논쟁이 정점에 달했을 때(1974년 12월 16일), 즉 하버드 교수진 앞에서 그 연구를 비판하는 연설을 한 지 3일 후에 하버드 의대 외과의사로부터 수술을 받았다. 나는 만약 이 의사가 일부 다른 교수들처럼 나에게 적대감을 품고 있다면 바브라를 수술할 때 무의식적으로 주의를 덜 기울이게 되지나 않을까 걱정했다. 수년 후에 나는 동일한 의사로부터 치료를 받았는데, 나의 두려움이 얼마나 우스꽝스러운 것이었는지 마침내 알 수 있었다. 그 의사는 유쾌하고 진정으로 친근한 사람이었는데 그 논쟁은 기억하지도 못하고 있었다. 그럼에도 불구하고 그 당시 나의 두려움은 이 논쟁이 자아낸 느낌의 강도가 얼마나 강했는가를 잘 보여 주고 있다.

하버드 의대에서의 투표가 XYY논쟁을 종료시킨 것은 아니었다. 대중매체의 관심은 그 연구를 주의 깊게 들여다보기를 원하는 외부 집단들을 끌어들였다. 미 아동보호기금Children's Defense Fund은 신생아 유전자 스크리닝 프로그램에 대한 비판을 발표하였는데, 이 프로그램이 아동들에게 가할지도 모르는 해를 지적하는 내용이었다. 그 연구를 조사하기 위해 매사추세츠주 법무장관실에서 아동병원을 방문하기도 했다. 결과적으로, 1975년 6월 왈처 박사는 그 검사를 중단하기로 결정했다고 발표했다. 그는 그 연구에 이미 참여하고 있던 가족의 아이들을 추적하는 일은 계속하고자 했다. 이 방안은 우리 연구팀에게는 합리적인 것으로 판단되었는데, 왜냐하면 이 가족들은 이미 연구에 참여해 오고 있었고 왈처 박사를 규칙적으로 만나고 있었기 때문이다. 따라서 이 단계에서 관계를 단절시키는 것 자체가 가족들에게 문제를 야기할 수 있을 것으로 보였다. 콜로라도와 영국에서도 XYY염색체를 지닌 신생 남자아이들을 판별해 내려는 유사한 프로그램들이 중단되었는데, 우리는 그 이유를 전혀 알 수 없었다. 궁극적으로 보스턴 XYY논쟁으로 인해 헤이스팅스 생명윤리연구소Hastings Center for Bioethics는 유전학 연구에서의 윤리적 이슈들을 다루는 대규모 프로젝트를 수행하게 되었다.

XYY논쟁이 끝난 지 몇 달 뒤에 내 친구 한 명이 보스턴 남부에 있는 어떤 술집에 앉아 있었다. 그의 옆자리에 있던 것은 KKK단의 신문인 『십자군』The Crusader이었다. 내 친구는 그것을 집어 안쪽 면을 펼쳤더니 조너선 킹과 나의 사진이 나왔다. 사진 밑에는 "빨갱이들이 유전학 연구를 공격하다"라는 머리기사와 함께 다음과 같은 설명이 나와 있었다.

〈민중을 위한 과학〉과 같은 목소리 큰 공산주의자 집단이 인간의 유전자를 인간 행동과 연계시켰던 보스턴의 한 연구 프로젝트를 성공적으로 중지시켰다. 오른쪽에 있는 공산주의자들의 또렷한 모습은 이들 볼셰비키들이 유대 자유주의 체제Judeo-Liberal establishment의 돌격대에 지나지 않는다는 점을 분명히 보여 주고 있다.

"오른쪽에 있는 공산주의자"는 나였으며, "모습"은 확연이 구분되는 나의 유태계 혈통을 가리키는 것이었다. 그 사진은 하버드 논쟁을 다룬

『뉴스위크』의 기사에서 복사한 것이었다. 비록 설명에 담겨 있는 악의적인 언어에도 불구하고 나는 하버드의 동료들이 보여 준 적대감보다는 이 공격에 덜 불안감을 느꼈다. 매일같이 분노를 숨기면서 사람들과 만나고 상호작용해야 하는 것이 더 고통스러웠다.

XYY논쟁이 끝난 지 18년이 지난 1993년에(「에일리언 3」가 나온 해이기도 하다) 나는 매사추세츠 종합병원에 근무하는 하버드 의대 소속 연구자인 샌드라 브레이크필드Xandra Breakefield 박사로부터 전화 한 통을 받았다. 그녀는 대중매체가 그녀의 최근 연구 논문들에 대해 보도한 방식 때문에 심기가 불편해져 있었다. 한 브루너Han Brunner 박사가 이끌던 네덜란드 연구진과 협력하던 중 그녀는 네덜란드 가족 배경을 가진 남성들에게서 명백하게 공격적인 행동과 연계된 돌연변이를 발견했다. 그녀의 논문들——이 중 하나는『사이언스』에 게재되었다——은 TV와 신문 기자들의 관심을 끌었다. 대중매체 기사들은 이 새로운 유전학적 발견이 미국 도시들에서 벌어지는 갱들 간의 전쟁에서부터 아랍-이스라엘 사이의 분쟁에 이르기까지 모든 것을 설명할 수 있는 것처럼 묘사하였다. 살인죄로 수감되어 있는 한 남자의 재심을 청구하고 있던 조지아주의 한 변호사는 브레이크필드 박사에게 증언해 줄 수 있는지 문의해 왔다. 그 변호사는 유전적인 공격 성향이 그의 의뢰인의 가족에 흐르고 있다는 주장을 하고자 했다. 그녀는 나에게 이러한 상황을 어떻게 윤리적으로 처리할 수 있을지에 대한 자문을 요청했다. 나는『사이언스』에 실린 논문을 읽어 보고, 그녀와 그녀의 공저자들이 아마도 고의는 아니었겠지만 독자들로 하여금 대중매체들이 포착한 해석에 이르도록 한 것 같다는 결론에 도달했다. 그 논문은 자신들의 연구 결과가 사회에서 나타나는 공격성까지 좀더 폭넓게 설명하도록 확장될 수 있음을 시사하면서 끝맺고 있었다.

나는 브레이크필드 박사의 전화가 곤혹스러웠다. 20년 전에 나는 유전자와 범죄성 연구에 대한 비판으로 인해 내 동료들로부터 철저하게, 그리고 쓰라리게 거부당했고, 하버드 의대의 교수 자리까지 거의 잃을 뻔했다. 그런데 1993년인 이 시점에서 나는 또 다른 교수로부터 그 주제에 대한 윤리적 지혜의 원천으로 간주된 것이다. 이것을 단지 교수들의 장기적인 집단기억력의 실패 때문이라고 할 수 있을 것인가? 내가 변한 것인가? 아니면 내가 1970년대에 제기한 윤리적 쟁점들이 이제는 주류로 받아들여지게 된 것인가?

자신의 연구에 대해 대중매체가 보도한 것에 대해 브레이크필드 박사가 보인 반응들은 과학자들의 감수성에 일정한 변화가 있음을 보여 주는 것이다. 그녀와 브루너 박사는 결국 자신들의 작업에 대한 대중매체의 표상으로부터 스스로를 분리해 냈다. 브레이크필드 박사는 대중매체가 그러한 주제를 이성적인 방식으로 다룰 능력이 없는 것처럼 보이기 때문에 유전자와 공격성에 관한 주제는 더 이상 연구하지 않겠다고 공개적으로 발표하였다. 브루너 박사는 유전자와 범죄성에 관한 심포지엄에서 "우리들의 연구는 공격성 유전자의 증거로 계속해서 인용되어 왔다. 이러한 개념은 생산적이지 않은 것 같으며…… 보고된 자료와도 일치하지 않는다"고 말하면서 논문의 결론 부분을 수정하였다.

브레이크필드 박사와 브루너 박사는 다른 많은 과학자들이 과거에 그랬던 것보다 자신들의 연구가 가져올 사회적 결과들에 대해 좀더 의미 있고 시의적절한 관심을 보여 주었다. 그들의 대응은, XYY남성에 대한 대중매체의 과열 보도의 소용돌이 속에서 대중들에게 전달되고 있던 느낌에 반대하기 위한 그 어떤 조치도 취하지 않았던 엔젤 박사와 제이콥스 박사와 대비된다. 그럼에도 불구하고 자신들의 논문 출간과 더불어 발생한 대소동을 보고 브레이크필드 박사와 브루너 박사가 깜짝 놀랐던 것은, 자신들이 하는 연구의 사회적 함의를 고려하는 데 그들이 얼마나 준비되어 있지 않았던가를 잘 보여 주는 것이라고 할 수 있다. 그들은 자신들의 연구가 갖는 좀더 폭넓은 함의들에 대해 자신들이 던진 힌트가 대중매체에 의해 예측가능한 방식으로 포착될 것이라는 데 대해 아무런 개념이 없었던 것 같다. 유전학과 사회 사이의 상호작용의 역사에 대한 지식이 없다면 과학자들은 역사가 되풀이되는 것을 계속 지켜보게 될 것이다.

9장 그것은 당신의 DNA 안에 있는 악마다

TV 기상캐스터인 빌 머레이는 자명종 시계가 부착된 라디오 소리에 깨어난다. 오늘은 펜실베이니아 펑크서토니에서 열리는 마모트의 날 Groundhog Day이다. 어리둥절해 있다가 머레이는 자신이 전날 아침에 들었던 것과 똑같은 음악과 라디오 잡담을 듣고 있음을 깨닫는다. 그는 옷을 입고 시골 여인숙 계단을 내려가서 그 전날 만났던 바로 그 사람을 만나 똑같은 이야기를 할 뿐이다. 그가 걸음을 걸을 때마다 어제의 일들이 되풀이되어 일어난다. 매일 밤 그는 다음날은 새롭기를 바라며 잠에 들지만 다시 깨어나 보면 똑같은 잡담, 똑같은 대화, 똑같은 사건들을 경험할 뿐이다. 머레이는 끊임없이 마모트의 날을 되풀이하면서 영원히 펑크서토니에 갇혀 있게 된다. 그는 이 악몽에서 벗어나기 위해 자살을 포함해서 생각할 수 있는 모든 방법을 시도한다.

　1975년 5월 28일에 우리 중 몇몇은 잠에서 깨어나 일간지 『뉴욕 타임스』를 읽었다. 그리고 우리는 빌 머레이와 같이 당황하게 되었다. 그러나 이것은 영화가 아니었다. 신문의 맨 앞장에 실린 기사에서 과학 기자인 보이스 렌스버거는 하버드 대학 교수 에드워드 윌슨Edward. O. Wilson이

저술한 『사회생물학: 새로운 종합』*Sociobiology: The New Synthesis*의 출간이 임박했음을 알렸다. "사회생물학: 행동에 대한 다윈의 최신판"이라는 제목이 붙은 『뉴욕 타임스』의 이야기는 다음과 같이 선언하였다. "사회생물학은······ 공격적인 충동에서부터 인간주의적인 자극에 이르기까지 주위 사람들에 대한 인간 행동의 많은 부분이 손의 구조나 뇌의 크기와 마찬가지로 진화의 산물일 수 있다는 혁명적인 함의를 지니고 있다." 렌스버거에 따르면, "윌슨 박사는 사회생물학은 인간이 '많은 심리학자들이 우리로 하여금 믿게 하고자 하는 것보다 더 엄격한 행동 프로그램' 유전의 영향 하에 있다는 관점에 도달하는 것으로 생각한다고 말했다."

여기서 우리는 새로운 날에 잠에서 깨어났지만 우리 자신이 여전히 예전과 똑같은 머리기사를 읽고, 예전과 똑같은 '잡담'을 듣고 있음을 다시금 깨닫게 될 뿐이었다. 이때는 XYY논쟁에서의 내 역할이 끝난 지 불과 두 달밖에 지나지 않은 때였으며, 내가 유전자와 인간 행동을 둘러싼 또 다른 논쟁에 뛰어 들어가기 직전이었다. "사회생물학"이라는 단어는 나에게는 새로운 것이었다. 나는 그 신문기사가 예고한 것처럼 도대체 어떤 종류의 과학이 인간의 사회적 삶의 양태human social arrangements를 전부 포괄하는 정보를 제공할 수 있을지 상상할 수가 없었다. 사회생물학에 대한 렌스버거의 묘사는 예전의 이론들——그 중에서 19세기에 나타났던 사회진화론이 가장 대표적인데——의 현대판 버전처럼 들렸다.

나는 인간 행동과 적성의 유전적 기반에 대한 새로운 통찰력을 주장하는 과학 보도들에 대해서는 의심하게 되었다. 나의 안테나가 작동했다. 나는 인간 행동들에 기여하는 유전적·환경적, 그리고 문화적 요인들을 각각 분리해 낸다는 것이 얼마나 복잡한 것인지 알고 있었다. 또한 연구자들이 그들 자신의 문화적이고 사회적인 태도들에 영향을 받지 않고 다른 사람들의 사회적 행동을 연구한다는 게 얼마나 어려운 것인지 알고 있었다. 나는 유전 지식을 잘못 사용하는 데서 종종 나타나는 끔찍한 결과들을 알고 있었다.

사회생물학자들은 개미에서 원숭이에 이르는 사회적 생물을 연구하여 행동을 설명하고자 했다. 생물학적 진화에 바탕을 둔 추론으로 그들은 동물들 상호간의 행동을 설명하기 위해 "호혜적 이타주의" 및 "친족 선택"과 같은 이론들을 발전시켰다. 이러한 새로운 이론들은 동물의 왕국에서 일어나는 많은 사회적 현상들을 만족스럽게 설명했다. 그 이론들은 종종 직접적인 관찰과 특정 종의 개체군을 다루는 능력에 의해 검증될 수 있었다. 비록 윌슨이 인간 사회에 대한 인류학적·심리학적, 그리고 사회학적인 연구에 기반하고 있긴 했지만, 진화는 인간 행동에 대한 그의 분석의 초석이었다.

이리하여 『사회생물학: 새로운 종합』은 비비들 사이에서는 왜 수컷이 지배하는지 또는 왜 밑들이류scorpionfly에서는 '강간'이 존재하는지에 대한 설명 이상으로 훨씬 더 많은 것들을 제시하였다. 윌슨에 따르면 수년간 다른 동물들에 대해 수행한 연구를 통해 이제 이타주의, 공격, 동성애, 인종주의적 태도, 성별 분업, 그리고 계급구조를 포함한 일련의 인간의 사회적 태도들에 대한 설명을 할 수 있게 되었다. 예전에 과학자들이 IQ, 범죄성(또는 심지어 선원을 직업으로 하는 것까지)을 설명할 수 있는 유전자를 찾아내고자 했다면, 윌슨은 무시무시하게도 그가 주장한 사회생물학에서 인간 사회의 유전적 기반을 이해하기 위해 통합적이고 포괄적으로 접근하려는 전망을 펼쳤다. 사회생물학은 인간 행동과 인간의 사회적 삶을 모형화하고 설명하기 위해 수학 이론과 집단유전학 이론(즉, 경성 과학Hard Science)을 끌어들였다. 전통적으로 인간 행동을 연구해 온 사회학자들, 심리학자들, 인류학자들은 자신들의 연구 방법을 변경해야 할 터였다. 바야흐로 생물학이 이러한 "연성 과학들"Soft Sciences을 흡수하여 그것들을 '경성'으로 만들 순간이었다. 사회생물학의 과도한 야심은 다른 학문 분야들에게까지 확대되었다. 윌슨에 따르면, "과학자들과 인문학자들은 윤리학이 철학자의 손에서 잠시 벗어나서 생물학화해야 할 시점이 도달했을 가능성에 대해 고려해야 한다."

윌슨의 책에 대한 『뉴욕 타임스』의 기사는 대중매체의 열광에 불을 붙였는데, 이러한 대중매체의 열광은 수년간 지속되었다. 대중들의 관심으로 이 새로운 과학의 사회적 함의들이 강조되었다. 관련 기사들이 처음에는 주요 신문에 나더니, 다음에는 『피플』, 『코스모폴리탄』, 『플레이보이』, 『타임』(특집 기사), 『리더스 다이제스트』, 『집과 정원』과 같은 대중지들에 실렸다. 대중매체의 보도로 인해 윌슨과 사회생물학이라는 우산 아래 포괄된 다른 학자들의 이름이 널리 알려지게 되었다. 라디오와 TV 대담 프로그램들은 이 과학자들을 인터뷰하는 데 혈안이 되어 있었다. 1975년 10월에 윌슨은 "인간의 고상함은 동물적인 것이다"라는 제목으로 『뉴욕 타임스 매거진』에 게재한 글에서 그의 '종합'에 대해 요약하였다. 그는 이타주의의 진화적 기반에 대한 논의에서 시작해 동성애와 성별 분업에 대한 사회생물학적 설명까지 제시하였다. 비록 윌슨이 문화적 진화와 환경적 요인들의 역할을 인정하고는 있지만, 그럼에도 불구하고 다음과 같이 말하였다.

이리하여, 똑같은 교육을 받고 모든 직업에 대한 동등한 접근권을 갖고 있다고 해도, 남성들이 정치적 삶, 사업, 그리고 과학에서 불균형적인 역할을 계속해서 수행할 가능성이 높다. 그러나 이것은 단순한 가정이며, 비록 옳다고 해도 성별 차이와 상관없는 결과이자 자유로운 개인적 선택의 결과라고 해야 할 것이다.

전반적으로 볼 때, 대중매체의 기사들은 인간 행동에 대한 유전적(진화적) 영향을 밝혀 내는 주요한 과학적 안목을 새롭게 얻게 되었다는 인상을 주었다.

과거 이러한 종류의 이론들이 끼친 영향을 고려해 볼 때, 이 역사에 대해 경각심을 갖고 있는 우리는 사회생물학의 과학적 기반을 세밀히 살펴볼 필요를 느꼈다. 『뉴욕 타임스』의 기사가 나온 지 얼마 안 되어 나는 하버드 대학의 진화론자이자 생물학적 결정론의 사고방식을 공개적으로 비판해 온 소수의 과학자 중 한 사람인 리처드 르원틴Richard Lewontin과 만나 나의 생각을 이야기해 보기로 하였다. 르원틴은 비슷하게 거리낌 없는 유전학자였던 도브잔스키의 제자였다. 딕[리처드]은 특히 유전학에 기반을 두고 인종 간 지능에 차이가 있다고 하는 주장의 저변에 깔려 있는 과학적 오류들을 적극적으로 지적하였다. 그는 또한 시카고 대학 시절부터 〈민중을 위한 과학〉의 멤버로 활동해 왔다. 더욱이, 딕은 에드워드 윌슨과 같은 건물에서 일하고 있었으며, 사회생물학에 대해 꽤 잘 알고 있었다. 그는 윌슨이 인간 사회를 설명하는 하나의 토대로서 유전학과 진화 이론을 수립하려는 주요한 시도를 새롭게 착수할 것이라고 한동안 이야기하고 다녔다고 나에게 이야기해 주었다. 딕은 인간 행동에 대한 초창기의 유전학 이론들에 대해 잘 알고 있었기 때문에 이러한 주장에 회의적이었다.

우리는 우리와 관심을 같이하는 몇몇 사람들을 함께 불러 모으자는데 동의했다. 우리는 만나서 사회생물학이 이처럼 대중적으로 부상하는 것에 대해 과연 대응을 해야 할지, 한다면 어떻게 할지를 생각하고자 했다. 7월 말경, 우리들의 작은 그룹이 케임브리지에 있는 우리 집에서 모였다. 우리는 더운 여름밤의 열기를 피해 바람 부는 앞쪽 현관에 앉았다. 이 당시 사회생물학이 주장하는 사회적 함의들로 인해 점점 대중적으로 유명세를 탐에 따라 우리 자신의 열기도 높아졌다. 우리는 윌슨의 책을 읽고 그 주장의 과학적 토대를 평가해 보기로 결정하였다. 딕은 인간 행동에 대한 사회생물학적 설명들이 폭넓은 학문 분야들의 연구들을 끌어들인 것임을 지적해 주었다. 우리가 윌슨의 주장들을 이해하려면 이러한 학문 분야들을 배경으로 하는 사람들을 우리 그룹에 포함시킬 필요가 있었다. 우리는 그러한 이론들에 비판적인 관점을 가졌을 것으로 판단되는 보스턴 지역의 다른 인사들과 접촉했다. 고생물학자인 스티븐 제이 굴드, 생물학자인 루스 허버드, 인류학자인 토니 리즈와 라일라 레이보비츠, 인구 생물학자 리처드 레빈스, 그리고 심리학자 스티브 초로버가 그들이었다. 우리는 또한 다른 학자들, 〈민중을 위한 과학〉 멤버들, 그리고 XYY및 DNA 재조합 논쟁들에 관여하였던 몇몇 사람들에게도 연락을 하였다. 그리하여 종국에는 고등학교 교사, 심리학자, 철학자, 인류학자, 정신분석학자, 의사, 그리고 학부 및 대학원 학생들까지 포함할 정도로 그룹이 커졌다. 우리는 이 그룹에 〈사회생물학 연구그룹〉이라는 이름을 짓고 〈민중을 위한 과학〉에 가입시켰다.

한편, 당시 고등학교 교사였던 아내 바브라는 그녀가 근무하던 학교에서 쓰던 생물학 교재가 하버드의 사회생물학자들인 로버트 트리버스Robert Trivers와 어빈 드보어Irven DeVore에 의해 개발된 교육개발센터 Educational Development Center의 모듈을 포함하고 있음을 발견했다. 『인간본성의 탐구』는 마치 사회생물학 이론이 확립된 사실인 것처럼 묘사하였다. 책 전체를 관통하여 "과학자들은 결론지었다"와 같은 구절들이 사회생물학적 이론들을 끌어들이는 데 쓰였다. 26개 주에 있는 100개 이상의 학교들에서 쓰인 그 교재는 학생들에게 "왜 암컷들은 경쟁하지 않는가?", "왜 수컷들은 선택을 신중하게 하지 않는가?"를 물었다. 저자들은, 그렇게 추정된 보편적인 행동들은 진화론적으로 설명될 수 있다고 가정한 맥락 위에서 이러한 질문들을 던진 것이었다. 학생들은 그들 주위의 세상을 둘러보고 다양한 사회적 행동들을 진화론적인 적응의 중요성 측면에서 설명하도록 요청되었다. 바브라도 〈사회생물학 연구그룹〉에 가입하였다.

우리의 두번째 회합은 1975년 8월 초에 이루어졌다. 우리 중 많은 사람들은 이제 윌슨의 책에서 사회생물학이 인간 사회에 대해 던지는 함의들에 초점을 맞추고 있는 첫번째 장과 마지막 장을 읽어 보았다. 그 뒤 몇 달 동안 우리는 2주에 한 번씩 정기적으로 만나 그 책에 대한 독서와 토론을 계속하였다. 우리가 아마도 윌슨의 두꺼운 책을 읽기로 선택한 최초의 '북 클럽'이었을 것이다. 역설적으로, 한때는 30명에 이를 정도로 성황을 이룬 그 연구그룹의 참여자 대부분이 윌슨의 책을 샀기 때문에 그 책의 인상적인 초반 판매고에 기여하기도 했다. 우리는 사회생물학 접근법의 문제점들을 끄집어내었고, 비판 작업에 착수하였다. 연구그룹의 폭넓은 전문성으로 인해 우리는 사회생물학자들의 주장들과는 모순되는 것으로 드러난 동물행동 연구들과 인류학적 연구들로부터 나온 사례들을 학습할 수 있었다.

사회생물학이 암시하는 사회적 함의에 대한 대중매체의 보도가 계속해서 증대됨에 따라 많은 독자들이 읽을 수 있는 잡지에 사회생물학에 대한 비판을 싣고자 하는 우리의 열망도 점차 커져 갔다. 『뉴욕도서비평』 *New York Review of Books*은 윌슨의 책에 호의적인 서평을 게재한 바 있었다. 우리는 그 서평에 대한 반론으로서 우리의 비판을 투고하기로 결정했다. 몇몇 사람들이 초고를 썼는데, 스티븐 제이 굴드의 것이 그룹 토론과 수정작업을 위한 초안이 되었다. 그 당시 연구그룹에서 활동하고 있던 16명의 회원들의 서명을 담은 우리의 편지가 1975년 11월 13일자 『뉴욕도서비평』에 실렸다.

우리는 『사회생물학: 새로운 종합』에 대한 비판의 서론 부분에서 생물학적 결정론들의 역사에 대한 짤막한 설명을 곁들였다. 그러나 편지의 대부분은 윌슨이 시도한 종합의 약점이라고 할 만한 과학적 문제점들을 일목요연하게 담았다. 우리는 윌슨이 그 자신의 사회적 관점에 따라 어떤 행동들이 적응 여부를 결정했다고 주장했다. 그는 문화적 진화를 인간 행동의 많은 부분을 똑같이 합리적으로 설명할 수 있음에도 무시하였거나, 문화적 진화의 진로를 유전자들에 귀결시킴으로써 그 쟁점을 교묘하게 처리했다. 더욱이, 그는 동물들의 행동을 묘사하는 데 동성애, 구애, 난혼, 외국인 혐오와 같은 의인화된 용어들을 사용함으로써 사회생물학자들이 다른 동물들에 사용했던 것과 동일한 수준의 설명을 인간의 행동에 대한 설명으로 부드럽게 옮겨 갈 수 있었다. 인간의 선사 시대——이것은 인간의 진화에 대한 그의 설명에서 핵심적이다──에 대한 그의 재구성은 체질인류학적 연구들과 현대 원시부족 문화연구들로부터의 의문스러운 외삽들에 기반해 이루어졌다. 인류학자들은 그러한 연구들에 대한 해석에 있어 오랫동안 서로 의견의 차이를 보여 왔다.

요컨대, 우리는 인간 행동의 사회생물학적 설명에 대한 과학적 뒷받침이 약하고, 사회생물학의 가정들과 사례 선택들이 세계에 대한 특정한 사회적 관점에 의해 영향을 받은 것이라고 주장하였다. 우리는 "윌슨은 생물학결정론자들의 긴 행렬에 합류하고 있는데, 이들의 작업은 그들이 마땅히 지녀야 할 사회 문제들에 대한 책임감을 면제시켜 줌으로써 자신들이 살고 있는 사회의 기구들을 공고히 하는 데 기여해 왔다"고 결론을 맺었다.

우리들이 보낸 편지의 앞부분에 들어가 있는 생물학적 결정론에 대한 설명은 인간 행동에 대한 생물학적 이론들과 그것들의 귀결들의 역사를 묘사한 것이었다. 우리는 다음과 같은 말로 이 부분을 끝맺었다. "이러한 이론들은 미국이 1910년과 1930년 사이에 제정한 강제 불임시술 관련법들과 이민제한 관련법들에, 그리고 또한 나치 독일에서 가스실을 설치하도록 이끈 우생학 정책들에 중요한 토대를 제공했었다." 그 다음 문단은 다음과 같이 시작된다. "이러한 진부한 이론들을 다시 살리려는 최근의 시도는 사회생물학이라고 불리는 새로운 분야의 수립과 함께 이루어졌다." 비단 사회생물학자들 사이에서만이 아니라, 잘했으면 우리의 과학적 비판에 귀를 귀울여 주었을 수도 있었을 많은 사람들 사이에서조차 가장 큰 분노를 자아내게 한 것은 바로 이 문장이었다. 학술적이어야 할 논쟁에 사회생물학과 나치의 정책들을 합리화하는 데 쓰였던 과학을 나란히 들여온 것이 매우 불공평한 것으로 비춰진 것이다.

우리는 그것이 불공평하다고 생각하지 않았다. 그러나 우리는 아마도 생물학적 결정론들의 역사에 너무 익숙해져 있었을 것이다. 우리는 대부분의 사람들, 심지어 학자들조차도 우생학——미국에서 가장 활기차게 번성하였고 누구보다도 그 당시 하버드 대학의 교수들에 의해 지지를 받았던 과학——이 미국과 독일 양국에서 어떻게 그렇게 막대한 사회적 영향을 미치게 되었는지를 알지 못했다. 우생학자들은 확신에 차서 자신들의 과학적 결론들을 이야기했으며, 사회에 처방적인 차원의 권고들을 제시하였고, 이들은 결국 받아들여졌다. 우리는 사회생물학자들이 인간 행동에 대한 고찰에서 출발하여 사회적 삶에서의 가능한 변화에는 한계가 있다는 점을 대중들에게 시사해 주는 쪽으로 옮겨 가고 있다고 보았다. 사회생물학과 나치 시대의 우생학을 나란히 제시한 것은 다른 사람들에게는 아니었을지라도 우리들에게는 자명한 것이었다.

성 역할들의 차이를 설명한 사회생물학자들의 이론이 가장 많은 대중의 흥미를 끌었다. 윌슨이 『뉴욕 타임스』에 실었던 글, 그리고 나중에 자신의 책 『인간의 본성에 대하여』에서 그랬던 것처럼 다른 사회생물학자들도 남성과 여성 사이의 행동 및 성취의 차이를 진화론에 따라 설명하였다. 데이비드 배러시David Barash는 자신의 책 『사회생물학과 행동』(1977)에서 "역설적으로 어머니 자연은 성차별주의자인 것 같다"고 말했다. "사회생물학은 왜 남성들은 자신의 일을 통해 최대의 만족을 추구하는 반면에 여성은 거의 보편적으로 스스로를 아이 양육에 국한시키는지 설명한다"는 것이다.

윌슨은 1977년에는 매우 잘 알려져 있어서, 출판사들은 배러시 책의 염가판 뒤표지에 실린 윌슨의 과찬이 책의 판매를 보장하는 데 필요한 유일한 추천사라고 느꼈음이 분명하다.

성 역할에 대해 윌슨 및 다른 사람들이 했던 말들은 대중들에게 영향을 미쳤다. 바브라——나중에는 저널리스트가 되기 위해 교단을 떠났다——는 대중잡지들이 이 주제에 대한 사회생물학적 설명을 어떻게 다루고 있는지를 조사했다. 1984년에 『컬럼비아 저널리즘 리뷰』*Columbia Journalism Review*에 실린 논문에서 그녀는 『코스모폴리탄』(1982~1983), 『플레이보이』(1978~1982), 『리더스 다이제스트』(1982), 그리고 『사이언스 다이제스트』(1982)와 같은 잡지들이 이 새로운 과학이 우리를 둘러싼 세계를 어떻게 설명하였는지를, 때로는 연속 기사들로 숨쉴 틈 없이 다뤘다고 보고하였다. 『플레이보이』는 "다윈과 이중의 기준"이라는 제목의 기사에서 사회생물학을 "왜 남성들이 자신의 여성들을 속이고 바람을 피우는지를 밝혀 주는 새로운 과학"이라고 언급하였다. 그 잡지는 남성 독자들에게 다음과 같이 제안하였다. "만약 당신이 나쁜 짓을 하다가 잡히면 악마가 시켰다고 말하지 마세요. 그것은 당신의 DNA 안에 있는 악마입니다." 사회생물학적 출판물들은 물오리들과 밑들이들 사이에서 일어나는 '강간'에 대한 연구(배러시는 "물오리들 사이에서 강간은 널리 퍼져 있다"고 보고했다)에 기반하여 인간들 내의 강간을 남성의 자연적인 충동으로 다루었다. 따라서 대중잡지들이 이러한 설명들을 부각시키는 것은 놀라운 일이 아니었다. 『플레이보이』는 강간이 "유전학적인 기반을 지니고 있는데…… 우위가 낮은 수컷들이 그들의 번식과, 그렇지 않으면 얻기 힘들 더 많은 암컷들을 확보할 기회를 증대시키기 위해 유전학적으로 이용할 수 있는 전략"이라고 말했다. 『현대심리학』*Psychology Today*과 『사이언스 다이제스트』는 남성들 안에 내재된 강간의 "유전적 프로그래밍"에 대한 주장을 반복하였다.

1976년에 캐나다에서 제작된 TV영화 「사회생물학: 자연스러운 행동」은 윌슨, 어빈 드보어, 그리고 로버트 트리버스와의 인터뷰에 기반하고 있는데, 이 역시 성 역할에 대해 가장 강조점을 두었다. 그 영화는, 사회생물학은 여성해방운동의 목표가 거짓임을 보여 준다고 내레이터가 주장하는 동안 심한 애무 행위에 빠져 있는 인간 커플들과, 암컷을 두고 싸우는 수컷 비비들을 보여 주었다. 트리버스는 영화에서 다음과 같이 말하는 것으로 사회생물학자들의 야심을 요약하였다. "이제 우리 자신을 우리의 행동에 대한 생물학적·유전적, 그리고 자연적 구성요소들을 가지고 있는 것으로 보기 시작할 때이다. 그리고 그러한 경향들에 맞는 물리적이고 사회적인 세계를 건설하기 시작할 때이다." 이러한 진술들은 사회정책의 개발에 자신들의 과학이 궁극적으로 중요하게 쓰이게 될 것이라고 믿는 많은 사회생물학자들의 생각을 반영한 것이었다. 우리 연구그룹은 하버드 대학 과학센터에서 열린 한 포럼에서 그 영화를 보여 주었다. 「자연스러운 행동」에서 나타난 이미지는 너무 난폭해서 윌슨, 드보어, 그리고 트리버스는 자신들이 그 영화와 관계가 없다고 말하고 그 영화를 상영하지 말아 달라고 요청하지 않을 수 없을 정도였다. 그럼에도 불구하고 그들은 인터뷰에서 자신들이 했던 그 모든 말들을 고집하였다. 그들은 명백히 영화의 이미지가 자신들의 말들을 통속화했다고 생각했지만, 이러한 통속화가 우리에게는 그들이 설명한 사회생물학의 결론으로부터 바로 도출될 수 있는 것으로 보였다.

아마도 바로 이러한 사회생물학의 대중적인 모습이야말로 철학자인 필립 키처로 하여금 인간 행동에 관한 고찰들을 "통속 사회생물학"pop sociobiology이라고 이름 붙이게 한 요인이었을 것이다. 키처는 1985년에 출간한 『비약하는 야심: 사회생물학과 인간 본성의 탐구』에서 사회생물학적인 작업들이 지닌 이러한 측면들을 그가 좀더 존중했던 동물 및 곤충 연구들과 구별하였다.

프랑스에 애착을 갖게 되면서 나는 "통속 사회생물학"이 미국에서 그랬던 것과 동일한 만큼의 주목을 유럽에서도 끌었는지에 대해 관심을 갖게 되었다. 나는 여성운동이 덜 두드러졌던 영국과 프랑스에서는 사회생물학적 관심이 주로 계급과 인종에 대한 논의에 집중되고 있음을 발견하였다. 영국에 있는 외국인 혐오적인 반유태인 단체인 〈국민전선〉National Front은 사회생물학이 "인종주의자들 사이에 자신감을 북돋고, 그리고 다인종주의자들의 사기를 저하시키는 데 있어 가장 중요한 역할을 한 요인은 1969년에 『하버드 교육학 회보』Harvard Educational Review에 실린 아서 젠슨의 글이었다"고 주장하는 것에 이르기 전에 이미 미국 과학자들의 유전학적 주장들을 이용하였다. 사회생물학이 등장하자 〈국민전선〉은 자신들의 정치적 입장에 대한 더 많은 정당화를 다음과 같이 주장하였다. "그 안에서 개인이 자신의 힘과 생존에 기여하는 더 넓은 목적을 성취하는 유기적 전체로서 민족으로 구성된 가족을 바라보려는 우리의 인종주의적 관점은 사회생물학자들에 의해 지지되었다." 그 당시 〈국민전선〉은 영국에서 새로 부상하고 있는 세력이었다. 그들의 힘은 마거릿 대처와 같은 정치인들에게 영향을 미쳐 그들로 하여금 강력한 이민반대 입장을 취하도록 압력을 행사한 것으로 여겨졌다.

좀더 지적이고 주류와 부합하는 〈국민전선〉의 버전이 1970년대와 1980년대에 프랑스에서 눈에 띄게 나타났다. 프랑스 〈뉴 라이트〉La Nouvelle Droite는 자체적으로 잡지 『새로운 학교』Nouvelle Ecole를 발간했는데, 이 잡지는 과학적 인종주의와 노르만 인종의 우월성을 고취시켰다. 이러한 극단적인 시각에도 불구하고 편집장이던 알랭 드 베누아스트는 그가 1978년에 쓴 책 『우파의 시각』Vu de Droite으로 프랑스 아카데미로부터 대상을 받았다. 명망 있는 잡지인 『르 피가로』의 총책임자인 루이 포웰은 『새로운 학교』의 강력한 지지자였다. 그 결과, 포웰은 알랭 드 베누아스트와 뉴 라이트 멤버들의 칼럼을 『르 피가로』에 정기적으로 실어 주었다. 영국의 〈국민전선〉처럼 〈뉴 라이트〉도 자신들의 인종주의적이고 우생학적 제안들에 힘을 싣는 데 아서 젠슨의 연구 결과를 활용했다. 〈뉴 라이트〉는 이제 사회생물학적 이론으로부터 다음과 같은 지원 문구를 인용하게 되었다.

- 삶의 법칙들은 평등을 불가능한 것으로 만든다. 이것은 영국과 미국에서 가장 뛰어난 과학자들, 바로 사회생물학자들 3백 명이 던진 혁명적 메시지이다.(『르 피가로』)
- 사회생물학은 괄목할 만한 진전을 이루고 있다. 그것이 단지 나치 주장의 어떤 부분들과 가깝다고 해서 무시될 수는 없다. (『새로운 학교』)

윌슨 자신은 『르 피가로』와의 인터뷰에 등장했다. "확정: 지능은 유전적이다"라는 제목의 기사에서 그는 "지능은 대부분의 경우 유전된다는 점은 명백한 사실이다"라고 말했다.

대서양 양쪽에서 사회생물학이 그처럼 상이하지만 똑같이 극적인 방식으로 대중적으로 표현된 것은 우리 연구그룹이 『뉴욕도서비평』에 편지를 보내기로 결정했을 때 걱정했던 바로 그러한 결과였다. 그 당시 여성들의 권리 문제로 극심한 분열이 일어난 미국에서는 사회생물학적인 주장들이 전통적인 성 역할의 변화에 저항하던 사람들에 의해 이용되고 있었다. 이민이 점차 논쟁적인 문제로 되고 있던 영국과 프랑스에서는 계급구조와 외국인 혐오증에 대한 사회생물학의 설명들이 점차 커지던 극우파 운동의 이념을 지원하는 데 이용되었다. 한편으로는 『플레이보이』에 의해, 다른 편으로는 『르 피가로』에 의해 표상된 것들은 윌슨과 다른 사람들이 의도했던 것을 훨씬 뛰어넘는 것이었겠지만, 그것들은 사회에 처방적인 권고를 하기 위해 과학의 권위를 이용한 것이 가져올 수 있는 예측가능한 결과들이었다. 윌슨이 그의 『새로운 종합』에서 "만약 계획된 사회가······ 한때 파괴적인 유전자형들(공격, 지배, 폭력)에 다윈주의적인 적응 이점利占을 부여해 주었던 바로 그 스트레스와 갈등을 넘어서도록 그 사회 구성원들을 고의적으로 조종하려 한다면 다른 유전자형들(협동성, 창의성, 운동 열정)도 그것들과 함께 축소될지도 모른다"와 같은 생각을 펼쳤을 때, 그는 보수적이거나 혹은 심지어 퇴행적인 사회 정책들에 대해 과학적 정당성을 부여하고 있는 것으로 보였다. 그리고 그러한 정당성 부여는 무시되지 않았었다.

계속되는 대중매체의 보도는 사회생물학이 한때의 유행에 그치는 것이 아님을 분명하게 해주었다. 〈사회생물학 연구그룹〉은 공개적으로 글을 쓰고 말하는 것을 계속하면서 사회생물학과 그것의 사회적 이용에 대한 우리의 비판을 전파하였다. 우리의 강력한 대응으로 인해 『뉴욕 타임스』

1면에 "혁명적인" 새로운 과학으로 묘사된 채 출발했던 사회생물학이 이제는 "논쟁적인" 과학으로 언급되기 시작하였다. 수많은 논쟁들, 심포지엄, 그리고 책들이 이 새로운 과학이 지닌 과학적인 장점에 대한 상반된 관점들을 다루었다. 다른 것은 몰라도 우리는 대중들의 마음 안에 과연 사회생물학이 과학자 사회에서 보편적으로 받아들여지고 있는가 어떤가에 대해 의문들을 제기한 것이다.

아마도 "사회생물학 논쟁"에서 가장 극적인 계기이자 우리 연구그룹에게는 논쟁의 최저점을 이룬 사건은 미국과학진흥협회가 사회생물학에 대한 심포지엄을 계획한 1978년 2월에 일어났던 것 같다. 윌슨과 굴드를 포함한 패널은 사회생물학의 과학과 그것의 함의들에 대해 토론하였다. 윌슨이 이야기하고 있던 중에 한 무리의 젊은 사람들이 단상 위로 걸어 올라와 "윌슨, 당신은 숨을 수 없소. 우리는 당신을 인종청소죄로 고발하오"라고 말하며 윌슨의 머리에 물을 부었다. 그 행동을 조직한 것은 〈인종주의 반대 위원회〉The Committee against Racism였는데, 이 단체는 내가 몇 년 전에 힐러리 퍼트넘과 함께 토론했던 마오이스트 조직인 진보노동당Progressive Labor Party에 가맹되어 있었다. 청중석에 앉아 있던 〈사회생물학 연구그룹〉 멤버들은 이러한 행동에 실망하였다. 첫째, 우리는 물리적 공격 전술에 반대하였다. 둘째, 인종청소죄로 고발한 것은 바보스러웠고 이해하기 어려웠으며, "인종청소"라는 단어를 싸구려로 만들어 궁극적으로는 비판자들을 우스꽝스럽게 보이도록 만들었다. 나는 그 사건이 일어나자 청중석에서 일어나 〈민중을 위한 과학〉의 이름으로 그 행동을 강력하게 비난하면서, 우리는 그러한 행동을 반대한다는 점을 분명히 하였다. 그럼에도 불구하고 수년이 지난 후에도, 그리고 심지어는 오늘날까지도 "물 붓기 사건"은 〈민중을 위한 과학〉의 책임인 것으로 되어 있다.

　〈사회생물학 연구그룹〉은 11년 동안 함께하였다. 사회생물학에 대한 대중적 해석의 홍수가 거의 그 정도로 오랫동안 약화되지 않았던 것이다. 통속 사회생물학의 영향을 측정하기 위해 우리는 계속해서 대중잡지, 학교 교재, 그리고 뉴스를 싣는 과학 저널들을 조사하였다. 우리는 보스턴 지역에 있는 캠퍼스 등지에서 교육 포럼을 개최하였고, 미국과학진흥협회와 전미생물교사연맹National Association of Biology Teachers의 연례회합 시 워크숍과 강연을 조직하였다. 우리는 사회생물학에 대해서만 이야기한 게 아니고, 성 역할의 생물학에 대한 토론, 그리고 유전학, 인종 및 IQ에 대한 또 다른 토론 등을 조직하기도 했다. 1977년에 바브라와 나는 보스턴-케임브리지 지역 대학 목회자 연합을 대상으로 사회생물학에 대한 워크숍을 이끌었다.

　1983년에 인류학자인 데렉 프리먼Derek Freeman이 마거릿 미드의 연구를 "까발리는" 책을 출판함으로써 사회생물학 논쟁은 새로운 단계로 접어들었다. 사모아 부족들의 성적 행동에 대한 미드의 인류학적 연구들은 사회생물학자들이 이야기하던 인간 본성의 보편성과는 모순되는 것으로 비춰졌다. 성, 강간, 위계에 대한 태도는 사회적 맥락에 따라 엄청나게 다르다는 그녀의 주장은 사회생물학 논쟁에서 새로운 시금석이 되었던 것이다. 프리먼은 미드의 연구가 편견에 사로잡혀 있고 타당하지 않다고 생각하였다. 〈사회생물학 연구그룹〉은 그 소동에 개입하여 미드의 연구의 의미에 대해, 그리고 그 논쟁의 중요성에 대해 논평을 했던 인류학자들의 포럼을 조직하였다. 놀라운 것은, 이와 비견할 만한 사회생물학과 관련된 대중적인 소동이 2000년에도 나타났다는 점이다. 이 해에 언론인인 패트릭 티어니Patrick Tierney가 그의 책『엘도라도에서의 암흑』에서 인류학자인 너폴리언 섀년Napoleon Chagnon의 연구를 공격했다. 티어니는 섀년이 그의 책에서 기록한 브라질 야노마모 인디언들의 폭력적 행동을 과장했거나 심지어 조장했었다고 주장하였다. 미드와 섀년을 둘러싼 논쟁들은 거의 완벽하게 거울에 비친 이미지들이었다. 사회생물학에 대한 비판자들이 자신들의 입장을 지원받기 위해 미드의 연구를 인용하면, 사회생물학자들은 인간 본성에 대한 자신들의 이론에 대한 명백한 증거로 섀년의 책『야노마모: 사나운 사람들』을 들이댔다. 이 두 인류학자들은 사회생물학 논쟁의 양편을 각각 대표하는 아이콘이 되었다. 사회생물학 비판자들은 1980년대에 미드를 옹호하였고, 사회생물학자들과 진화심리학자들은 2000년에 티어니의 책을 공격하는 데 가담한 것이다.

사회생물학 논쟁의 오랜 수명은 〈사회생물학 연구그룹〉으로 하여금 인간 행동 유전학과 관련된 많은 쟁점들을 함께 끌어 모은 자료집을 준비하도록 자극을 주었다. 우리는 대중 잡지와 학술저널을 대상으로 글을 쓰기도 했고, 또한『운명으로서의 생물학: 과학적 사실인가 아니면 사회적 편견인가?』라는 제목을 달고 우리 자신의 논문들을 묶은 단행본을 출간하기도 했다. 1984년에 우리는 고등학교 수업용 슬라이드 쇼「운명인가 허구인가: 인간 행동에 관한 생물학적 이론들」을 제작하였다. 이 쇼는 수많은 행동유전학적 쟁점들을 다루면서 학생들에게 인간 행동에 있어 유전자의 역할에 관한 과학적 결론들에 대해 비판적인 시각을 제공하도록 설계되었다. 우리는 1984년에 사회생물학 논쟁에 대해 회고하는 모임을 조직하였는데, 그때 우리의 슬라이드 쇼에서 '주연을 한' 딕 르원틴과 스티브 굴드가 연사로 나왔다. 나는 오늘날에도 여전히 고등학교 교사들로부터 그 슬라이드 쇼를 보여 달라는 요청을 받고 있다.

〈사회생물학 연구그룹〉은 오랫동안 지속되었는데, 그것은 부분적으로는 연구그룹이 우리들 중 많은 사람들의 개인적 필요성을 충족시켜 주었기 때문이었다. 비록 시간이 가면서 구성원이 바뀌기는 했지만 연구그룹에는 항상 상이한 학문 분야들로부터 온 활력 있고 다양한 사람들이 섞여 있었다. 우리처럼 자연과학 분야에서 일하는 사람들에게, 이러한 섞임은 우리의 과학을 과학이 도입되고 있는 세계와 연계시키는 데 도움을 주었다. 우리는 서로에게서 배웠다. 생물학 분야의 읽을거리들에 더해서 우리는 인류학, 철학, 심리학 분야의 논문과 책들을 놓고 토론하였다. 나는 아마도 서로 다른 종류의 비비 사회들에 대해, 남태평양과 남아프리카와 같은 멀리 떨어진 곳의 친족 구조들에 대해, 페미니스트 정신분석학 이론에 대해 필요한 것보다 더 많이 알게 되었을 것이다.

나에게 가장 영향을 많이 준 읽을거리 중의 하나는 영장류 동물학자인 새러 블래퍼 하디Sarah Blaffer Hrdy가 쓴 책이었다. 하디는 인간 사회를 이해하는 데 있어 사회생물학적 접근에 대한 확고한 믿음을 갖고 있는데, 전에 하버드에서 드보어 및 윌슨과 함께 일한 적이 있었다. 그러나 1981년에 출판된 『전혀 진화하지 않은 여성』이라는 책에서 하디는 영장류 사회에서의 수컷-암컷의 차이들에 대한 전통적인 관점에 도전을 가했다. 그녀는 거의 전적으로 남성들로 구성된 영장류 동물학자들이 그들의 연구에서 수컷의 지배, 공격성, 성행위에 초점을 맞추느라고 어떻게 암컷의 행동을 무시했는가를 보여 주었다. 하디는 이 연구들을 이 분야에 있는 대부분 여성으로 이루어진 다른 많은 학자들의 연구와 대조하였다. 이들은 남성 인류학자들이 수컷 영장류들 사이에서 발견한 것과 마찬가지로 공격성, 성행위, '난혼' 및 지배 위계구조와 관련된 수많은 사례들을 암컷 영장류들 사이에서 찾아냈다. 하디는 이러한 상이한 관찰 결과는 종종 연구자들이 연구시 어떤 종의 원숭이들을 선택했느냐에 의해 나오게 된 것이었다고 설명했다. 그러나 좀더 충격적인 것은, 남성 연구자들이 암컷 영장류 행동들의 많은 유형들——이것들은 나중에 다른 연구자들에 의해 동일한 종에서 발견되었다——을 간과했거나 보고하지 않았다는 것을 그녀가 보여 주었다는 점이다.

이 책은 차후 계속되는 사회생물학 논쟁에 세 가지 중요한 결과들을 가져왔다. 영장류 연구들에 대한 하디의 폭넓은 조사는 일부 '통속 사회생물학자들'에게 사회생물학적 주장들의 중요한 측면들을 재고하게끔 해주었다. 그녀의 분석은 또한 우리 연구그룹의 가장 강력한 비판 중의 하나, 즉 인간 행동에 대한 이론화의 많은 부분은 이론 구축자의 편견들을 반영하고 있는 데이터의 취사선택에 기반해 있다는 점을 지지해 주는 것으로 받아들여질 수 있었다. 마지막으로 하디는, 여전히 사회생물학적인 원칙들에 기반해 있는 것이기는 하지만, 그 새로운 정보를 여성의 행동에 대한 상이한 관점을 수립하는 데 활용했다. 그리하여 이제는 (적어도) 두 개의 경쟁하는 이론들이 존재하게 되었다. 특정한 사회적 선입견들에 가장 잘 들어맞는 종species과 자료를 선택하는 것만으로도 사회생물학의 결론들 및 거기서 도출되는 인간의 사회적 관계에 대한 관점들이 얼마나 쉽게 변화될 수 있는지! 인간 행동에 대한 과학이 연구자의 개인적인 사고방식에 의해 그렇게 쉽게 영향을 받았음에도 불구하고 어떻게 그렇게 중요하게 받아들여질 수 있었을까? 암컷의 행동에 대해 이처럼 두 개의 경쟁적인 설명이 존재한다는 점을 사람들은 '통속 사회생물학'의 전반적인 접근법에 대해 문제를 제기하는 것으로 여길 수도 있었다. 그 두 가지 이론들은 서로를 부정하는 것으로 보였다.

아마도 새로운 관점을 상실한 것 때문이겠지만, 사회생물학적 명제들에 대한 대중들의 관심이 수그러들기 시작하자 1990년대에 새로운 흐름이 등장하였다. '진화심리학'이라고 하는 새로운 분야는 『이기적 유전자』의 저자인 영국의 진화론자 리처드 도킨스Richard Dawkins, MIT의 언어학자 스티븐 핑커Steven Pinker, 터프스 대학의 철학자 대니얼 데닛Daniel Dennett, 그리고 『뉴 리퍼블릭』의 전 편집자 로버트 라이트Robert Wright 등의 대변자들을 포괄하고 있다. 자신들의 이론을 지원하기 위해 사회생물학의 이론적 강점들을 끌어오면서도 진화심리학자들은 사회에 대한 처방적인 권고를 하는 데 있어서 그들의 '통속 사회생물학' 선배들보다는 좀더 자제하였다.

역사는 인간의 사회적 삶의 양태를 설명하기 위한 유전학적 또는 진화론적 틀을 발전시키려 했던 시도들이 반복되어 왔음을 목격했고, 앞으로도 계속해서 목격하게 될 것이다. 그 분야에 어떤 이름이 붙든 간에, 그 이론들이 자신들도 인간 존재의 사회적 행동을 설명하려고 시도하는 사회적 인간 존재에 다름 아닌 과학자들에 의해 구축된다는 피치 못할 혼란스러움은 여전히 남는다. 연구자들은 자신들의 연구 방향, 자료 해석의 방향, 그리고 결론의 방향을 물들이는 일련의 개인적 가정들을 불가피하게 수반한다. 지능, 이타주의, 그리고 범죄성과 같은 인간의 사회적 특성과 행동들에 대한 정의 자체는 정의하는 자의 사회적 또는 정치적 관점에 따라 달라진다. 이러한 사회적 영향력들 때문에, 우리는 그러한 특성들의 유전적 형질에 대한 연구들이 실패하고, 인간의 사회적 삶의 양태를 설명하는 특권적인 이론들이 궁극적으로 거부된, 거의 1세기 동안 지속된 역사를 돌이켜볼 수 있다. 어쩌면 현재 우리는 행동유전학 연구가 좀더 많은 성공을 거두기 시작하게 될 과학적 정교화 단계에 가까이 접근하고 있는지도 모른다. 그럼에도 불구하고 이 역사가 우리에게 가르쳐 준 교훈은, 이러한 분야들에서 연구하는 과학자들은 그러한 연구 보고들이 갖는 문제적 성격을 감안하여 그것들이 잠정적이라는 사실에 대해 훨씬 더 깨어 있어야 한다는 점이다. 그들은 빈약한 근거 위에 세워진 설익은 주장의 공표로부터 나올 수 있는 사회적 해악을 알고 있어야 한다. 대부분의 과학 분야에서 우리는 연구자들에게 그들이 내는 의견의 톤을 낮추라고 요청하진 않는다. 그러나 과학자들은 자신의 과학이 인간의 의미와 관계된 질문들을 다룰 때는 특히 주의해야 한다. 그들은 정치적 장 안으로 들어간 것이다.

물론, 어떤 과학자들은 자신들의 결론과 자신이 한 연구의 사회적 함의들을 매우 확고하게 믿고 있어 열정적으로 대중 앞에 나서고 처방적인 조언을 던지기도 한다. 그들의 믿음이 그 정도로 강하다면, 그것은 절대적으로 그들의 권리이며 책임이기조차 하다. 예컨대, 우리 중 누가 면역 저항의 위험스러운 확산이 항생제의 남용 때문이라고 믿는다면 이 사람은 잠재적인 재앙을 예방하기 위해 목소리를 높일 의무가 있는 것이다. 똑같은 논리로, 사회생물학자들(또는 진화심리학자들)이 위험한 사회적 결과들을 초래할 수도 있는 과학적으로 옳지 않은 주장들을 하고 있다고 믿는 유전학자들은 그러한 주장들을 공개적으로 바로잡기 위해 노력해야 할 의무를 가지고 있다. 다른 많은 요인들 중에서도 바로 이러한 의무감이야말로 〈사회생물학 연구그룹〉으로 하여금 흩어지지 않고 그렇게 오랫동안 지속될 수 있게 만든 핵심적인 요인이었다.

10장 이제 무섭진 않아요

"고속도로의 이 구간은 '무서운 래리'Scary Larry가 관리하고 있습니다." 바브라와 내가 궁금증을 자아내는 간판과 마주친 것은 격렬한 모래 폭풍을 뚫고 등산객용 산장으로 차를 몰고 가고 있을 때였다. 우리는 애리조나 주 북부의 외딴 지점인 버밀리언 클립스Vermillion Cliffs의 기저부에 캠프를 칠 생각이었다. 애초 계획은 아침에 언덕 위로 하이킹을 해서 책에서 읽은 인디언 벽화를 찾아보려는 것이었다. 하지만 사막 위를 무서운 속도로 불어 대는 모래 소용돌이 때문에 다른 쉴 곳을 찾아나서야만 했다.

산장에 방을 얻는 것은 쉬웠다. 버밀리언 클립스는 관광객들이 많이 찾는 인기 있는 지역이 아니었기 때문이다. 우리는 산장의 레스토랑에 편안하게 앉아 창밖에서 몽환적으로 소용돌이치는 모래가 우리와 바깥 세상을 검은 장막으로 갈라 놓는 것을 바라보았다. 그때 마치 모래구름 속에서 도깨비가 나타나듯이 반백의 노인이 모습을 드러냈다. 그는 바깥 베란다에서 천천히 왔다갔다 하며 걷기 시작했다. "저 사람은 누구죠?" 우리는 웨이터에게 물어 보았다. "아, '무서운 래리'예요. 이곳 근방에서 오랫동안 살고 있는 사람이죠."

저녁식사를 마치고 베란다를 따라 방으로 가다가 우리 쪽으로 천천히 걸어오고 있던 그를 만났다. "당신이 '무서운 래리'인가요?" 하고 바브라가 물었다. "그래요." 그가 답했다. "하지만 이제 무섭진 않아요."

무서운 래리가 자신의 모습을 돌아보며 한 말은 내게도 공감이 가는 얘기였다. 나는 바깥 세상이 나를 과학에서의 활동가로 봐 왔던 이미지가 시간이 흐르면서 어떻게 바뀌었는지를 돌이켜 보았다. 10년의 간격을 두고 『스미소니언』에 실렸던 두 장의 내 사진은 그러한 변화를 나타낸다. '이전'과 '이후'를 보여 주는 이 사진들은 과학계의 골칫거리가 성자로 환골탈태했음을 보여 주고 있다. 난 이제 '그리 무섭지' 않은 존재가 되었다(래리 역시 진짜로 그랬다. 우리가 만난 다음날 '친절한 래리'는 언덕을 올라 벽화까지 가는 길을 찾는 일을 도와주었다).

　　첫번째 사진은 사회생물학 논쟁을 다룬 앨버트 로젠펠드의 1980년 『스미소니언』 기사에 실렸다. 로젠펠드는 사회생물학을 둘러싼 과학적·정치적 갈등을 적나라한 문체로 그려 내었다. 두 명의 하버드대 교수, 즉 "그의 이름이…… 이제 사회생물학과 동의어가 된" 에드워드 윌슨과 통속 사회생물학의 비판자이자 "궁극의 극단적 급진주의자"인 존 백워드가 논쟁의 양측을 대변했다. 로젠펠드는 나를 윌슨의 맞수로 선택함으로써 실질적인 과학적 쟁점들은 무시했다. 대신 그는 과학의 진보를 보고 싶어 하는 사람들과 과학의 진보를 방해하고 싶어 하는 사람들 사이의 이분법을 만들어 내었다. 로젠펠드에 따르면 나는 "우리는 진정 알기를 원하는가?"라는 질문을 던지는 '반反유전학자' 진영의 일원이었고, 반면 윌슨처럼 반대 진영에 속한 좀더 현명한 과학자들은 "흥분과 만족감 속

〈그림 4〉『스미소니언』에 실린 나의 1980년 사진(왼쪽)과 1990년에 실린 두번째 사진(오른쪽, © Peter Menzel).

에서" 새로운 지식을 바라보았다. 내가 가진 이미지가 문제인 것처럼 보였다. 아마 이런 식의 극단적인 성격 규정은 1969년에 시작된 일련의 논쟁들에 내가 관여하면서 생겨났을 터였다. 기자회견, 일라이릴리 상 상금을 흑표범당원들에 기부한 사건, 〈민중을 위한 과학〉 활동, 씁쓸했던 XYY 이야기, 그리고 이제 사회생물학에 대한 도전까지 말이다.

그러나 사회생물학 논쟁에 대한 '이분법적' 성격규정은 틀린 것이었다. 〈사회생물학 연구그룹〉의 비판은 단 한 번도 사회생물학 연구를 중단하라고 요구한 적이 없었다. 우리는 무비판적인 언론의 호응에 맞서 통속 사회생물학 프로그램의 과학적 오류를 지적하고, 사회적 처방을 뒷받침하기 위해 유전학 지식을 허위전달하는 것의 문제점을 지적하고자 했던 것이었다. 그럼에도 불구하고 이처럼 한 과학자 집단이 부분적으로 정치적인 용어를 동원해 다른 과학자 집단의 연구의 타당성을 비판하는 모습은 익숙지 않은 것이었고, 과학계 내의 많은 사람들로부터 우려에 찬 반응을 자아냈다. XYY논쟁에서와 마찬가지로 일부 과학자들은 로젠펠드처럼 이런 비판을 과학계를 향한 것으로, 즉 과학 연구를 중단시키려는 노력으로 받아들이는 듯 보였다. 아마 이전 시기에 내가 DNA 재조합 연구를 반대했던 것이 이런 해석에 영향을 미쳤을지도 모른다. 이처럼 사회생물학 논쟁의 구도를 과학의 수호자 대 잠재적 파괴자——영웅 대 악당——의 투쟁으로 단순화시킨 것이 『스미소니언』에 게재된 기사의 주제가 되었다.

　로젠펠드가 쓴 기사와 나란히 실린 사진들은 저자가 그려 낸 선악 구도를 부각시켰다. 『스미소니언』의 사진 기자는 에드워드 윌슨이 실험실에서 넥타이와 트위드 재킷을 입고 개미 군체를 관찰하고 있는, 전형적인 하버드대 교수 같은 모습을 찍었다. 그는 내 실험실도 방문해서 사진을 찍었는데, 내게는 야외에서 스포츠 재킷을 입고 등산용의 작은 배낭을 메고 포즈를 취할 것을 제안했다. 하버드 의대 건물 앞에서 그는 어안 렌즈를 이용해 여러 장의 사진을 찍었다. 나중에 잡지에 실린 사진은 우울하고 유머감각이 없으며 대학교수보다는 거리의 시위대처럼 차려 입은 남자의 모습을 그리고 있었고, 어안 렌즈에 의해 강조된 남자의 코가 사진을 거의 지배하고 있었다. 배경에 놓인 회색빛 하늘과 우중충한 하버드 의대 건물들은 사진에 위협적인 느낌을 더했다. 결국 사진들이 주는 메시지는 이런 것이었다. 당신이라면 이 사람들 가운데 누구를 신뢰하겠는가? 잘 차려입은 존경받는 교수인가, 아니면 "극단적 급진주의자"인가?

　10년이 지난 1990년에 에드워드 윌슨은 여전히 대중적으로 명성을 날리고 있었지만, 이제 사회생물학보다는 멸종 위기에 처한 동식물의 보존을 위한 노력으로 더 많은 주목을 받게 되었다. 그리고 "극단적 급진주의자"였던 나는 미국 정부로부터 인간게놈프로젝트*와 연관된 "윤리적·법적·사회적 함의"ethical, legal, and social implications(ELSI)를 다루도록 의뢰받은 실무그룹에 막 임명된 참이었다. 『스미소니언』은 과학 전문기자 스티븐 홀에게 인간게놈프로젝트에 관한 기사를 청탁했다. 1980년에 했던 것처럼 나는 기사의 필자와 인터뷰를 했고 다시 한 번 사진을 찍었다. 이번에 온 사진 기자(1980년과는 다른 사람이었다)는 내게 실험실 안의 여러 위치에서 포즈를 취하도록 시켰다. 나는 그때 취한 포즈 중 하나가 박테리아를 키우는 튜브에 쓰는 롤러 드럼의 둥근 디스크를 배경으로 했다는 사실을 눈치채지 못했다. 나중에 『스미소니언』에 실린 사진을 보니 그 디스크는 내 머리 뒤에 후광처럼 보이도록 의도한 것임이 분명했다("머리를 조금만 더 오른쪽으로 옮겨 주세요."). 기사가 실리고 나서 여러 해 동안 친구들은 그 사진을 두고 "넌 전혀 성인聖人처럼 안 보인다구"라며 나를 놀려대곤 했다. 내가 모르는 어떤 '숭배자'는 중세의 예술작품에 그려진 진짜 성인의 머리 부분을 내 머리로 대체한 합성 사진을 내게 보내 왔다.

홀의 기사에서 나는 더 이상 무서운 극단적 급진주의자가 아니었다. 나는 "천사들의 편에"(혹은 적어도 성인들의 편에) 서 있는 사람으로 탈바꿈했다. 샌드라 브레이크필드가 내게 윤리적 자문을 구하며 전화를 걸어 왔을 때, 나는 '나쁜 놈'에서 '착한 놈'으로의 이 환골탈태가 어떻게, 왜 일

---

* Human Genome Project(HGP). 인간의 유전 정보를 담고 있는 DNA의 모든 염기서열(AGCT…)을 밝혀 내기 위한 거대 과학프로젝트이다. 미국 에너지부(DOE)와 국립보건원(NIH)의 지원을 받아 1990년에 시작되었고, 이후 여러 나라가 참여하면서 국제 컨소시엄으로 발전했다. 2001년 2월에 해독한 게놈 초안이 『네이처』에 발표되었고, 2003년에 염기서열 해독 작업은 공식 종료가 선언되었다. 현재는 추가적인 분석 작업이 진행중이다.

어났는지 궁금해졌다. 내가 변한 걸까? 과학 내부의 환경이 변한 걸까?

먼저 실렸던 『스미소니언』 기사는 과학자들 사이에서 정치적 행동주의——1960년대와 1970년대 초의 사회적 격변에 의해 추동된 운동——의 시기가 종말을 고하고 있을 때쯤에 나왔다. 이전까지 과학 문화의 규칙은 과학자들이 대중과 접촉함으로써 스스로를 오염시켜서는 안 된다는 것이었다. 그러나 일단 베트남전쟁이 미국 사회를 정치화시키자 과학자와 활동가를 겸하는 것은 좀더 받아들일 만한 일이 되었다. 정치적 행동주의는 결국 과학자들 중 일부로 하여금 과학 그 자체에 영향을 미치는 가정들에 의문을 제기하도록 이끌었다. 우리는 과학이 중립적인 추구이며 사회적·정치적 관심사들에 의해 오염되지 않는다는 신화에 도전했다. 우리의 행동주의가 〈민중을 위한 과학〉과 같은 그룹들을 통해 과학의 영역으로 진입하자, 많은 동료 과학자들은 부정적인 반응을 보였다.

베트남전쟁에 반대하는 시위가 계속되고 대학 캠퍼스가 점점 급진화되면서 맑스의 계급투쟁관에 대한 관심도 부활했다. 어떤 논쟁에서도 반대편에 있는 사람들은 사실상 계급의 적으로 간주되었다. 이런 식의 규정은 양 방향으로 작동했다. 극단적인 경우에는 에드워드 윌슨 같은 사람이 지배계급의 이해관계를 의식적으로 대변하는 인물로, 나 같은 사람이 맑스주의 혁명가로 그려졌는데(나는 맑스를 읽어 본 적조차 없는데도), 어느 쪽도 현실을 반영한 것은 아니었다.

과학이 사회에 미칠 영향에 대해 공개적으로 우려를 제기한 우리 같은 사람들은 다른 과학자들로부터 불신을 받았다. 과학자-활동가들은 연구가 내리막길을 걷는 사람들로 치부되곤 했다. 캐나다의 탁월한 초파리 유전학자인 데이비드 스즈키는 이를 잘 보여 주는 사례이다. 1970

년대에 스즈키는 브리티시 컬럼비아 대학에서의 유전학 연구에는 시간을 점점 덜 쓰면서 언론을 통해 과학을 대중에게 전달하는 인물로 더 많은 시간을 보내기 시작했다. 그가 출연하는 TV프로그램은 종종 과학적 주제들에 대한 토론에 사회적 쟁점들을 포함시켰다. 스즈키는 자서전에서 동료들이 보였던 반응에 대해 이렇게 썼다. "동료 교수들은 내가 텔레비전에 점점 자주 나오는 것을 괘씸하게 생각했다. …… 나는 (그 이유를) 이렇게 들었다. 나는 자기본위적 행동을 하고 있고, 과학 연구가 신통찮아서 분야를 바꾼 것이며, 시간을 낭비하고 있다는 것이었다." 짐 왓슨 같은 사람들도 1970년대에 DNA 재조합 연구의 위험에 대해 우려를 표명한 과학자들에 대해 "괴짜"라느니 "이류 과학자"라느니 하는 딱지를 붙이곤 했다. 왓슨은 DNA 재조합 연구에 대한 모라토리엄을 처음 요청한 사람들 중 하나였지만, 이후 이 신기술에 대해 강한 대중적 반발이 나타나자 당황하는 모습을 보였다.

마찬가지로 베노 뮐러-힐은 독일의 기성 과학계가 나치의 우생학과 인체실험에 깊숙이 관여한 사실을 폭로한 『잔혹한 과학』을 출간한 후 독일 과학자 공동체의 적대적인 태도를 경험했다. 뮐러-힐은 독일의 여러 대학들에서 나치 정권 하의 인간유전학의 역사에 관한 강연을 하면서 겪었던 일들을 기록하고 있다. 강연이 끝나갈 무렵 청중에 포함되어 있던 과학자들이 그에게 개인적인 공격을 퍼부었다. "당신이 이런 얘기를 하는 진짜 동기가 뭐요?" "당신은 거기 없었잖소. 그때 거기 있었던 사람들만이 그런 얘기를 할 자격이 있는 거요." 얄궂은 것은 그가 독일녹색당 전당대회에 초청받아 연설을 했을 때 녹색당원들도 그를 공격했다는 사실이다. 녹색당에서 그를 초청한 데는 나치 시대에 독일 유전학자들이

했던 역할을 그가 용기 있게 폭로한 점으로 미뤄 그가 유전학 연구 일반에 대해서도 반대를 할 거라는 지레짐작이 작용했다. 그런데 뮐러-힐이 오늘날 유전학의 발전에 대해 전반적으로 지지하는 입장임이 드러나자 녹색당에서는 질색을 했다. 우리 편이거나 적이거나 둘 중 하나지, 그 중간은 없는 것이다.

1990년이 되자 1960년대의 행동주의와 수사修辭는 한풀 꺾여 가라앉았고, 그러면서 우리에 대한 느낌도 달라졌다. 예전의 수사가 사라지자 오랜 반목도 시들해졌다. 상당수가 생명공학 회사와 연관되어 있는 유전학자들이 수시로 기자회견을 열어 자신들의 발견을 공표하게 되면서, 과학에 대한 우려를 공개적인 의제로 삼는 과학자들을 계속 비난하기는 어려워졌다. 이와 동시에 과학 비판의 몇몇 측면들은 과학에 대한 주류적 사고방식에 스며들었다. 이제는 과학자들이 사회적 책임이라는 개념에 대해 적어도 립서비스는 해야 한다는 생각이 널리 받아들여지고 있다. 이미 1973년에 일군의 저명한 생물학자들(짐 왓슨을 포함한)이 DNA 재조합 연구의 실행에 신중할 것을 요청한 바 있었다. 연구로 인해 빚어질 수 있는 결과를 조사하는 동안 이러한 유전학 연구를 일시중지하자고 제안한 것이다. 1970년대와 1980년대에 미국과학진흥협회의 연례총회에서는 논쟁이 되고 있는 과학의 사회적 함의를 다루는 분과가 점점 더 많이 선을 보였다. 그리고 1989년에 미국 정부가 후원하는 인간게놈프로젝트의 책임자로 새로 임명된 짐 왓슨은 이 프로젝트의 윤리적·법적·사회적 함의를 탐구하고 예측하기 위한 프로그램(ELSI)을 만들겠다고 발표했다. 그 해에 나는 바로 이러한 프로그램을 설립하는 책임을 맡은 실무그룹의 위원으로 임명되었다.

인간게놈프로젝트의 기원은 DNA 재조합 기술의 발전과 DNA 서열 해독 방법이 분자생물학의 혁명으로 이어지고 있던 1970년대 초로 거슬러 올라간다. 1980년대 중반까지 10여 년 동안의 빠른 진보는 생물학의 미래에 대해 이전에는 상상도 하지 못했던 전망을 열어 주었다. 유전학자들은 헌팅턴병, 근위축증, 유방암과 같은 인간의 질병들과 연관된 일군의 유전자들의 위치를 찾아내고 있었다. 1985년에 박테리아 유전학자이자 캘리포니아 대학 산타크루즈 캠퍼스의 총장이었던 로버트 신사이머Robert Sinsheimer가 "인간게놈프로젝트"의 아이디어를 제안했다. 인간게놈이라는 용어는 우리 몸을 구성하는 각각의 세포들에 들어 있는 염색체들의 집합을 가리키는 말이다. '프로젝트'는 이 모든 염색체들의 완전한 DNA 서열을 알아내기 위한 조직적인 노력에 유전학 공동체의 주의를 집중시킬 것이었다. 그러한 성취는 인간 세포가 담고 있는 모든 유전자의 염기서열을 제공해 줄 것이었다. 만약 인간의 모든 염색체에 대한 완전한 지도와 염기서열이 밝혀진다면, 인간의 모든 유전병과 관련된 유전자들을 찾는 일이 훨씬 쉽고 빨라질 수 있었다. 이런 정보는 또한 사람의 몸의 정상적인 발달과 기능, 그리고 이런 과정에 영향을 미치는 질병에 대해 더 깊은 이해를 가능케 해줄 것이었다. 미 에너지부의 물리학자 찰스 델리시는 신사이머의 제안을 매우 진지하게 받아들였고, 에너지부가 이 프로젝트에 앞장설 것을 제안했다. 몇몇 지도적 생물학자들은 델리시의 제안으로 말미암아 자금 지원이 미 국립보건원에서 에너지부로 넘어갈 것을 우려해 국립보건원이 프로젝트에 참여해야 한다고 주장했다.

1980년대 후반에 생물학자들은 인간게놈프로젝트의 과학적 가치를 두고 논쟁을 벌였다. 많은 사람들은 그러한 거대 프로젝트가 규모가 작고 좀더 가치 있을 수 있는 기초과학 연구 노력으로 돌아갈 자금을 빨아들이게 될 거라고 주장했다. 그러한 프로젝트에 수반될 위험한 사회적·윤리적 결과들을 경고한 이들도 있었다. 그들은 게놈에 따라 사람들 개개인의 특성을 설명할 수 있게 되면 사람들의 삶에 엄청난 간섭이 나타날 거라고 우려했다. 그럼에도 불구하고 거창하게 들리는 이 프로젝트의 성격은 일반 대중과 정치인들의 상상력을 사로잡았다. 몇몇 주창자들은 인간게놈 서열의 해독을 이전에 있었던 집중적인 과학적 노력, 가령 "인간을 달에 보내는 것"이나 맨해튼 프로젝트에 비유하기도 했다. 이 프로젝트는 그것이 가진 정치적 매력과 주도적 지지자들이 과학계에서 차지하고 있는 높은 지위에 힘입어 이내 의회의 지원을 받게 되었다. 1989년에 인간게놈프로젝트는 미 국립보건원과 에너지부의 공동 프로젝트로 첫걸음을 뗴었고 짐 왓슨이 초대 책임자를 맡았다. 왓슨은 즉각 프로젝트 예산의 3~5퍼센트를 ELSI 프로그램에 배정하겠다는 발표를 했다. ELSI 프로그램은 전례를 찾아볼 수 없는 시도였다. 과학 프로젝트가 출범하면서 그것의 잠재적인 사회적 영향에 대한 연구가 동시에 시작된 일은 일찍이 없었다. ELSI 쟁점들에 배정된 200~300만 달러의 연구비는 공공자금과 민간자금을 막론하고 과학 연구와 관련된 윤리적·사회적 쟁점에 대한 연구에 배정된 금액 중 가장 큰 액수였다.

내가 ELSI 실무그룹에 임명된 것은 〈사회생물학 연구그룹〉에 일어났던 변화와 연관되어 있었다. 인간게놈프로젝트의 가능성에 대한 논의가 진행되고 있던 바로 그 시기에, 〈사회생물학 연구그룹〉에서는 우리가 계속 사회생물학의 쟁점에 에너지를 쏟아부어야 하는가 하는 물음을 던지고 있었다. 1980년대 중반이 되자 사회생물학이라는 분야 그 자체는 학계에 상당히 입지를 확립했지만, 인간 행동의 사회생물학적 설명에 대한 언론의 관심은 대부분 사라졌다. 흥미롭게도, 사회생물학의 사고방식들이 대중적 무대에서 모습을 감추자 우리는 그것에 맞서 싸워야 할 동기를 잃어버리게 되었다. 과학이 대중에게 미칠 수 있는 잠재적으로 위험한 영향이 우리가 행동에 나서게 된 동기였기 때문이다. 그런 과학이 학계로 다시 후퇴하자 우리는 그것과 맞설 필요성을 더 이상 느끼지 못했다.

그러나 우리는 하나의 그룹으로서 계속 공동 작업을 하기를 원했다. 우리는 과학의 진보가 야기하는 사회적 영향들을 탐구해야 한다는 책임감을 공유하고 있었고, 그 일을 혼자 하기보다는 다른 이들과 함께하고 싶었다. 우리는 일에서나 개인적으로나 친밀한 관계를 발전시켰다. 그룹의 성원들은 논문 작성에서 협력하기도 했다. 나는 매사추세츠 대학의 화학자 조지프 앨퍼와 특히 가까워 공동 집필을 많이 했고, 그러한 관계는 지금까지도 계속되고 있다. 그러나 우리가 계속 뭔가를 해나가려 한다면 그룹의 초점을 어디에 맞출지를 정해야 했다. 그 당시는 아직 인간게놈프로젝트가 시작되기 수년 전이었지만, 인간유전학은 놀라운 속도로 발전하고 있었다. 우리는 사회생물학이 미칠 수 있는 사회적 영향의 탐구를 계속하고 있던 시기부터 이미 새로운 인간유전학의 발전을 추적하기 시작했다. 우리의 관심은 우리 중 많은 수가 이전에 관여했던 유전학-인종-IQ 논쟁이나 XYY남성 논쟁으로부터 자연스럽게 이어진 것이었다. 1986년 초에 우리는 여러 차례의 모임 시간을 할애해 〈사회생물학 연구그룹〉의 미래에 대한 토론을 벌였다. 모임의 방향을 전환해 새로운 인간유전학의 사회적 함의에 대한 연구를 시작하는 것은 쉬운 결정 같아

보였다. 우리는 그룹의 명칭을 〈유전자 스크리닝 연구그룹〉Genetic Screening Study Group으로 바꾸었다.

인간유전학의 진전이 가져올 수 있는 중요한 잠재적 결과로 한 가지 전반적인 문제가 부각되었다. 이 분야의 극적인 진보는 개인, 가족, 심지어 서로 다른 민족집단들에 관한 엄청난 양의 유전정보의 수집을 가능하게 만들었다. 인간게놈프로젝트는 이런 능력을 엄청나게 확장시킬 것이었다. 사회는 이런 정보를 어떻게 다루고 이용할 것인가? 유전학의 발견을 오용하고 잘못 진술해 생겼던 과거의 문제들로 미뤄 볼 때 안전장치 마련이 분명 필요해 보였다. 우리는 유전학에서의 윤리적 문제에 관심을 가진 법률가인 필립 레일리를 우리 모임에 한 차례 초대했다. 필[필립]은 여러 해 전에 〈민중을 위한 과학〉 모임에 몇 번 나온 적이 있었고, 이후 유전자 스크리닝과 법률에 관한 중요한 저작들을 발표하고 있었다. 그는 당시 의대에서 학위를 마치고 매사추세츠주 월덤에 있는 유니스 케네디 슈라이버 정신지체센터Eunice Kennedy Shriver Center for Mental Retardation의 소장으로 막 선임된 참이었다.

우리는 사람들이 자신에 관한 유전정보가 알려져 부정적인 결과를 경험했다는 증거가 있는지를 필에게 물었다. 우리는 XYY검사와 관련된 문제들이나 겸상적혈구 검사*를 이용해 건강보험과 고용이 거부된 사람들 같은 간헐적 사례들은 알고 있었다. 과연 이런 사례들은 간혹 일어나는 특이한 사건들일 뿐인가? 필의 답변은 아직까지 그 질문을 던진 사람

---

* 겸상적혈구 빈혈증(sickle cell anaemia) 유전자 보유 여부에 관한 검사. 이 병은 핏속에서 산소를 운반하는 적혈구가 비정상적인, 낫 모양으로 변하는 유전병의 일종으로 다양한 합병증을 유발한다. 주로 말라리아가 창궐하는 열대 혹은 아열대 지방 사람들에게 많이 나타난다.

이 아무도 없었다는 것이었다. 예컨대 그는 유전자 검사를 받은 사람들을 대상으로 차별을 받은 사례가 있는지를 조사한 연구를 알지 못했다. 그는 또한 그러한 차별로부터 사람들을 보호하는 법률이 없다는 점도 지적했다. 고용주나 보험회사가 계속 건강할 사람과 앞으로 아프게 될 사람을 예측하는 새로운 방법에 대해 강한 관심을 가질 것은 불을 보듯 뻔했다. 우리는 완벽하게 건강한 사람이 특정 질병에 대한 취약성을 보여주는 유전자 검사 결과를 받아든 후 보험이나 직장을 잃는 등의 차별을 경험한 사례가 있는지를 알고 싶었다. 그러나 어떤 증거나 사례가 없는 한 우리가 이름붙인 "유전자 차별"genetic discrimination은 이론적 문제로 남을 뿐이었다. 우리가 유전자 차별에 대한 공공정책을 논의할 수 있으려면 먼저 그것의 존재 여부부터 알아야 했다. 우리는 이 주제에 관해 자료를 수집하는 자체적인 노력을 시작했다.

우리 그룹의 일원이었던 의료유전학 연구자이자 임상의인 폴 빌링스가 아이디어를 내놓았다. 유전 상담사genetic counselor나 임상 유전학자들은 자기 환자들이 경험한 유전자 차별의 사례를 목격했을지도 모른다는 것이었다. 유전병 환우회 역시 그런 정보의 원천이 될 수 있었다. 이러한 조직들은 특정한 유전병으로 고통받는 사람들의 삶을 개선하기 위해 만들어진 것으로 환자나 그 가족들이 회원으로 가입해 있었다. 이들 그룹은 해당 질병에 대한 연구와 치료법 개발을 촉진하는 활동에 적극적이었다. 폴은 유전학 저널에 광고를 냈다. 우리는 어떤 질병의 증상을 나타내지 않았는데 유전자 검사 결과가 양성으로 나와서 차별을 받은 사람들의 사례를 알려줄 것을 요청했다. 우리는 보스턴에서 알고 있던 다른 유전학자들에게 연락해 그런 사례들을 알고 있는지 물었고 몇몇 유전병 환우회에도 연락을 취했다. 우리는 소규모의 조사에 들어가는 비용을 충당할 수 있는 연구비 지원을 받지는 못했지만, 그럼에도 가능성이 있는 사례들을 몇 건 찾아낼 수 있었다. 우리는 개인적인 연락을 취해 개별 사례들을 좀더 추적해 들어갔고 차별이 있었음을 입증하기 위한 최선의 노력을 했다. 우리는 그룹 모임에서 이 사례들을 토론한 후, 유전자 차별에 대한 우리의 정의에 부합하는 사례들을 추려 내었다.

그러자 하나의 패턴이 드러났다. 자신이 유전자 차별을 당했다고 믿는 사람들 대다수는 건강보험을 얻지 못하거나 고용에서 문제가 생겼다. 다른 환경에서의 유전자 차별을 보고해 온 사람도 있었지만, 건강보험과 고용이라는 두 영역이 사례들의 대다수를 차지했다. 이제 우리는 유전자 검사의 횟수가 늘어남에 따라——특히 인간게놈프로젝트의 진전에 자극받아——차별의 가능성이 엄청나게 증가하게 될 것을 내다볼 수 있었다. 실상 모든 사람들은 이런저런 질환들에 취약한 유전자를 조금씩은 다들 갖고 있기 때문에 모든 사람이 유전자 차별의 잠재적 희생자가 될 수 있다고 주장하는 것도 가능했다. 우리는 조사 결과를 담은 논문을 작성해 인간유전학 분야의 일급 저널인 『미국인간유전학저널』*American Journal of Human Genetics*에 투고했다. 투고된 논문은 채택되어 1992년 4월에 출간되었다.

이 연구와 논문 발표는 우리 중 상당수에게 지금까지와는 다른 양식의 활동을 의미했다. 〈유전자 스크리닝 연구그룹〉의 회원 중 과학자들은 실험실에서의 연구 결과는 주류 저널에 발표했지만, 유전학의 사회적 함의에 관한 글은 대개 『민중을 위한 과학』(당시 4천 부를 발간하고 있던)이나 그 외 좌파 잡지들에 발표하곤 했다. 우리는 사회적 비판을 대규모로

유통되는 저널에 발표하는 것을 고려해 본 적이 없었다. 환경이 변했고 우리가 여러 해 동안 말해 왔던 많은 내용들이 이제 더 폭넓게 받아들여지고 있다는 사실을 깨닫지 못했던 것이다. 우리는 더 이상 비주류로 글을 쓰지 않아도 되었고, 더 폭넓은 청중들에 접근할 수 있게 되었다. 우리가 제대로 된 방향을 잡는 데는 그룹에 참여한 일부 젊은 성원들의 역할이 컸다. 수학에서 유전학으로 방향을 바꾼 에릭 랜더는 하버드 의대에서 내 유전학 강의를 듣고 그룹에 참여하기 시작했는데, 그와 폴 빌링스는 우리가 이제 그리 무서운 존재가 아니게 되었다고 우리를 설득했다.

『미국인간유전학저널』에 실린 논문은 인상적인 영향을 미쳤다. 신문과 잡지들은 "유전자 차별"이라는 용어를 채택했고, 때로는 스스로 극적인 사례들을 발굴해 내기도 했다. 이 첫번째 보고를 기반으로 해서 우리는 에너지부의 인간게놈프로젝트 ELSI 부문에서 연구비를 얻어 유전병 환우회에 대한 좀더 체계적인 조사를 할 수 있었다. 이 연구의 결과를 담은 두번째 논문은 저널 『과학과 공학윤리』*Science and Engineering Ethics*에 실렸다. 다른 그룹들도 유전자 차별에 대한 조사를 개시했다. 그런 차별이 얼마나 널리 퍼져 있는지에 대해 상당히 논란이 있긴 했지만, 유전자 차별 문제에 대한 공개적 토론은 많은 주들에서 이런 관행을 불법화하는 법안의 통과로 이어졌다.

그룹의 전환기 동안 우리는 또 하나의 관심사를 발견했다. 바로 과학언론이었다. 우리는 사회생물학을 다룬 엄청난 양의 언론 보도와 인간게놈프로젝트의 출범을 둘러싸고 그에 비견할 만한 과장된 선전이 횡행하는 것을 봐 왔다. 우리는 역사적으로—그리고 현재까지도—근거가 빈약하거나 심지어 내용이 조작된 과학이 언론의 과도한 주목을 받는 것도 봐 왔다. 문제는 과학자들이 과학 관련 정보를 제공하는 방식과 『사이언스』나『네이처』같은 뉴스 지향 과학 저널이 그것을 공표하는 방식 양쪽 모두에 있었다. 과학이 지닌 권위와 저명한 과학 저널이 갖는 인증효과 때문에 언론은 과학 논문의 내용을 무비판적으로 전달하게 되었다. 언론 쪽에서는 과학 기사를 가령 정치적 스캔들처럼 뉴스 가치가 있고 폭넓은 독자층의 관심을 끄는 것으로 만들려는 편집자들로부터의 압력이 이 논문들을 더 과장하는 결과로 이어졌다. 내가 이 책의 다른 곳에서 언급했던 것처럼, 실험실에서 과학 저널, 언론으로 이어지는 이 연쇄는 종종 원래 과학의 가치를 훨씬 넘어서는 사회적 영향을 미치곤 한다.

우리는 과학자와 기자들이 참여해 대중과학 커뮤니케이션에 관한 의견을 교환할 수 있는 포럼을 조직하기로 했다. 많은 경우 과학은 기자들에게 제공되는 견고하고 신속한 진리가 아니다. 과학자들은 다른 사람들과 마찬가지로 나름의 숨은 의도와 편견을 가지고 있다. 극적인 신약이나 치료법이 공표될 때, 그것을 보고하는 과학자가 그 발표에서 이득을 보는 생명공학 회사와 연결되어 있다면 어떻게 봐야 하는가? 어떤 유전학자가 지능 유전자를 찾아냈다는 발표를 했을 때 이 애매모호한 영역의 연구에 어떤 사회적 가정들이 녹아들어 있을까? 그러한 영향들은 과학적 주장의 타당성에 어떻게 영향을 미칠까? 이런 질문들은 기자들이 연구 결과의 과학적 수준을 더 깊이 탐구할 때 인도하는 역할을 해야 한다. 뿐만 아니라 과학은 논쟁들로 가득차 있는데, 많은 경우 기자들은 이러한 논쟁의 존재를 모르고 있다. 반대로 과학자들은 과학 기자들이 지닌 의도를 거의 이해하지 못하며 편집자들이 기자들에게 부과하는 압박과 제약이 어떤 것인지를 알지 못한다. 예를 들어 내가 과학자들로부터 과학 기자들에 대한 불평으로 가장 자주 듣는 것은 기자들이 쓴 기사 위에 붙는 헤드라인의 성격에 관한 것이다. 이러한 과학자들 중 기사의 헤드라인은 기자가 아니라 헤드라인 편집기자가 쓴다는 사실을 알고 있는 사람은 사실상 한 사람도 없다.

1986년에서 1994년 사이에 우리는 "과학과 언론"을 주제로 네 번의 학술회의를 조직했다. 학술회의에는 매번 200~300명의 과학자, 과학기자, 교사, 과학 전공 학생들이 모여 대중과학 커뮤니케이션 문제를 토론했다. 네 차례의 학술회의 제목은 "과학에서의 논쟁 보도"(1986), "우리는 새로운 유전의학에 대비하고 있는가?"(1989), "유전자와 인간 행동: 새로운 시대?"(1991), "뉴스를 만드는 유전자, 유전자를 만드는 뉴스"(1994)였다. 각각은 기조 연설과 일련의 패널 발표로 구성되었다. 패널은 보통 어떤 과학적 쟁점에 관해 상반된 관점을 가진 두 명의 과학자, 이 주제를 다뤄 본 한 명의 기자, 그리고 대중을 대변하는 한 명의 연사가 포함되었다. 예를 들어 1994년 학술회의의 패널 중 하나는 암유전학 연구자 프레드 리 박사와 암에 대한 소인素因과 연관된 돌연변이를 검사하는 것이 몰고 올 파장을 우려하는 소아유전학자 닐 홀츠먼 박사의 발표로 시작했다. 뒤이어 『뉴스데이』의 과학 기자인 로리 개럿이 "유방암 유전자"에 관한 언론보도를 주제로 발표를 했다. 이 세션은 자신의 유방암 경험에 관한 책을 쓴 샌드라 스테인그레이버의 발표로 마무리되었다. 그녀는 새로운 유전학을 둘러싼 과장된 홍보로 인해 언론이 암의 환경적 원인을 경시하지 않을까 하는 우려를 표시했다. 이와 비슷하게 다양한 구성을 가진 다른 패널들은 동성애나 범죄성과 연관된 유전자의 위치를 찾았다고 발표한 논문들에 관해 논의했다.

우리가 조직한 1989년 학술회의는 내가 인간게놈프로젝트의 ELSI 실무그룹에 참여하게 된 계기가 되었다. 우리는 연사로 낸시 웩슬러 박사를 초빙했다. 그녀는 헌팅턴병 유전자를 성공적으로 찾아낸 연구의 추진 과정에서 정력적인 역할을 했던 것으로 잘 알려져 있었다. 헌팅턴병은 몸을 쇠약하게 하는 신경질환으로, 환자가 중년에 접어들었을 때 발병하며 진행성 기억상실, 이상행동 증가, 신체 운동에 대한 통제력 상실 등의 증상이 나타나 결국에는 죽음에 이르는 병이다. 20세기 초에 앞서 언급한 우생학 운동의 지도적 대변자였던 찰스 대번포트는 헌팅턴병이 우성 유전질환임을 밝혔다. 아마도 미국에서 가장 유명한 포크 가수였을 우디 거드리가 헌팅턴병에 걸려 사망했다.

낸시가 헌팅턴병에 대한 유전학 연구를 추진하는 캠페인을 벌이게 된 출발점은 그녀의 동생 앨리스 웩슬러의 책『운명의 지도를 그리다: 가족, 위험, 유전학 연구에 대한 회고』*Mapping Fate: A Memoir of Family, Risk, and Genetic Research*에 감동적으로 묘사되어 있다. 낸시와 앨리스는 1950년대 초에 어머니가 헌팅턴병 진단을 받았음을 알게 되었다. 이 진단 이후 낸시와 그녀의 아버지 밀턴은 이 병의 원인에 대한 연구를 촉진하는 데 에너지를 쏟아부었다. 임상심리학자로 훈련받은 낸시는 이 병이 창궐하고 있는 베네수엘라의 마라카이보 호수 지역에서 헌팅턴병 확장 가계를 연구하기 시작했고, 그녀의 발견은 헌팅턴병 유전자의 발견에 필요한 핵심 자료들을 제공했다. 헌팅턴병과 연관된 염색체 부위의 정확한 위치를 알아낸 것은 새로운 인간유전학이 거둔 초기의 위대한 성공 중 하나였다.

앨리스 웩슬러는 자신의 책에서 웩슬러가의 내력과 헌팅턴병 협력 프로젝트Huntington's Disease Collaborative Project의 설립에 대한 관여, 그리고 마지막으로 유전자의 발견에 이르는 과정을 그려냈다. 그녀는 유전자 지도 작성을 향한 진보를 흥분되는 어조로 기술하면서도, 책의 말미에서는 과연 이 발견이 어떤 이득을 줄 것인지 의문을 품었다. 헌팅턴병 유전자의 발견은 유전자 검사와 연관된 많은 사회 문제들을 제기하고 구체화하는 데 일조했다. 두 자매도 자신들이 헌팅턴병 돌연변이 보유 여부를 검사받기 원하는지를 자문自問해 보았다. 이 병에 대해서는 치료법이 없기 때문에 그들은 앞으로 닥칠 일을 미리 아는 것이 몰고 올 심리적 충격을 우려했다. 앨리스는 의료 시스템이 검사받는 쪽을 선택한 사람들에게 상담과 조언을 제공할 준비가 되어 있는가 하는 질문을 던졌다. 양성으로 나온 검사 결과는 비밀에 붙여질 것인가? 우리가 조사에서 발견한 것처럼 보험이나 고용에서의 차별에 이용될 것인가? 일단 유전자가 발견되고 나면 치료법에 대한 전망은 어떠한가? 현재까지 의료과학은 헌팅턴병이나 그 외 새로운 유전학 기법들에 의해 유전자가 발견된 그 어떤 질병에 대해서도 치료법을 내놓지 못했다. 대다수 사례에서 치료 내지 치유법의 개발을 위해서는 오랜 기간이 걸릴 것이고 모종의 중대한 극적 발견이 선행되어야 한다.

　낸시 웩슬러는 우리가 조직한 학술회의 패널 발표에서 그녀가 연구한 베네수엘라 지역사회의 예를 들어, 이상행동을 일으키는 질환인 헌팅턴병이 가족과 사회 생활에 어떤 영향을 미치는지를 설명했다. 같은 패널로 참가했던 나는 행동상의 특성에 관한 유전자의 발견이 보고된 수많은 사례들에 대해 발표했다. 나는 이 분야의 역사가 뭔가를 발견했다는 긍정적 논문이 나온 후 철회되거나 반박된 사례들로 가득차 있다고 지적했다. 그러나 언론은 새로운 주장이 나올 때마다 이를 무비판적으로 보도하면서 그런 주장이 나중에 철회된 사실은 거의 언급하지 않는 행태를 반복하고 있다. 특히 정신질환과 인간의 사회적 행동이나 태도에 관한 유전학 분야에서, 언론은 나중에 틀린 것으로 판명된 과학 논문들을 열광적이고 극적으로 보도해 온 오랜 전력을 갖고 있다.

학술회의가 끝날 무렵에 낸시는 내게 짐 왓슨이 인간게놈프로젝트 내부에서 만들고 있는 그룹에 참여할 의향이 있는지를 물었다. 짐은 ELSI 실무그룹의 의장으로 그녀를 임명한 참이었다. 이 그룹의 임무는 인간게놈프로젝트로 인해 나타날 수 있는 부정적인 사회적 결과를 예측하고 그런 결과를 예방하기 위한 수단을 제안하는 것이었다. 낸시에게는 유전정보의 부담스러운 성격을 이해하게 된 충분한 계기가 있었다. 유전병에 관한 정통한 지식, 검사를 받을 것인지 말 것인지를 놓고 그녀 자신이 겪은 딜레마, 활달한 성격은 그녀가 이 자리를 맡기기에 이상적인 인물이라는 인상을 주었음이 분명했다. 뿐만 아니라 그녀는 수많은 연구자들과의 긴밀한 교류를 통해 유전학 공동체의 신뢰를 얻고 있었다. 그녀가 갖고 있는 신뢰는 특이한 것이었다. 많은 유전학자들은 윤리학이나 그 외 '경성 과학'이 아닌 분야들에서 훈련받은 비과학자들이 유전학에 관한 우려를 표명하면 코웃음을 치는 경향이 있었기 때문이다. 나는 낸시의 권유를 받아들였다. 1989년 내가 ELSI 실무그룹에 임명된 일은 『스미소니언』에 실린, 극적으로 달라진 두번째 사진을 낳았다.

『스미소니언』에는 한 장의 그림이 더 실렸다. 1999년에 바브라는 내가 죽음 직전에서 간신히 살아난 이야기를 기고했다. 우리는 유타주 남부의 화이트캐니언White Canyon에서 하이킹을 하다가 계곡을 가득 메우며 앞길을 가로막고 있는 물웅덩이를 만났다. 나는 옷을 벗고 수심을 재보기 위해 물속으로 걸어들어가기 시작했다. 물이 가슴까지 차오른 곳에서 나는 갑자기 바닥의 모래 속으로 빨려들어가는 걸 느꼈다. 그것은 그냥 모래가 아니라 유사流砂였다. (어쩔 줄 몰라 하며 바라보고 있었던 바브라에 따르면) 일련의 기묘한 우여곡절을 겪은 끝에 나는 유사에서 탈출해 안전한 곳까지 기어나올 수 있었다. 그때에는 사진사가 없었다. 그 대신에 바브라의 글에는 벌거벗고 잔뜩 겁에 질린 (그러나 이제 무섭지는 않은) 내 모습을 그린 만화가 같이 실렸다.

11장 과학에서의 스토리텔링

1958년, 유전자 조절에 관한 설명이 머릿속에 떠올랐을 때 프랑수아 자코브는 부인 리제와 같이 영화관에 앉아 있었다. 그는 영화 관람 도중에 "갑자기 영감이 번득였다"고 당시 상황을 묘사했다. 그는 억제자repressor가 유전자의 발현을 억제하기 위해서는 유전자에 직접 작용해야 한다고 직감적으로 느꼈다. 염기 셋을 한 벌로 하는 유전암호의 본질을 입증하는 증거가 된 프랜시스 크릭의 1961년 실험들은 단백질 합성에 관한 잘못된 이론을 검증하려 하다가 뜻하지 않게 도출되었다. 크릭은 단백질의 아미노산 서열이 둥글게 원형으로 굽어진 RNA 분자로부터 전사轉寫된다는 생각을 갖고 있었다. 이는 그가 '고리형 암호'loopy code 이론이라고 부른 메커니즘이었다. 그러나 이러한 "고리형" 모델을 검증하는 도중에 크릭과 동료들은 뜻하지 않게 유전암호가 어떻게 작동하는지를 보여 주는 몇몇 실험들을 수행하게 되었다.

자코브와 크릭은 분자생물학의 중대한 이정표가 된 두 편의 저널 논문에 이런 얘기들을 쓰지 않았다. 우리는 원 논문이 발표되고 오랜 시간이 지난 후에야 그들의 공헌이 어떻게 이루어졌는지를 알게 된다. 가령 자코브가 1987년에 출간한 자서전 『내면의 조상』*The Statue Within*이나 호레이스 프리랜드 저드슨이 1979년에 발표한 분자생물학의 역사인 『창조의 제8일』*Eighth Day of Creation* 같은 책에서 말이다. 분자생물학의 근간을 이룬 이런 논문들에는 잘못된 판단이나 영감이 떠오른 순간 같은 것은 전혀 포함되어 있지 않다. 연구는 흠잡을 데 없는 방식으로 구상되었고 결론은 논리적으로 연역된 것처럼 제시된다. 유전학자 로버트 에드거가 적절히 표현했듯이, 과학 논문은 "만족스러운 얘기를 만들어 내기 위해 짜맞춰 지어 낸 결과물이다. 그런 얘기는 때때로 자연을 반영하지만, 연구를 수행한 과학자들의 모습은 거의 비추지 않는다." 나는 과학 발표의 이러한 '방법론'에 대해 곰곰이 생각해 보았다. 1980년대 초에 시작해 현재까지 계속되고 있는 나 자신의 연구가 겪은 온갖 우여곡절 때문이다. 동료들과 내가 이 연구의 비비 꼬인 내력을 논문에 포함시켜 발표하려 시도했을 때, 우리는 과학 저널로부터의 저항과 거부에 직면했다. 이 얘기는 내가 나폴리에 머물면서 유전자 조절에서 단백질 분비에 대한 탐구로 연구 프로그램을 전환할지 고민하던 1970년에 시작된다.

단백질은 모든 생명체에서 중요한 기능적 요소이다. 세포들은 세포질량의 대부분을 이루는 세포질 내에 대부분의 단백질을 갖고 있다. 그러나 소수의 단백질들은 세포질 바깥으로 수송된다. 일부 단백질은 세포 내에 막으로 둘러싸인 구획으로 들어가며 다른 단백질은 세포를 벗어나 주변 환경으로 이동한다. 인슐린이나 성장호르몬 같은 인체의 호르몬과 항체들은 세포의 세포막을 통과하여 혈류 속으로 분비되는 단백질이다. 일단 혈류 속으로 들어가면 이 단백질들은 그것을 필요로 하는 몸의 해당 부분으로 이동한다.

박테리아도 단백질의 일부를 세포막을 통해 분비한다. 그러나 세포를 둘러싼 두번째 막을 가진 대장균의 경우에는 이렇게 분비된 단백질 대부분이 두 개의 막 사이에 있는 수용성 구획으로 들어간다. 이 구획을 주변세포질periplasm*이라 부른다. 나는 세포가 어떻게 세포질 내에 있어야 하는 단백질과 주변세포질로 분비해야 하는 단백질을 구분할 수 있는지에 관심을 갖고 있었다. 분비된 단백질의 아미노산 서열에 정보가 들어 있는 것이 틀림없어 보였다. 그것이 세포에 신호로 작용해 이것은 밖으로 나가야 하는 단백질임을 말해 주는 것 같았다. 나는 '분비 신호'와 박테리아가 그 신호를 인식하는 방식을 연구하면 사람의 세포가 중요한 단백질을 어떻게 분비하는지를 설명하는 데 도움이 될 거라는 희망을 품었다.

나는 분비 문제에 이렇게 접근하기로 했다. 분비되는 단백질에 해당하는 유전자를 잘라내 단백질의 어느 부분이 "분비 신호"에 대응하는 아미노산 서열을 담고 있는지 알아내자는 것이었다. 내가 생각해 낸 절단 방법은 주변세포질 단백질의 유전자와 세포질 단백질의 유전자, 두 개의 유전자 일부를 서로 융합하는 것이었다. 이 융합된 유전자는 주변세포질 단백질 일부와 세포질 단백질 일부로 구성된 융합단백질을 발현시킬 것이었다. 이어 동료 연구자들과 나는 세포질 단백질이 막을 통해 바깥으로 나갈 수 있을까 하는 질문을 던졌다. 만약 이것이 성공한다면, 우리는 세포질 단백질이 바깥으로 나가기 위해 얼마나 많은 주변세포질 단백질이 거기 붙어야 하는지를 결정할 수 있을 것이었다. 이 시점에서 나는

---

* 그람음성균(Gram negative bacillus)의 세포 표층에 있어 외막과 세포질막으로 둘러싸인 영역.

단백질 분비에 대한 관심을 이전에 β-갈락토시드 가수분해효소 유전자 lacZ의 연구 경험과 결합시켰다. 이 둘은 아주 잘 들어맞았다. β-갈락토시드 가수분해효소는 세포질 단백질이었고 우리는 lacZ 유전자를 다른 유전자들과 융합시키는 기법도 개발해 놓고 있었다. 우리는 분비되는 단백질의 유전자를 β-갈락토시드 가수분해효소의 암호를 담은 lacZ 유전자와 융합시킨 후, 이런 식으로 β-갈락토시드 가수분해효소가 발견되는 장소를 세포질에서 주변세포질로 이동시킬 수 있는가 하는 질문을 던졌다.

이제 분비되는 단백질 중 어떤 것을 실험에 사용할지 선택해야 했다. 내가 처음에 생각한 것은 알칼리성 인산가수분해효소alkaline phosphatase라는 단백질이었다. 이는 대장균의 주변세포질에서 발견되는 효소로 세포가 성장을 위해 인산염 공급원을 찾는 것을 돕는 일을 했다. 이런 선택은 내가 동료인 루이지 고리니와 그의 부인 안나마리아 토리아니와 맺고 있던 친밀한 관계에서 영감을 얻었다. 안나마리아는 1950년대 자크 모노의 실험실에 있을 때부터 과학자로서의 경력 전체를 통틀어 알칼리성 인산가수분해효소 연구를 했다. 안나마리아와 나는 1970년대 중반경에 서로 협력해 초기 연구를 진행했다. 1976년에 새로운 박사후 연구원 토머스 실러비가 내 실험실에 들어왔다. 그는 세포에서 분비되는 다른 단백질들을 가지고 실험을 해본 경험이 있었다. 그는 유전자 융합 실험에서 대장균이 맥아당을 소화하기 위해 필요로 하는 두 개의 단백질, 즉 맥아당 결합 단백질maltose binding protein과 말토포린maltoporin도 같이 사용할 것을 제안했다. 톰[토머스]은 파리에 있는 파스퇴르 연구소에서 내 친구인 막심 슈바르츠와 잠시 같이 연구한 적이 있었다. 슈바르츠는 맥아당 대사代謝와 연관된 대장균의 단백질에 관한 전문가였다(다른 과학자들은 농담조로 나와 막심을 랙 팬더와 말토스 팔콘이라고 부르곤 했다. 우리 둘이 친구 사이이고 내가 흑표범당에 상금을 기부한 데 착안한 것이다)*.

이러한 유전자 실험을 시작할 즈음에 동료들과 나는 다른 실험실에서 나온 단백질 분비 분야의 중요한 관련 연구결과를 알게 되었다. 뉴욕시의 록펠러 대학에 몸담고 있던 군터 블로벨과 베른하르트 도베르스타인은 동물 세포의 단백질 분비를 연구하고 있었다. 그들은 연구 대상으로 삼은 모든 분비단백질이 시작 부분(아미노 말단)에 특정한 아미노산 서열(아미노 말단)을 갖고 있다가 세포막을 통과하고 나면 이 부분이 제거된다는 사실을 발견했다. 그들은 이러한 '신호 서열'singal sequence이 단백질 분비에 필요하다고 제안하면서 분비 과정의 많은 특징들을 설명하는 가설을 제시했다. 이제 동물 세포에서 분비 신호의 존재를 보여 주는 구체적인 증거가 생겼다. 이 과정의 메커니즘은 아마 박테리아 세포에서도 동일할지 모른다고 우리는 생각했다.

얼마 후 우리는 β-갈락토시드 가수분해효소가 3종의 분비단백질—알칼리성 인산가수분해효소, 말토포린, 맥아당 결합 단백질—각각의 끝(카르복시 말단)에 부착된 잡종 단백질의 암호를 담은 유전자 융합을 만들어 냈다. 그리고 나서 잡종 단백질의 β-갈락토시드 가수분해효소에 어떤 일이 생겼는가에 대한 답을 알게 된 우리는 깜짝 놀랐다. 우리는 가능한 두 가지 결과 중 하나를 예상하고 있었다. 분비단백질에 부착된 β-갈락토시드 가수분해효소가 분비단백질을 따라 주변세포질로 들어가거

---

* Lac Panther는 Black Panther(흑표범)와 발음이 비슷하고 벡위드가 lac 유전자를 주로 연구했음을 염두에 둔 별명이고, Maltose Falcon은 Maltase Falcon(말타의 매, 더쉘 해미트의 유명한 추리소설 제목)을 슈바르츠의 주 연구주제가 maltose(맥아당)이었음을 감안해 살짝 바꾼 것이다.

나, β-갈락토시드 가수분해효소가 분비단백질에 있는 어떤 신호도 무시한 채 원래 위치인 세포질에 머무르거나 둘 중 하나일 거라는 생각이었다. 그러나 우리가 발견한 사실은 융합단백질에서 통상적으로 분비되는 부분은 여느 때처럼 막을 통과해 주변세포질로 이동했지만, β-갈락토시드 가수분해효소 부분은 그 뒤를 따라가지 못했다는 것이었다. β-갈락토시드 가수분해효소는 주변세포질으로 가는 도중에 세포질 막에 걸렸다. 그것은 세포질 안에 있는 것도, 주변세포질 안에 있는 것도 아니었다. 이처럼 예외적인 위치인 막 속에 놓이게 된 β-갈락토시드 가수분해효소는 그 구조가 왜곡되어 대장균의 성장을 위해 젖당을 분해하는 통상의 능력을 완전히 상실해 버렸다.

처음에 우리는 이러한 결과를 보고 크게 실망했다. 그런 어중간한 결과로부터 분비단백질에 있는 신호의 위치에 대해 어떤 결론을 끌어낼 수 있겠는가? 그러나 우리의 실망은 곧 흥분으로 바뀌었다. 잡종 단백질을 생산하는 박테리아의 성질이 단백질의 분비 신호에 관한 유전자 연구를 수행하는 강력한 도구가 될 수 있음을 톰 실러비가 알아챘기 때문이다. 그는 β-갈락토시드 가수분해효소를 막으로 이끌어 거기 걸리게 함으로써 이 효소가 활성을 잃어버리고 세포가 젖당을 분해할 능력을 상실하게 한 것은 분비단백질에 있는 신호임이 분명하다고 지적했다. 만약 이 생각이 옳다면, 그 신호에 간섭해 β-갈락토시드 가수분해효소를 막으로 데려가는 것을 막는 모종의 요인은 이 효소의 정상적인 세포질 내 위치를 복원시키고 세포가 젖당을 다시금 사용할 수 있게 할 터였다. 신호에 간섭할 수 있는 가장 분명한 방법은 분비단백질의 신호 부분을 암호화한 융합유전자의 해당 부분에 돌연변이를 일으키는 것이었다. 분비단백질의 신호 서열이 제대로 작동하지 못하게 만드는 돌연변이는 β-갈락토시드 가수분해효소의 활성을 복원시켜야 했다. 효과적인 신호 서열이 없다면 세포는 잡종 단백질을 분비되어야 하는 단백질로 더 이상 인식하지 못할 것이고, 따라서 전체 단백질은 세포질 속에 머무르게 될 것이었다(240쪽의 〈그림 5〉를 보라).

톰은 우리가 이런 융합단백질을 생산하면서 젖당을 양분으로 성장하는 돌연변이 균주를 찾는다면, 분비단백질의 신호 부분을 불활성화시킨 돌연변이를 얻게 되는 거라고 추론했다. 이러한 돌연변이에 대한 분석을 통해 돌연변이의 위치를 알아낼 수 있으며, 따라서 외부로 나가는 단백질에서 분비 신호의 위치와 성격에 대해서도 알 수 있을 것이었다. 이제 조교수가 된 톰은 자신의 학생인 스콧 엠과 함께, 말토포린이 더 이상 β-갈락토시드 가수분해효소를 막으로 끌어들일 수 없어 세포가 젖당을 양분으로 성장할 수 있게 된 돌연변이체를 선별했다. 그들이 찾아낸 돌연변이는 말토포린 단백질의 맨 앞부분(아미노 말단)을 변화시켰다(심지어 여기서도 나는 얘기를 다소 윤색하고 있다. 스콧과 톰이 이 돌연변이체를 얻기 위해 실제로 사용한 절차는 내가 설명한 것보다 좀더 복잡하다. 이해를 좀더 쉽게 하기 위해 나는 이 유전학적 접근법을 용이하게 해준 융합 균주의 또다른 성질은 설명에서 빼 버렸다).

내 실험실에 있던 박사후 연구원인 필립 배스퍼드와 대학원생 수전 마이클리스는 유전자 융합을 사용해 다른 두 개의 분비단백질인 맥아당 결합 단백질(〈그림 5〉)과 알칼리성 인산가수분해효소의 유전자에서 신호 서열의 돌연변이를 얻었다. 다시 한번 우리는 돌연변이가 단백질의 아미노 말단 영역을 변형시킨다는 사실을 발견했다. 세 사례 모두에

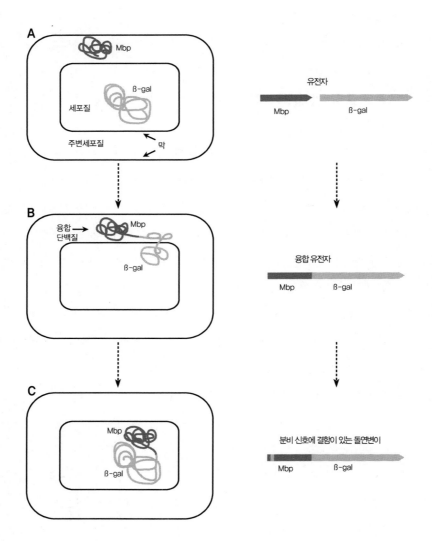

A
Mbp
세포질
β-gal
주변세포질
막

B
융합
단백질
Mbp
β-gal

C
Mbp
β-gal

유전자
Mbp
β-gal

융합 유전자
Mbp
β-gal

분비 신호에 결함이 있는 돌연변이
Mbp
β-gal

서 우리는 유전자 융합에서 돌연변이를 분리하여 이를 원래 분비단백질의 유전자에 삽입했다. 온전한 단백질이었던 맥아당 결합 단백질, 말토포린, 알칼리성 인산가수분해효소 셋 모두 이제 신호 서열의 아미노산이 변화하게 되었다. 그러자 보통 때는 분비되던 단백질들이 이제 세포막을 통해 주변세포질로 이동하지 않고 세포질 내에 계속 머물러 있었다. 톰과 우리의 실험은 세포가 이러한 분비단백질을 인식할 수 있으려면 이 신호들이 반드시 필요하다는 사실을 보여 주었다. 우리는 군터 블로벨과 베른하르트 도베르스타인이 제안한 단백질 외부유출 신호 가설에 대한 설득력 있는 유전학적 증거를 얻은 셈이었다.

지금까지 설명한 단백질 분비에 관한 초기의 유전학 연구로 우리 실험실에서는 매우 다른 두 가지 프로젝트가 도출되었다. 먼저 1983년에 수전 마이클리스는 알칼리성 인산가수분해효소에 신호 서열이 바뀐 균주에 대한 연구를 수행했다. 정상적으로는 이 단백질이 주변세포질로 분비될 때에는 인산염 이온과 다른 분자들 사이에 형성된 화학결합을 끊을

〈그림 5〉 유전자 융합을 이용해 단백질 분비에 영향을 미치는 돌연변이를 얻는 실험.
〈그림 1〉(56쪽)과는 달리, 이 그림은 박테리아가 두 개의 막과 그 사이에 있는 주변세포질을 모두 갖고 있는 모습을 보여 준다. Ⓐ 보통의 경우 박테리아는 두 개의 단백질, 즉 맥아당 결합 단백질(Mbp)과 β-갈락토시드 가수분해효소(β-gal)를 서로 분리된 유전자로부터 분리된 단백질로 발현시킨다. 맥아당 결합 단백질은 주변세포질에, β-갈락토시드 가수분해효소는 세포질에 위치해 있다. Ⓑ 동료들과 내가 유전자 기법을 써서 두 개의 유전자를 융합함으로써 융합된 유전자가 앞서처럼 분리된 두 개의 단백질이 아니라 하나의 긴 단일 단백질의 암호를 담게 만든다. 이 Mbp—β-gal 잡종 단백질의 일부는 주변세포질로 이전되며, 나머지 일부는 세포질 내에 남게 된다. β-갈락토시드 가수분해효소는 불활성으로 변해 세포는 젖당을 탄소원으로 해 성장할 수 없게 된다. Ⓒ 박테리아 균주 중에서 젖당을 양분으로 다시 성장할 수 있게 된 돌연변이체를 선별한다. 이들 중 몇몇은 맥아당 결합 단백질의 신호 서열에 돌연변이가 잡종 단백질이 주변세포질로 나가려는 시도를 막는다. 잡종 단백질은 세포질 내에 머무르며 β-갈락토시드 가수분해효소는 다시 활성을 되찾는다.

수 있는 효소로서 활성을 나타내며, 인산가수분해효소라는 이름도 여기서 유래한 것이다. 그러나 알칼리성 인산가수분해효소가 결함이 있는 신호 서열을 가지고 있어 원래 위치가 아닌 세포질 내에 있을 때에는 효소로서의 활성을 잃어버렸다.

알칼리성 인산가수분해효소가 세포 내의 한 구획(주변세포질)에서는 활성이면서 다른 구획(세포질)에서는 비활성인 이유는 무엇인가? 우리는 그럴 법한 설명을 고안해 냈다. 알칼리성 인산가수분해효소가 활성 효소로 조립되기 위해서는 단백질 서열 내에서 서로 멀리 떨어진 아미노산들 사이에 특정한 화학결합을 형성해야 하는데, 특히 황을 함유한 아미노산인 시스테인cystein의 두 쌍이 각각 이황화결합disulfide bond을 이루고 있어야 한다. 알칼리성 인산가수분해효소에 있는 두 개의 이황화결합은 단백질에 안정성을 부여해 조각나는 것을 막는다. 우리는 단백질이 세포질 내에 있을 때는 알칼리성 인산가수분해효소의 활동을 위해 필요한 이황화결합이 형성될 수 없다는 이론을 세웠다. 주변세포질이 세포질보다 그런 결합의 형성에 화학적으로 더 좋은 환경이라고 생각할 만한 이유들이 있었다. 두 구획 간의 환경 차이는 왜 알칼리성 인산가수분해효소가 세포질에서 불활성인지를 설명해 줄 수 있었다. 그러자 내 실험실에 있던 대학원생 앨런 더먼이 우리의 이론이 옳다는 점을 보여 주었다. 주변세포질에서 발현된 알칼리성 인산가수분해효소는 이황화결합을 포함하고 있었던 반면, 동일한 단백질이 세포질에서 발현되었을 때는 이황화결합이 없었다.

이런 발견들은 내게 두 가지 새로운 질문을 제기했다. 세포질 내에서 이황화결합의 형성을 방해하는 특수한 요인은 무엇이며, 주변세포질 내에서 이황화결합의 형성을 촉진하는 요인은 또 무엇인가? 우리가 세포 내의 두 구획에서 단백질 이황화결합이 다르게 나타나는 현상에 대한 설명을 찾아내는 데는 거의 7년이 걸렸는데, 그 답은 예상치 못한 결과로부터 도출되었다. 이 우연한 발견은 단백질 분비를 이해하려는 우리의 계속된 노력에서 얻어졌다.

우리 그룹 중 몇몇이 이황화결합에 관한 연구를 시작하면서 단백질 분비 프로젝트의 책임은 새로 들어온 박사후 연구원 도널드 올리버가 맡게 되었다. 우리는 이제 세포가 단백질 맨앞에 있는 신호 서열을 분비 신호로 인식할 수 있음을 알고 있었다. 그러나 그런 서열이 어떻게 작동하는지는 완전히 수수께끼였다. 신호 서열 자체만으로 단백질이 충분히 막을 통과할 것 같지는 않았다. 막이 갖는 소수성疏水性(물을 싫어하는 성질)은 여전히 친수성親水性인 단백질의 통과에 상당한 장벽이 되는 듯했다. 신호 서열을 인식해 단백질이 막을 통과하는 것을 돕는 세포 내 구성요소들——'분비 기구'secretion machinery——이 있는 것이 분명했다. 스콧 엠과 톰 실러비는 그러한 구성요소가 하나 존재한다는 증거를 얻었다.

우리는 신호 서열을 변경하는 돌연변이는 가설적인 분비 기구가 분비단백질을 인식하지 못하게 만든다는 사실을 알고 있었다. 만약 그런 분비 기구가 정말 존재한다면, 그와 상보적인 유형의 돌연변이도 찾을 수 있어야만 했다. 즉, 그 기구의 구성요소를 변경해 신호 서열을 더 이상 인식하지 못하게 하는 돌연변이 말이다. 그런 돌연변이를 갖고 있는 균주에서는 세포가 정상적인 신호 서열을 가진 단백질을 분비되어야 하는 단백질로 더 이상 인식하지 못하게 된다. 우리는 그런 돌연변이가 신호 서열의 돌연변이와 마찬가지로 분비단백질과 융합된 β-갈락토시드 가수분해효소가 세포막에 걸리는 것을 방해하며 그 결과 β-갈락토시드 가수분해효소는 세포질 내에 머무르게 될 거라고 예측했다. 세포는 젖당을 다시금 소화시킬 수 있게 될 터였다. 이 성질은 우리가 제안한 '기구'의 구성요소를 파악하는 것을 도와줄 돌연변이체를 얻게 해줄 것이었다.

우리는 맥아당 결합 단백질과 β-갈락토시드 가수분해효소의 융합단백질을 발현시키는 대장균 균주 중 젖당 위에서 성장하는 것을 골라내는 유전자 선별을 반복했다. 그러나 이번에 우리가 찾는 것은 유전자 융합 그 자체의 돌연변이가 아니라 박테리아의 염색체에 있는 다른 유전자에서의 돌연변이였다. 우리는 secA라고 이름 붙인 새로운 유전자에서 돌연변이를 찾아내었다('sec'은 분비secretion의 줄임말이다). 이 유전자에서 돌연변이가 발생하면 잡종 단백질의 일부인 β-갈락토시드 가수분해효소가 세포질로 되돌아올 뿐 아니라, 정상적으로는 세포질 바깥으로 나가는 맥아당 결합 단백질까지 세포질에 머물러 있게 만들었다. 그리고 정상적으로는 분비되는 단백질들을 secA 돌연변이체로 테스트한 결과 모두 세포질 내에 머물렀다! 일단 secA 유전자를 발견하자 그것이 만들어 내는 단백질을 알아내는 것은 비교적 쉬운 일이었다. 이러한 실험들은 이후 여러 해 동안 분비 기구의 단백질 구성요소를 이루는 수많은 sec 유전자들을 찾아내기 위한 일련의 연구들로 이어졌다. 그러자 생화학 쪽으로 좀 더 경도된 연구자들은(나는 생화학에서 성공을 거두겠다는 희망을 버린 지 오래였다) sec 단백질과 준비된 막을 시험관 속에서 뒤섞어 단백질을 막을 가로질러 수송하는 체계를 재구성할 수 있었다.

우리는 유전자 융합 방법을 사용해 단백질 내에서 분비를 결정하는 영역과 그러한 단백질을 막 너머로 보내는 세포 내 구성요소 일부를 밝히는 데 성공을 거뒀다. 그런데 동일한 유전자 융합 방법을 다른 연관된 문제를 연구하는 데 사용할 수 있는 가능성이 있었다. 다른 특정 단백질을 조립해 세포질 막으로 만드는 메커니즘의 본질이 바로 그것이었다.

박테리아의 막 단백질은 많은 과정에 관여하며, 그 중에는 당과 다른 분자들을 막의 장벽을 가로질러 세포 안으로 수송하는 것도 포함되어 있었다. 그러한 수송단백질에는 세포질 내에 젖당을 축적하기 위해 필요한 단백질(2장을 보라)과 세포가 맥아당을 흡수할 수 있게 하는 두 가지 단백질이 포함되었다. 그래서 이번에는 β-갈락토시드 가수분해효소 유전자를 분비단백질의 유전자와 융합시키는 대신, 맥아당 수송과 관련된 막 단백질인 MalF의 유전자와 융합시켰다. 이렇게 하자 우리는 맥아당 결합 단백질과 β-갈락토시드 가수분해효소의 융합단백질과 동일한 결과를 얻었다. 잡종 단백질의 MalF 부분은 막 속으로 삽입되었고 β-갈락토시드 가수분해효소를 뒤에 끌고 들어갔다. 그 결과 β-갈락토시드 가수분해효소는 또다시 막에 걸렸고, 그곳에서 불활성이 되어 젖당을 더 이상 소화할 수 없게 되었다. 이는 우리가 단백질 분비에 대해 많은 것을 알아낼 수 있도록 해준 맥아당 결합 단백질과 β-갈락토시드 가수분해효소 융합이 가졌던 것과 똑같은 성질이었다. 우리는 실험을 계속 진행하기로 하고 β-갈락토시드 가수분해효소가 세포질로 돌아오게 만드는 MalF와 β-갈락토시드 가수분해효소 융합의 lac+ 돌연변이체를 선별했다. 우리는 그러한 돌연변이 중에 단백질을 막으로 유도하는 세포 내 구성요소들에 결함을 유발하는 것도 포함돼 있을 거라고 예상했다. 그러면 우리는 막 단백질 조립의 메커니즘을 연구하는 수단을 갖게 될 것이었다.

1987년에 내 실험실의 대학원생인 캐런 맥거번이 이 프로젝트를 박사논문 주제로 정했다. 그녀는 이내 MalF와 β-갈락토시드 가수분해효소 융합 균주 중에서 젖당을 양분으로 성장할 수 있는 돌연변이 유도체를 얻어 냈다. 그녀는 돌연변이 중 네 개는 대장균의 염색체에서 유전자 융합의 장소로부터 떨어진 곳에 있는 유전자상에 있음을 밝혀냈다. 네 개의 돌연변이는 모두 세포를 변화시켜 β-갈락토시드 가수분해효소가 활성을 갖는 세포질 속으로 다시 돌아오게 만들었다. 우리는 막 단백질 조립에 관여하는 핵심적인 세포 내 구성요소에 대한 유전자 암호를 찾았다고 생각했다. 그 다음해에 캐런은 단백질이 세포질 막 속으로 삽입되는 것을 그 유전자의 산물이 도와준다는 점을 증명하기 위해 애썼다. 그러나 그녀가 얻은 결과는 이 유전자가 세포 내에서 매우 다른 어떤 일을 한다는 결론을 내리게 만들었다. 우리는 그것이 무엇인지를 알아내지 못했다. 이 유전자는 매우 흥미로워 보였지만, 그 산물이 박테리아 내에서 무슨 일을 하는지 알아내는 데 얼마나 시간이 걸릴지를 예측할 수가 없었다. 우리는 캐런이 박사논문을 끝내려 한다면 구체적인 결과를 내놓을, 좀더 확실한 뭔가를 연구해야 한다는 판단을 내렸다. 캐런은 아무런 성과 없이 1년을 또다시 허송하는 위험을 무릅쓰는 대신, 다른 프로젝트로 옮겼다. 우리는 돌연변이 박테리아를 냉동고 깊숙이 보관했다.

우리가 그 문제를 해결한 것은 4년이 지난 후였다. 박사후 연구원 제임스 바드웰이 새로 실험실에 들어왔고, 나는 그에게 선택할 수 있는 프로젝트 목록을 제시했다. 그 중에는 캐런의 돌연변이체를 가지고 실험을 계속하는 선택지도 포함돼 있었다. 나는 그에게 이 주제가 뜬구름잡는 식의 막연한 탐색이 될 수 있다고 주의를 주었다. 짐[제임스]은 캐런의 돌연변이체가 충분히 흥미로워 보인다고 생각해 다분히 모험적인 그 프로젝트를 시도해 보기로 했다. 그는 캐런의 돌연변이체에서 변형된 유전자의 특성을 파악하는 것이 최선의 연구 방향이라고 판단했다. 그러면 그 유전자의 기능에 대해 뭔가를 알아낼 수 있을 거라는 희망에서였다. 그는 염색체상에서 유전자의 정확한 위치를 알아냈고 순수한 유전자를 나머지 염색체 물질로부터 분리하여(유전자 복제) DNA 서열을 해독했다. 그 DNA 서열은 다시 단백질 내의 아미노산 서열을 추론할 수 있게 해주었다. 우리는 단백질 내에서 이황화결합과 상호작용하는 효소에서 종종 발견되는 구조로 배열된 두 개의 시스테인을 포함한 서열을 발견했다. 우리가 수전 마이클리스의 알칼리성 인산가수분해효소 연구 덕에 이황화결합에 관해 이전에 생각해 본 적이 없었더라면, 이런 패턴을 결코 알아보지 못했을 것이다. 다음으로 짐은 유전자에서의 돌연변이가 알칼리성 인산가수분해효소와 같은 주변세포질 단백질에서의 이황화결합 형성에 간섭하는가 하는 질문을 던졌다. 그 답은 예스였다. 짐은 돌연변이를 가진 박테리아 균주가 더 이상 주변세포질 내에서 알칼리성 인산가수분해효소를 활성으로 만들 수 없음을 알게 되었다. 알고 보니 이 돌연변이 박테리아는 우리가 조사한 여러 개의 단백질 중 어느 것에서도 이황화결합을 만들 수 없었다.

이어 짐은 유전자의 단백질 산물을 순수하게 분리해 이 단백질이 주변세포질 단백질에서의 이황화결합 형성에 촉매 역할을 하는 효소임을 밝혀냈다. 이 발견은 놀라움을 안겨 주었다. 그 이유는 단지 우리가 프로젝트를 시작했을 때의 예상과 전혀 다른 결과를 얻었기 때문만은 아니었다. 이 발견은 당시 생물학에서 단백질의 이황화결합 형성 과정에 관해 통용되던 이론에 반하는 것이었다. 생물학자들은 이황화결합 형성이 산소가 있을 때 저절로 일어나는 과정이며 효소 촉매는 전혀 필요하지 않다고 믿어 왔다. 우리는 우리가 발견한 단백질이 없으면 박테리아가 이황화결합을 효과적으로 만들어 내지 못한다는 사실을 발견했다. 우리는 이 유전자에 이황화결합(형성 효소)의 머릿글자[disulfide bond]를 따서 dsbA라는 이름을 붙여 주었다. 이 발견은 단백질 접힘protein folding이라는 중요한 과정의 새로운 측면을 드러내었고 현재 우리 실험실에서 이뤄지고 있는 주요 연구의 기반이 되어 주었다.

우리 프로젝트가 성공을 거둔 것은 우리가 이미 이황화결합 형성에 관심을 갖고 있었고 우리가 발견한 것의 중요성을 인식할 수 있었다는 사실에 부분적으로 기인했다. 그러나 캐런과 내가 냉동고에 넣어 둔 박테리아 균주를 끄집어내지 않았다면 우리는 결코 이 프로젝트를 수행하지 않았을 것이고, 그 공로는 모험적인 프로젝트를 기꺼이 수행하겠다며 나선 짐 바드웰에게 돌아가야 한다. 짐이 모험에 열의를 보인 것은 실험실 바깥에서의 그의 성향과 잘 부합했다. 그는 위험한 여행을 좋아하는 것으로 유명했다. 그의 모험 여행에는 마다가스카르의 정글을 가로질러 자전거를 타는 것이나 인간 사냥을 하는 부족들이 거주하는 뉴기니 지역에서 강을 따라 카누를 타는 것이 포함되었다.

우리는 dsbA라는 이 효소가 어떻게 작동하는지를 좀더 깊이 연구하고자 했고, 새로운 돌연변이체를 선별하기 위해 동일한 β-갈락토시드 가수분해효소와 MalF의 융합을 사용했다. 우리는 dsbA에 서로 다른 아미노산 변화를 일으키는 돌연변이들을 찾아 이 단백질이 어떻게 작동하는지를 알아내려 했다. 1995년에 대학원생이던 티안 홍핑은 이황화결합 형성에 좀더 미세한 영향을 미치는 돌연변이들을 감지할 수 있도록 MalF

와 β-갈락토시드 가수분해효소 융합균주에서의 유전자 선별을 바꾸기로 결심했다. 그녀는 나와 오랜 기간 동안 같이 작업해 온 동료 다나 보이드의 도움을 얻어 dsbA 단백질에서 시스테인이 아닌 아미노산들을 변형시키는 돌연변이들을 여럿 얻어냈고, 이는 이황화결합 형성에 새로운 안목을 제공해 주었다.

그러나 홍핑이 얻어 낸 돌연변이체 중에는 이황화결합에 전혀 영향을 미치지 않는 것도 일부 있었다. 여기서 우리는 캐런이 돌연변이체를 추적했던 원래 목표를 기억해 냈다. 그녀는 단백질이 세포막으로 조립되는 과정에 영향을 주는 돌연변이를 찾고 있었다. 이황화결합 형성에서의 돌연변이를 얻는 좀더 민감한 실험 방법을 고안해 내면 캐런 맥거번이 10년 전에 찾고 있던 유형의 돌연변이를 얻게 되지 않을까? 이어 홍핑은 대장균 염색체상에서 돌연변이의 정확한 위치를 알아냈고 이것이 막 단백질 조립에 관여하는 유전자 산물에 영향을 미치는가 하는 질문을 던졌다. 그녀의 분석은 그 돌연변이가 실제로 막 단백질을 세포질 막의 위치로 유도하는 데 중요한 세포 내 구성요소의 암호를 담은 유전자의 변형임을 밝혀내었다. 이 돌연변이는 이후 막 단백질 삽입의 메커니즘을 연구하는 데 유용한 것으로 판명되었다.

우리가 10여 년 전에 이 프로젝트를 시작했을 때의 목표는 단백질을 대장균의 세포질 막으로 조립하는 것을 지시하는 메커니즘을 연구하는 것이었다. 그 과정에서 우리는 단백질에서의 이황화결합 형성이라는 완전히 새로운 생물학의 영역과 조우했고, 그 영역을 좀더 깊게 파고들면서 뜻하지 않게 막 단백질 조립의 문제로 다시 돌아오게 되었다. 1999년에 홍핑이 이 마지막 연구결과를 담은 논문 작성을 시작할 즈음에 우리는 이 프로젝트의 우여곡절 중 일부를 논문에 포함시키기로 결정했다. 이는 과학 연구결과를 발표하는 통상적인 방법은 아니었지만, 우리는 사건의 경과를 실제 일어난 대로 기술하는 것이 그 자체로 유익할 거라고 느꼈다. 우리는 처음에 논문 초고를 일급 과학 저널 두 곳에 차례로 보냈다. 우리의 논문 첫 문장은 "사연인즉슨 이렇다……"로 시작했다. 예상했던 바와 같이, 두 저널의 심사위원들은 이런 논문 작성 스타일에 대해 혐오감을 드러냈다.

- 이 절은 배경 정보에 대한 공식적 설명이라기보다는 개인적 회고록처럼 읽힌다.
- 서문은 "옛날 이야기를 듣는 것 같은" 느낌이 든다.
- 이 논문 초고는 이색적인 이야기 스타일로 쓰여졌다.

스타일상의 문제가 주된 이유는 아니었는지도 모르지만, 이 논문은 양쪽 저널 모두에서 거절되었다. 결국 다른 과학자들로부터 크게 호평을 받은 끝에 나는 이 논문을 『미국과학원회보』*Proceedings of the National Academy of Sciences*에 발표했다. 나는 미국과학원 회원이었기 때문에, 이 논문이 다른 과학자들로부터 승인을 받았다고 편집자들을 설득만 하면 이 저널에 논문을 싣는 것은 사실상 보장되어 있었다.

이 논문 초고를 하나의 이야기로 제시하기로 한 우리의 결정은 과학의 역사적·철학적·사회적 영향에 대해 내가 지닌 관심과 나 자신의 과학 연구를 통합시키려 애쓴 한 가지 사례를 보여 준다. 나는 과학의 과정이 교과서에서의 설명이나 대중매체에서 전달하는 이미지에 의해 어떻게 이상화되는가를 이해하게 되었다. 과학자로서의 경력에 입문하는 학부생들에게 있어 연구 결과를 과학 저널에 발표하는 양식은 순수하게 객관적인 과학의 신화를 더욱 강화시킨다.

물론 과학자들은 이렇게 항변할지 모른다. 과학적 성취의 이야기를 그것의 시작부터 결론에 이르기까지 인간 논리의 산물인 것처럼 전달하는 것에는 아름다움과 창조성이 깃들어 있다고 말이다. 이러한 과학적 과정의 상像은 현실을 반영한 것은 아닐지도 모르지만, 과학이 이상적으로 어떻게 나아갈 수 있는지에 관한 이미지를 독자들에게 제시한다. 이처럼 말끔한 경로와 설득력 있는 논증의 질서정연한 흐름을 가진 것으로 제시될 때, 과학은 영감을 줄 수 있다. 이런 스타일의 전형을 보여 주는 자코브와 모노의 논문들——논리의 언어에 부합하도록 직관, 우연, 놀라운 발견의 과정을 재구성한——을 읽은 경험은 내가 과학자가 되기로——그리고 지금까지 계속 남아 있기로——결심한 중요한 이유 중 하나였다. 프랑스 과학자들이 이런 발표 양식을 완성한 것은 필시 어릴 때부터 논리에 강조점을 두는 프랑스의 교육 시스템에 그 뿌리가 있을 터이다.

그러나 흥미로운 과학적 발견들이 그런 단선적 과정의 산물인 경우는 매우 드물다. 과학의 작동에 대한 잘못된 설명은 인간적 요소, 잘못된 판단, 놀라운 발견, 직관의 번득임, 심지어는 우리를 과학으로 향하게 하는 열정마저도 빼먹어 버린다. 이는 또한 과학 연구를 계속 해나가기 위해 우리 모두가 처음에 갖고 시작해야 하는 편향과 가정들도 인정하지 않는다.

이처럼 낭만화된, 그러나 이음새 없는 상이 수반하는 한 가지 결과는 과학을 응당 있어야 하는 곳보다 더 높은 지위에 놓게 되는 것이다. 만약 과학의 과정이 과학 논문들에서 설명하는 것처럼 완벽하다면 과학과 과학자들은 실로 큰 신뢰를 받을 자격이 있을 것이다. 나도 과학의 문제에 대한 합리적 접근법을 하나의 이상으로 추구해야 한다는 믿음은 분명히 갖고 있다. 그러나 실제 과학 실천은 인간의 모든 활동이 갖는 결함과 미덕을 동시에 가진 인간적 노력이다. 과학이 과도하게 높은 지위를 누리게 되면 과학자들은 추정에 의해 얻어 낸 인간 행동과 사회 질서에 대한 통찰을 마치 객관적 진리인 양 제시할 수 있게 된다. 적어도 언론과 대중은 그런 식으로 받아들인다는 말이다. 과도한 공격성을 지닌 XYY남성의 이야기가 처음 보도되었을 때, 이 내용은 언론에서 널리 주목을 받았을 뿐 아니라 고등학교 생물학, 대학 심리학, 의대 유전학, 심리치료 등의 교과서 대부분에 진리의 일부로 재빨리 통합되었다. 수년 후 '범죄성 염색체'의 타당성에 강하게 의문이 제기되자 이 '이야기'는 이들 교과서에서 제외되었다. 오직 영원한 진리만이 과학지식의 원천으로 남아 있게 된다──최소한 그것이 계속 '진리'의 자리를 지키는 동안에는 말이다. 하지만 그런 '이야기'들과 이후에 철회된 내용을 교과서에 그대로 남겨 두어 과학이 실제로 어떻게 작동하는지를 학생들이 이해할 수 있도록 돕는 것이 훨씬 더 이치에 맞지 않을까? 기묘하게 뒤얽힌 XYY논쟁의 경로를 설명하는 것, 그리고 과학자들이 어디서 잘못될 수 있으며 어떤 요인들, 어떤 배경 가정들이 서투르게 수행된 연구와 잘못된 결론으로 이어지는지를 보여 주는 것이 더 이치에 맞지 않을까?

낡고 버려진 '진리'들은 거의 언제나 교과서에서 제거되어 대중으로부터 감춰지며, 말끔하고 이론의 여지가 없는 논증의 경로만이 남게 된다. 그 결과, 다음 번에 과학자가 대중을 상대로 남자들은 강간 유전자를 가졌다거나 사람들이 위험을 감수하는 경향은 유전적으로 미리 결정되어 있다거나 하는 발견을 공표하면, 그 보고는 즉각 통용되어 사회적 혼란을 일으키거나 말거나 한 후, 얼마 안 가 우리의 진리로부터 모습을 감추는 일이 반복된다. 과학은 그보다는 더 흥미로운 일이다.

어떻게 이황화결합이 형성되는가에 관한 우리의 우연한 발견은 또 한 번의 예기치 않은 곡절을 겪었다. 이번에는 과학과 윤리가 서로 만나는 문제였다. 우리가 이 주제에 관한 첫번째 논문을 발표한 직후에 대학과 생명공학 회사에 몸담은 과학자들이 우리에게 연락을 해오기 시작했다. 그들은 우리가 이황화결합 형성에 대해 갖고 있는 지식과 우리가 개발한 박테리아 균주로부터 그들 자신의 연구가 도움을 얻었으면 했다. 생명공학 회사들은 의료에 유용한 물질들을 대량으로 생산하는 사업을 하고 있었는데, 이때 대장균을 단백질 '공장'으로 종종 활용했다. 그들이 제조한 단백질 중 일부는 이황화결합을 포함하고 있었다. 인슐린 같은 호르몬, 조직 플라스미노겐 활성제tissue plasminogen activator 같은 심장병 치료제, 사람들이 감염이나 (아마도) 암과 맞서 싸우는 것을 돕는 항체 등이 여기 속했다. 우리가 개발하고 있던 대장균 균주들은 수확할 수 있는 단백질의 양을 증가시키는 데 쓸모가 있을 수도 있었다.

　　나는 최초이자 가장 성공한 생명공학 회사들 중 하나인 제넨테크 Genentech 사의 연구그룹 책임자로부터 연락을 받았다. 제임스 슈와르츠는 사우스 샌프란시스코에 있는 연구소로 나를 초청해 그가 이끄는 그룹에게 이황화결합에 관한 우리 연구를 소개해 달라고 부탁했다. 이와 동시에 그는 내가 그 그룹에 과학 컨설턴트 역할을 해줄 수 있겠는지 물었다. 나는 첫번째 초청에 대해서는 그러마고 답했지만, 두번째는 거절했다. 나는 여러 해 동안 컨설턴트로 활동해 달라는 요청을 거절해 왔다. 나는 유전학 공동체 내에서의 실천에 비판적인 입장을 유지하기 위해, 내가 가진 독립성에 미묘하게 영향을 미칠 수 있는 어떤 연계도 맺고 싶지 않았다. 내가 뉴잉글랜드 바이오랩스New England Biolabs 사의 과학자문위원회 위원이긴 했지만, 난 그 회사와의 연관이 내가 가진 윤리에 어긋나지 않는다고 느꼈다. 그 회사의 회장 도널드 콤은 정치나 회사 정책 모두에서 진보적인 인물이었다. 높은 수준의 수익 분배, 탁아소 시설, 연구가 부족한 제3세계 질병들의 연구에 대한 지원, 진보적 정치운동을 지원하는 뉴잉글랜드 바이오랩스 재단의 설립 등은 이를 보여 주는 사례였다.

1994년에 내가 제넨테크에 처음 다녀온 직후에 짐[제임스] 슈와르츠는 컨설턴트가 되어 줄 것을 재차 요청했다. 이번에는 나도 그러마고 답을 했다. 짐과 그 그룹과의 상호작용이 즐겁고 상호 유익하다는 것을 알게 되었기 때문이다. 그러자 마치 자연이 장난이라도 친 것처럼 천둥이 내리쳤다. 내가 계약서에 서명한 바로 그 주에 『뉴욕 타임스』는 1면 머리기사로 제넨테크의 비윤리적 관행을 폭로했다.

유전자 조작으로 생산해 낸 인간 성장호르몬(이황화결합을 포함한 단백질이다)은 제넨테크가 초기에 거둔 성공 가운데 하나였다. 프로트로핀Protropin이라는 상표명이 붙은 이 제품은 호르몬 생산 결핍으로 유전적 소인증小人症에 걸린 아이들이 겪는 많은 문제를 완화시켜 주었다. 치료를 받지 않으면 이 아이들은 키가 아주 작은 데다 다른 건강상의 문제로 고통받게 된다. 그러나 이러한 유전질환을 갖고 태어나는 아이들의 수는 매우 적어서 제넨테크에 많은 수익을 가져다주기에는 충분치 못했다. 제넨테크의 의약품 유통 대행업체인 케어마크Caremark가 의사들과 정상보다 키가 작은 아이의 가족들을 상대로 공격적인 호르몬 마케팅에 나선 것은 필시 이런 이유 때문이었을 것이다. 프로트로핀이 특정한 유전적 결함을 갖지 않은 다른 아이들의 키를 크게 해준다는 증거는 전혀 없는데도 말이다. 일부 사례들에서는 케어마크와 한패가 된 의사들이 학교 교실과 연계를 맺고 키가 작은 아이들을 파악한 후 그 부모들에게 연락을 취하는 수법을 쓰기도 했다. 의사들은 아이에게 프로트로핀 치료를 해주지 않으면 아이를 방치하는 거라고 부모들을 설득하려 했다. 한 어머니는 의사가 그녀의 아들이 165cm까지 클 것으로 예상하면서, 나중에 아들이 커서 "자신이 175cm가 될 수도 있었음"을 알게 된다면 뭐라고 얘기해 주겠냐고 물었다고 했다. 『뉴욕 타임스』는 연방 대배심이 의사들 중 한 사람과 제넨테크의 부회장을 기소했다고 보도했다.

나는 딜레마에 직면했다. 제넨테크와의 계약을 파기해야 할까, 아니면 내가 가진 연결고리를 이용해서 이런 관행에 대해 강한 반대 의사를 표현해야 할까? 나는 후자의 길을 선택했다. 나는 짐 슈와르츠에게 전화를 걸어 회사의 고위급 인사와 얘기하고 싶다고 했다. 그는 연구담당 부회장인 아서 레빈슨을 연결시켜 주면서 그에게 내가 가진 우려를 심각하게 받아들여 줄 것을 요청했다. "우린 정말로 백위드를 컨설턴트로 계속 모시고 싶습니다." 나는 레빈슨에게 편지를 써서 내가 느낀 당혹감을 전달하고, 회사에서 그런 마케팅 관행을 모니터할 '윤리'위원회를 설립하도록 제안했다. 나는 회사의 다른 대학교수 컨설턴트들에게도 연락을 취해 회사에 불만을 표현하도록 촉구할 생각도 갖고 있었다. 그것은 다소 어려운 과제로 드러났는데, 컨설턴트 명단은 공개된 정보가 아니기 때문이었다. 그 다음 해에 제넨테크 회장인 G. 커크 랩은 어쩔 수 없이 사의를 표명했다. 회사가 프로트로핀을 마케팅한 방법이 그 요인 중 하나로 지목되었다. 아서 레빈슨이 그 뒤를 이어 회장이 되었다.

나는 내가 전달한 의견이 어떤 영향을 미쳤는지를 알지 못한다. 한 사람의 불평은 그리 큰 무게를 지니지 못하는 법이다. 그러나 내가 했던 경험은 과학자들이 지닌 컨설턴트로서의 지위를 그들이 자문하고 있는 회사의 비윤리적·착취적 관행을 모니터하는 노력과 서로 연결시킨다면 얼마나 큰 힘을 가질 수 있는지를 실감하게 해주었다. 이 사례에서 제넨테크는 매출액을 늘리기 위해 작은 키를 의료의 대상으로 탈바꿈시켰고, 이는 의료적 처치를 요하는 결함이라고 소비자들을 설득하려 하고 있었다. 이런 관행은 우리들 중 많은 수가 새로운 유전학의 영향에 대해 갖고 있던 우려를 잘 예시해 주었다. 바로 제약회사들이 새로운 유전자 검사나 제품들로부터 수익을 얻으려 서두르는 과정에서 큰 사회적 피해를 입힐 수 있다는 것이다. ELSI 프로그램이 연구해 온 쟁점들, 즉 유전자 차별, 낙인찍기, 심리적 피해, 사회 문제의 의료화 등은 모두 구체적인 사례들이 기록되어 있다. 이러한 검사와 제품들을 개발하는 데 기여해 온 유전학자들은 자신들의 연구가 사람들에게 해를 끼치는 것이 아니라 이득을 주는 데 쓰일 수 있도록 하는 데 책임이 있지 않을까?

12장 유전학자와 두 문화

나는 분열된 개성을 지니고 과학을 시작했다. 과학 바깥의 사상 세계는 나를 매혹시켰지만, 과학자 공동체 내부의 세계로부터는 너무나 동떨어진 듯 보였다. 시간이 흐르면서 내게 있어 두 개의 세계는 점차 하나로 합쳐졌다. 나의 정치 참여는 과학에서의 생활과 융합되었다. 과학의 철학, 역사, 사회학에 관해 읽은 책들은 나 자신의 과학 연구에 영향을 미쳤다. 과학의 과정에 관여하는 비객관적 요인들에 대한 인식은 성공과 실패, 잘못된 전환과 운 좋은 중단, 내가 연구에 가지고 들어오는 가정들을 보는 새로운 방식을 제공해 주었다. 나는 과학에서 한 걸음 물러나서, 그 놀랍도록 인간적인 활동에 대해 숙고해 보는 법을 배웠다.

내가 과학자로서의 경력을 시작했던 초기에 느꼈던 간극은 과학자와 다른 분야에서 일하는 사람들을 갈라 놓은 오랜 심연을 반영한 것이며, 이런 심연은 현재까지도 존재하고 있다. 내가 경력의 후반기에 인간 게놈프로젝트의 ELSI 실무그룹에 참여하면서 얻은 경험은 이 두 진영이 서로간에 품고 있는 불신을 좀더 분명하게 깨닫는 계기가 되었다. 이런 상황은 나를 크게 낙담시켰다.

1989년에 짐 왓슨은 ELSI 그룹의 위원들을 위촉해 인간게놈 서열 해독이 가져올 수 있는 부정적 결과를 탐구해 줄 것을 의뢰했다. 그때 우리가 요청받은 내용은 인간게놈프로젝트로 인해 제기될 가능성이 높은 문제들을 예견하고, 문제의 평가와 이를 예방할 수단의 고안을 위해 예산을 어떻게 쓸 것인지를 제안해 달라는 것이었다. 우리는 또 즉각적인 주목을 요하는 절박해 보이는 문제들을 다루는 태스크포스 팀을 자체적으로 만들 수도 있었다.

ELSI 실무그룹은 1989년 9월에 메릴랜드주 베데스다에 있는 미 국립보건원에서 첫 모임을 가졌다. 일곱 명의 위원들 중 다섯 명은 과학 쪽에서 훈련을 받은 사람들이었다. 의장인 낸시 웩슬러는 심리학 박사학위를 갖고 있었고 헌팅턴병 유전자 지도를 만드는 노력에서 유전학자들과 긴밀한 공동 작업을 했다. 존스홉킨스 대학의 유전학자 빅터 매쿠식은 인간유전학의 아버지로 불리는 인물이었다. 그의 책 『인간에서의 멘델 유전』*Mendelian Ingeritance in Man*은 인간게놈과 이미 지도가 그려진 4천 개의 유전자들에 관한 정보를 담은 지침서로 널리 쓰이고 있었다. 매쿠식은 국제조직인 인간게놈기구Human Genome Organization의 윤리위원회 의장을 맡고 있기도 했다. 하워드 대학의 임상유전학자인 로버트 머레이는 겸상적혈구 유전자 스크리닝과 관련된 문제들에 관한 글을 여러 해 동안 써왔다. 그는 시카고 대학의 제임스 보면 박사와 함께 『아프리카 출신 사람들에서의 유전자 변이와 질환』*Genetic Variation and Disorders in Peoples of African Origin*이라는 책을 펴냈다. 사회심리학자인 토머스 머레이는 의료와 의학 연구의 윤리적 문제들에 관한 논평으로 잘 알려져 있었다. 1989년에 케이스웨스턴리저브 대학의 의료윤리 프로그램의 주임교수였던 그는 나중에 뉴욕주 헤이스팅스온허드슨에 있는 헤이스팅스 생명윤리 센터의 소장이 되었다. 이곳은 미국에서 생명윤리 문제에 관해 손꼽히는 싱크탱크이다. 법률가이자 조지타운 대학 법대 교수인 퍼트리셔 킹은 의료와 유전학 연구가 미치는 사회적 파장에 관한 글을 썼는데, 특히 인종 문제와 연관해 관심이 많았다. 그녀는 생명윤리 주제를 탐구하기 위해 만들어진 정부 위원회들의 위원으로 활동하고 있었다. 로버트 쿡-디건은 의대에서 학위를 받고 생의학으로 박사후 연구를 하다가 보건정책 문제로 관심을 전환했다. 그는 유전자 치료와 게놈프로젝트에 관한 보고서를 쓴 후 의회 생명윤리자문위원회의 상임이사로 임명되었다.

인간게놈프로젝트의 국립보건원 부문과 에너지부 부문은 실무그룹에 몇 명의 직원과 자문위원을 제공해 주었다. 그 중에는 생의학윤리의 문제들에 관해 글을 써온 철학자 에릭 융스트와 에너지부의 로스앨러모스 연구소에 있던 법률가 마이클 예슬리가 있었다. 예슬리는 1974년부터 1978년까지 '생의학 및 행동 연구의 인간 피험자 보호를 위한 국가위원회'에서 실무 책임자를 맡기도 했다.

그룹의 구성이 과학계 쪽으로 너무나 치우쳐 있었기 때문에, 국립보건원이 생선가게를 고양이에게 맡겨 버린 것처럼 보일 법도 했다. 이 그룹은 유전학자인 짐 왓슨이 만들었고, 운영에 필요한 자금은 왓슨과 인간게놈프로젝트의 과학위원회, 국립보건원에서 나왔으며, (1년에 3~4번 개최되는) 회의는 거의 대부분 국립보건원이나 그 인근에서 열렸다. 그러나 우리들 중 몇몇은 유전정보의 오용에 대해 공개적인——심지어는 적대적인——입장을 이미 취한 적이 있었다. 뿐만 아니라 우리가 논의할 주제를 제한하는 명시적인 제약도 없었다. 아마 그룹의 독립성을 위해 가장 중요했던 것은 짐 왓슨이 우리 뜻대로 일을 하도록 내버려 두었다는 점일 것이다. 내가 ELSI 실무그룹 위원으로 있던 5년 동안 짐은 모임에 한두 번 정도 참여했을 뿐이다. 내가 기억하는 한 그는 우리의 어떤 활동에도 결코 개입하지 않았다. 우리가 중요하다고 생각한 프로젝트에 대해서는 언제나 지원을 받을 수 있었다. 우리가 가졌던 주된 불만은 직원의 수가 너무 적다는 것이었다.

활동가 친구들 몇몇은 실무그룹에 참여하기로 한 내 결정을 비판했다. 과학자들이 책임 있게 행동하고 있다는 환상을 심어 주는 데 내가 얼굴마담으로 이용되고 있다는 것이었다. 그들은 실무그룹이 잠재적인 사회적 영향을 이유로 인간게놈프로젝트의 중단을 제안할 가능성은 전혀 없지 않냐고 주장했다. 그럴 수도 있고, 아닐 수도 있다. 그러나 이 질문은 내게 중요하지 않았다. 나는 인간게놈프로젝트가 유전학 기초연구에 나쁜 영향을 미칠 것을 우려해 프로젝트에 대한 자금 지원에 반대 의사를 표명해 왔지만, 내가 예상한 사회적 위험을 근거로 그것에 반대하지는 않았다. 나는 과학 발전으로 야기될 수 있는 유해한 결과를 예방하는 가장 좋은 방법이 과학의 진보를 중단시키는 것이라는 생각에 오랫동안 반대해 왔다. 어쨌든 간에 비밀은 이미 새어나가 버렸다. 인간유전학은 인간게놈프로젝트가 시작되기 이전부터 상당한 기간 동안 빠른 속도로 발전해 왔기 때문이다. 인간게놈프로젝트가 악화시킬지도 모르는 문제는 그것의 지속 여부와 무관하게 이미 우리 앞에 던져져 있었다. 실무그룹에는 적어도 유전학의 진보에 따라 이미 제기된 문제들에 대처할 수 있다는 희망이 있었다.

ELSI 실무그룹은 두 갈래의 노력을 시작했다. 먼저 우리는 ELSI 쟁점들을 다룰 수백만 달러의 연구 프로그램을 위한 의제 개발에 나섰다. 인간게놈프로젝트는 다양한 비판적 주제들을 탐구하는 연구와 학술회의들을 지원해야 했다. 여기에는 ① 유전정보 이용에서의 공정성, ② 유전정보가 개인에게 미치는 영향(낙인 찍기와 심리적 반응 같은 문제 포함), ③ 유전정보의 프라이버시와 기밀 유지, ④ 인간게놈프로젝트가 유전 상담에 미칠 영향, ⑤ 유전정보가 임신과 출산 결정에 미칠 영향, ⑥ 유전학을 일상적인 임상 실천에 도입할 때 나타날 영향, ⑦ 과거 유전학의 오용 사례에 대한 역사적 분석과 그것이 현재에 던져 주는 의미, ⑧ 자유의지의 문제와 인간게놈프로젝트의 다른 개념적·철학적 함의들, ⑨ 인간게놈프로젝트 결과물의 상업화가 야기할 영향 등이 포함되었다. 여기에 더해 우리는 인간게놈프로젝트의 국립보건원과 에너지부 부문이 인간게놈프로젝트에 대한 과학적 설명뿐 아니라 ELSI의 쟁점들도 다루는 대중교육 프로젝트에 자금을 지원할 것을 제안했다.

연구비 지원 과정이나 학술 연구가 진행되는 속도, 수많은 문제들의 복잡한 성격 등을 감안할 때, 우리는 ELSI의 지원을 받은 연구 프로젝트들이 결론을 내리려면 여러 해가 걸릴 것임을 알고 있었다. 그러나 몇몇 쟁점들은 좀더 즉각적인 주목을 요구했다. 가까운 미래에 인간게놈 연구가 의료에 기여하는 바는 주로 인간의 질병과 연관된 유전자의 위치를 정확하게 알아내는 일이 될 터였다. 인간 염색체의 상세한 유전자 지도를 작성하고 궁극적으로 인간게놈의 전체 염기서열을 알아내는 것은 그러한 유전자를 찾아내는 능력을 대단히 크게 향상시킬 것이었다. 의사들은 유전자 검사를 이용해 어떤 사람이 다양한 건강 문제들 중 어느 것에 소인을 갖고 있는지 예측할 수 있을 것이었다.

우리는 이처럼 예상되는 유전정보의 증가로 인해 제기된 중요한 세 가지 우려를 면밀하게 검토해 보기로 했다. 첫째, 건강보험업계는 유전자 검사를 받은 개인들을 보험에 가입시킬지 여부를 판단할 때 검사 결과를 이용할 것인가? 만약 그렇다면 거기서 발생할 잠재적 피해에 대해 사회는 어떻게 대처해야 하는가? 둘째, 고용주, 학교, 그 외 사회기관들은 개인들에 관해 점차 증가하고 있는 유전정보를 어떻게 사용할 것인가? 그런 정보에는 얼마나 많은 프라이버시를 부여해야 하는가? 셋째, 유전학 지식에 대해 별로 교육받지 못한 보건전문직 종사자들과 대중은 이처럼 새로운 유전학 지식에 어떻게 대처할 것인가? 건강 문제에 소인素因을 가진 사람들을 찾아내는 능력은 보건의료체계 종사자와 고객들에게 광범하고 새로운 정보원을 제공할 것이다.

보험 문제를 조사하기 위해 ELSI 실무그룹은 톰 머레이와 내가 공동 위원장을 맡은 태스크포스 팀을 만들었다. 우리 위원회에는 유전학자, 보험업계와 소비자단체 대표, 보건의료체계를 연구하는 사회학자 등이 포함되어 있었다. 우리는 2년간 모임을 가졌고 1993년 초에 보고서를 발간했다. 우리는 두 가지 쟁점을 다루었다. 첫째, 우리는 유전자 검사의 이용이 점차 증가하면서 많은 사람들이 건강보험을 얻는 데서 어려움을 겪게 될 매우 현실적인 가능성에 초점을 맞추었다. 심지어 아무런 질병의 징후도 나타나지 않은 사람들도 특정 질병에 대한 소인을 보여 주는 검사로 인해 보험 혜택을 잃을 수 있었다. 그 질병이 결코 발병하지 않을 수도 있는데 말이다.

둘째, 이러한 우려에도 불구하고 우리는 사회가 유전자 검사를 특별한 보호의 대상으로 따로 지정하는 접근법에는 문제가 있음을 알게 되었다. 우리는 유전병으로 불리는 건강 문제들과 환경적 원인을 갖는 건강 문제들이 많은 부분 서로 겹친다는 사실을 지적했다. 유전학적으로 100 퍼센트 결정되는 질병을 찾기란 쉽지 않은 일이다. AIDS가 환경성 질병이라는 데는 의문의 여지가 없지만, 인구의 작은 부분은 이 바이러스에 유전적으로 저항성이 있다. 유전자 구성 때문에 심장병에 소인이 있는 개인들은 식이요법과 운동을 통해 건강에 대한 기대를 높일 수 있다. 우리는 대부분의 건강 이상에는 환경적 요소와 유전적 요소가 모두 책임이 있다고 주장했다. 뿐만 아니라 유전자 검사와 마찬가지로 완전히 건강한 사람들에게서 질병에 대한 소인을 예측할 수 있는 비유전적 의료 검사들도 많이 있다. 예를 들어 콜레스테롤 수치에 대한 화학적 검사는 심장에 문제가 생길 가능성을 경고해 준다. 이러한 중첩 때문에 우리는 유전자 검사를 프라이버시 측면에서 특별히 보호하고 다른 유형의 예측 검사들은 보호하지 않는 것은 과학적 내지 의료적 견지에서 무의미하다는 결론을 내렸다.

우리는 유전자 검사의 계속적인 증가가 결국 건강보험 시스템에 복잡한 문제를 야기하게 될 거라고 내다보았다. 모든 사람들은 이런저런 건강 문제에 소인을 갖게 만드는 돌연변이를 갖고 있기 때문에, 궁극적으로 그런 돌연변이를 모두 밝혀내게 되면 보험업계의 가입 절차는 있으나마나한 것이 될 것이다. 모든 사람이 위험을 갖고 있고 그 위험을 정의할 수 있다면, 각각의 사람들은 그/녀의 유전자 구성에 근거해 보험료를 책정받(거나 보험 가입을 거부당하)게 될 것이다. 우리 보고서는 유전자 검사 이용의 증가가 빚어 낼 이러한 결과는 국가보건 시스템의 필요성을 뒷받침하는 강력한 근거를 제공한다고 주장했다. 우리는 이런 결론에 만족감을 느꼈다. 우리 보고서가 완성된 시점은 클린턴 행정부 초기로 당시에는 미국이 국가보건계획으로 착실히 나아가고 있는 것처럼 보였기 때문이다. 실제로 힐러리 클린턴은 낸시 웩슬러와 대화를 나눈 후에 우리 보고서를 행정부의 보건계획에 대한 추가 논거로 이용했다. 우리는 보편적 보건의료를 향하는 노력이 놀랍도록 빠른 속도로 동력을 상실해 결국 좌절되고 말 것임을 미처 내다보지 못했다.

실무그룹은 건강보험 태스크포스 팀과는 별개로 유전정보 프라이버시의 문제를 좀더 일반적으로 다룰 일단의 연구자들에게 연구비를 지원했다. 프라이버시 보호를 어느 정도까지 할 것인가 하는 결정을 위해서는 프라이버시의 원칙들, 특히 그 원칙들과 유전자 프라이버시의 관계에 대한 근본적 문제들을 탐구하는 법률가, 철학자, 경제학자들의 의견 제시가 요구되었다. 마이클 예슬리는 연구자들의 정기 모임을 조직했다. 원칙에 대한 신중하고 때로 철학적인 논의는 이러한 분석을 위해 필수적인 것처럼 보였다. 그러나 이는 게놈 과학자들이 ELSI 연구에 대해 품고 있던 의심을 키우게 되었다. 이 프로젝트가 나중에 의회에 제안된 법안의 기초를 제공하는 가시적 성과를 거두었음에도 불구하고 과학자들의 불평은 계속되었다.

마지막으로 우리는 미국의학원Institute of Medicine에 보고서 작성을 의뢰해 1994년 『유전자 위험의 평가』Assessing Genetic Risk라는 제목으로 발간했다. 이 보고서는 유전자 검사를 임상환경에 도입했을 때의 결과를 평가하는 내용을 담고 있었다. 그러나 이 보고서가 발간되기도 전에 문제가 나타나기 시작했다. 상업적 이해집단들이 인간게놈연구로부터 수익을 꾀하면서 유전자 검사는 처음으로 시장에서 팔리는 상품이 되었다.

우리는 그러한 검사들을 시장에 서둘러 내놓는 것은 보건의료 시스템의 고객들에게 중대한 피해를 줄 수 있다고 우려했다. 처음에 검사된 사례는 낭포성 섬유증이었는데, 이 병은 미국 인구의 절반 이상을 차지하는 백인들에게서 가장 흔한 열성 유전질환*이다. 몇몇 생명공학 회사들과 민간 병원들은 큰 시장이 열릴 것으로 내다보고 인구 전체를 대상으로 하는 낭포성 섬유증 검사를 추진하고 있었다.

낭포성 섬유증 문제는 긴급한 대응을 요구했기 때문에 우리는 낭포성 섬유증 연구자, 윤리학자, 낭포성 섬유증 환우회 대표 등이 참석하는 일련의 워크샵을 개최했다. 우리는 낭포성 섬유증 검사가 널리 보급되면서 나타날 수 있는 문제들에 관해 논의했다. 낭포성 섬유증 유전자 검사는 정확한 예측을 내놓을 수 없으며, 따라서 많은 사례들에서 혼란, 불확실성, 그리고 (과거의 경험에 비춰볼 때) 검사를 받는 사람들에게 심리적 문제를 야기할 수 있었다. 미국 전체에 유전 상담사는 800명에 불과했기 때문에 소비자들은 의사와 상담하게 될 가능성이 높았는데, 대부분의 의사들은 유전정보를 전달하는 훈련이 되어 있지 않았다. 우리는 인구 전체를 대상으로 하는 검사를 '일시중지'moratorium해야 한다는 데 신속하게 합의를 보았다. 우리는 소비자들에게 낭포성 섬유증 검사에 대한 정보를 전달하는 가장 좋은 수단을 결정하고 검사 결과 야기될 수 있는 문제의 심각성을 평가하기 위한 시범 연구를 지원했다. 우리의 노력은 국립보건원의 합의회의consensus meeting와 미국인간유전학회American Society of Human

---

* 열성 유전질환은 양쪽 부모로부터 모두 결함 있는 유전자를 물려받은 경우에만 걸리고, 1쌍의 대립유전자 중 한쪽에만 결함이 있는 경우에는 걸리지 않는 질환을 말한다. 반면, 우성 유전질환은 양쪽 부모 중 어느 한쪽으로부터만 결함 있는 유전자를 물려받아도 걸리는 질환을 가리킨다.

Genetics의 노력과 합쳐져, 질병의 이력이 있는 가족들만 이 검사를 받을 수 있도록 하자는 공개적 요구를 만들어 냈다. 나중에 실무그룹은 유방암과 난소암 소인과 관련된 BRCA1과 BRCA2 유전자의 돌연변이에 대한 검사를 평가할 때도 동일한 포괄적 접근법을 취했다. 의료 공동체는 낭포성 섬유증 검사에 대해 10년 동안 이런 입장을 고수했으나, 2001년에 일부 그룹들이 이 검사를 전체 인구에 제공할 것을 주장하면서 대열에서 이탈했다.

낭포성 섬유증 문제에 대한 우리의 대응은 ELSI 실무그룹이 지닌 중요성을 잘 보여 주었다. 이러한 쟁점들에 관해 고민하면서 문제가 생기면 대처할 준비가 되어 있는, 식견과 관심을 지닌 그룹이 있다는 사실은 다른 조직들의 관여를 유도하는 자극제가 되었다. ELSI가 없었다면 낭포성 섬유증 검사에 대처하기 위해 취해진 조치 같은 것이 과연 실현될 수 있었을지는 분명치 않다.

실무그룹은 또한 1991년에 제정된 연방장애인법이 유전학 문제를 다루는 방식에 영향을 미치기 위한 활동을 했다. 우리는 동일고용기회위원회를 설득해 이 법률을 위한 규제안을 작성할 때 유전자 검사 정보를 포함시키도록 하는 데 성공을 거두었다. 우리는 프라이버시 규제가 없다면 고용주가 유전자 검사 결과를 미리 알게 되어, 많은 개인들이 고용을 거부당하거나 직장을 잃게 될 거라고 주장했다. 동일고용기회위원회는 우리 주장에 동의했고, 고용주가 고용 결정을 내릴 때 사용하지 못하도록 금지되어 있는 의료정보에 유전자 검사 결과를 포함시키도록 규칙을 제정했다.

ELSI 실무그룹이 이러한 핵심 쟁점들 중 몇몇을 탐구하는 동안, 국립 보건원의 위원회들은 인간게놈프로젝트 예산의 3~5퍼센트를 우리가 윤곽을 그린 조치들을 실행하는 사업에 나누어 지원했다. 이 사업비는 인간게놈프로젝트와 그 사회적 함의를 설명하는 고등학교 생물학 교과과정에서부터 게놈 연구의 과학과 사회적 쟁점들을 개관해 주는 텔레비전 프로그램까지 다양한 교육적 노력들에 지원되었다. ELSI는 유전자 검사를 받은 사람들에게 유전정보가 미치는 영향을 평가하는 프로젝트도 지원했다. 임상환경에서의 연구들은 소비자들이 유전자 검사 결과를 얼마나 이해하고 있고 그에 대해 어떤 반응을 보이는지를 조사했다. 설문조사(〈유전자 스크리닝 연구그룹〉이 실시한 조사도 포함해서)를 이용해 유전자 차별의 현황을 알아보기도 했다. ELSI는 유전정보가 미치는 사회적 영향에 관한 폭넓은 쟁점들을 탐구하는 철학자, 사회학자, 윤리학자, 역사학자들의 프로젝트들을 지원했다. 이러한 많은 프로젝트들은 학술회의와 단행본 출간으로 이어졌고, 그 중 많은 수는 인간게놈프로젝트와 연관된 사회적·윤리적 문제들의 분석에 중요한 밑바탕이 되었다.

ELSI 프로그램에 비판적인 몇몇 게놈 과학자들은 이것이 사회과학 연구자들을 위한 "복지 프로젝트"라며 비아냥거렸다. 이 비판자들은 인간게놈프로젝트가 유전학자들을 위한 복지 프로젝트라고는 결코 생각해 본 적이 없었을 것이다. 어쨌든 ELSI가 이뤄낸 성과는 그런 거짓 비난의 허구성을 드러내었다. 이 "복지 프로젝트"는 내용적 결과물과 입법적 성과까지 거둔 데서 그치지 않고, 교육용 자료, TV 프로그램, 단행본과 학술회의 지원 등을 통해 유전학과 그 사회적 함의에 대한 대중의 인식과 이해를 제고하는 데 도움을 주었다. 뿐만 아니라 ELSI의 "복지 수혜자들"은 언론에서 새로운 유전학 논문이 갖는 의미와 함의에 관해 식견을 갖춘 논평자를 찾을 때 중요한 밑천이 되었다. 그러한 논문들은 점점 더 잦은 빈도로 등장하고 있었다. 사실 전례를 찾아볼 수 없는 ELSI 프로젝트의 성격——과학 프로젝트의 맨 처음부터 사회적 우려를 융합시킨——을 두고 일각에서는 앞으로 과학 프로젝트를 어떻게 발족시켜야 하는가에 대한 모델로 간주하고 있다. ELSI에 속한 수많은 세부 프로젝트의 성공은 그것이 확립한 원칙에 비하면 부차적인 것일지 모른다.

인간게놈프로젝트의 과학 부문은 ELSI의 성취에 대해 이러한 긍정적인 관점을 공유하지 않았다. ELSI가 설립된 지 얼마 안 되어 프로젝트에 참여한 게놈 과학자들은 불평을 늘어놓기 시작했다. ELSI 실무그룹의 위원들은 점차 그들의 적대감을 느끼게 되었다. 우리는 언론을 통해 실무그룹이 활동한 7년의 기간 동안 계속된 개인적 험담들을 듣고 읽을 수 있었다.

- 에릭 융스트는 미 국립보건원 관리가 이렇게 불평하는 것을 들었다. "나는 자칭 윤리학자들의 공허한 선언을 지원하는 데 그 모든 돈을 써야 하는 이유를 아직도 모르겠습니다."
- 짐 왓슨의 뒤를 이어 인간게놈프로젝트 책임자가 된 프랜시스 콜린스는 "일부 과학자들은 ELSI를 말할 줄만 알고 세상을 바꾸지는 못하는 윤리학자들을 위한 '복지 프로그램'으로 봅니다"라고 말했다.
- 인간게놈프로젝트의 과학심의회 위원인 데이비드 보트스틴은 "모든 사람들의 ELSI 본능을 자극하는 경향을 지닌 무분별한 욕망의 투기"에 관해 언급했다.

- 일부 현장과학자들은 공공연하게 싫증을 토로했다. "우린 이러한 헤이스팅스 센터 식의 얘기들은 신물이 나게 들었다"고 한 사람(게놈 과학자)이 말했다.
- 워싱턴 대학의 게놈 연구소 소장을 맡고 있는 메이너드 올슨은 "프로그램이 시작된 지 3년이 다 되어 가는데 연방 프라이버시법에서 아무런 가시적 진전도 없는 까닭은 무엇입니까?" 하고 물었다.

많은 게놈 과학자들은 ELSI 프로그램과 실무그룹을 그들의 존중을 받을 만한 가치가 없는 '연성 과학' 프로젝트로 보는 듯했다. 일곱 명의 위원들 중 다섯 명이 생물학이나 생의학에서 훈련받은 과학자였는데도 말이다. 나는 ELSI 일을 하면서 때때로 나 자신이 과학자라는 것을 망각하곤 했는데, 이제 나는 "공허한" 윤리학자로 간주되고 있었다.

1993년 말에 ELSI 실무그룹은 좀더 확장되었다. 소아유전학자이자 유전자 스크리닝과 연관된 문제들을 경고하는 책 『조심스러운 전진』 *Proceed with Caution*의 저자인 존스홉킨스 의대의 닐 (토니) 홀츠먼과 스탠퍼드 대학 게놈프로젝트의 일원인 데이비드 콕스가 그룹에 합류했다. 우리는 또 사회학자 도로시 넬킨과 트로이 더스터, 법학자인 로리 앤드류스도 그룹에 초빙했는데, 이들은 모두 유전학에서의 윤리적·사회적 문제들에 관한 글을 써온 이들이었다. 척추파열증*을 갖고 태어난 장애인들의 강력한 대변인인 마사 색스턴과 콜로라도에서 생물학 교과과정 연

---

* spina bifida. 척추발생상의 결함으로 척추의 융합이 안 된 신경관 형성의 선천적 기형을 말한다. 이 때문에 척추의 뒤쪽은 텅 빈 공간으로 남게 되고, 그 안에 존재하는 척수는 보호물 없이 외부에 노출된 상태가 된다.

구센터를 이끌면서 게놈에 관한 고등학교 교과서를 발간한 조 매키너니가 새롭게 활기가 넘치는 그룹에 마지막 빈 부분을 채웠다. 1989년에 실무그룹을 시작했던 초기 위원들은 이후 2년에 걸쳐 임기를 마치고 물러날 예정이었다.

1993년에는 짐 왓슨도 인간게놈프로젝트의 책임자 자리를 사임했고 인간게놈 지도 작성에서 손꼽히는 연구자인 프랜시스 콜린스가 그 자리를 대신했다. 콜린스의 연구그룹은 낭포성 섬유증 유전자와 유방암의 일부 증례를 일으키는 유전자(BRCA1)의 위치를 알아내는 데 일익을 담당했다. 콜린스는 이내 자신이 ELSI 사업에서 좀더 적극적인 역할을 할 계획임을 보여 주었다. 그는 우리 회의에 많이 참석했고 윤리적 쟁점들에 대한 토론에 참여했다.

ELSI가 변화를 겪은 지 얼마 안 되어 우생학 시기를 연상케 하는 새로운 유전학의 주장을 둘러싸고 큰 대중적인 논쟁이 터져나왔다. 심리학자 리처드 헌스틴과 정치학자 찰스 머레이가 지은 『벨 커브』*The Bell Curve* (1994)라는 책이 논쟁의 중심이었다. 이 책에서 그들은 미국에서 지능이 낮고 반사회적 특성을 지닌 사람들이 더 훌륭한 유전자를 지닌 사람들보다 더 높은 출산율을 보인다고 주장했다. 그들은 이러한 이른바 "역도태의"dysgenic 경향이 범죄나 실업 같은 사회 문제들의 근본 원인이라는 주장을 폈다. 이 문제를 바로잡기 위해 저자들은 복지와 치료교육remedial education 프로그램을 중단시키고 상류층 여성들에게는 새로운 사회 프로그램을 통해 더 많은 아이들을 낳도록 장려할 것을 제안했다. 이 책은 즉각 언론의 광범한 주목을 받았다.

ELSI 실무그룹은 게놈 공동체가 두 가지 이유에서 『벨 커브』에 맞대응해야 한다고 생각했다. 첫째로 우리는 책의 저자들이 유전학의 개념들을 오용했고 매우 의심스러운 유전학적 증거들로 자신들의 주장을 뒷받침하고 있다고 믿었다. 이와 동시에 둘째로, 우리는 헌스틴과 머레이가 제시한 유전학에 대한 결정론적 관점이 인간게놈프로젝트에 관여해 온 과학자들의 대중적 언술에 의해 강화되어 왔다고 생각했다. 프로젝트를 이끄는 주요 인물들은 인간게놈프로젝트에 대한 대중의 지지를 유지시키기 위해서인지 유전학이 지닌 힘에 대해 거창한 주장들을 계속 해왔다. 짐 왓슨은 『타임』과의 인터뷰에서 말하기를, "우리는 예전에 우리의 운명이 별에 있다고 생각하곤 했습니다. 이제 우리는 대체로 볼 때 우리의 운명은 유전자에 있음을 알게 되었습니다." 하버드 대학의 생물학자 월터 길버트는 인간게놈의 염기서열이 "인간에 대한 궁극적 설명"을 제공해 줄 거라고 주장했다. 에너지부의 과학자 찰스 델리시는 인간게놈을 "생명의 청사진"이라고 불렀고, 유전학자 로버트 신사이머는 염기서열이 "인간을 정의한다"고 주장했다.

우리는 게놈 과학자들이 이런 대중적 언술을 통해, 유전자결정론적 주장이 과학의 승인을 얻은 것처럼 보이는 환경을 만들고 있는 것이 아닌가 우려했다. 우리는 인간게놈프로젝트가 헌스틴과 머레이의 잘못된 유전학적 설명에 반대해야 하며, 인간게놈프로젝트가 세상과 그 사회 질서에 관한 유전자결정론적 관점으로부터 분명하게 거리를 두어야 한다고 강하게 느꼈다. ELSI 실무그룹은 『벨 커브』에 대한 답변을 작성했고 이를 재빨리 발표하기 위한 조치를 취했다.

같은 기간 동안 우리는 인간게놈 연구의 결과로 나타나는, 주목을 요하는 다른 문제들을 예측하기 위한 노력을 계속했다. 『벨 커브』는 인간 행동에 관한 유전자를 발견했다는 보고들이 쏟아져 나오던 시점에 출간되었다. 일급 과학 저널들은 조울증, 정신분열증, 동성애, 위험 감수, 행복감, 자폐증, 독서장애 등과 연관된 유전자 지도 작성을 설명한 연구들을 출간했다. 이러한 논문들 중 상당수가 이후 이의제기를 받거나 철회되었음에도 불구하고, 언론은 광범위하게, 대체로 무비판적으로 보도했다. 인간의 행동유전학 연구와 그것이 야기하는 사회적 결과는 우리가 애초에 상정했던 ELSI의 관심 영역에서 핵심을 이루었다. 유전학에서 도출된 수많은 불행한 사회적 결과들——우생학 시기까지 거슬러 올라가는——은 행동유전학 연구와 긴밀하게 연결되어 왔다. 만약 인간게놈프로젝트가 그 자체로 인해 빚어질 수 있는 결과를 예측하는 과제를 심각하게 받아들인다면 이 주제는 분명 고려해야 할 문제 목록에서 우선 순위가 높아야 했다. 우리는 행동유전학 연구의 함의에 대한 조사를 시작하기 위해 연구비를 요청했다.

이러한 일련의 사건들, 즉 프랜시스 콜린스가 프로젝트 책임자로 부임한 것, 『벨 커브』에 대한 우리의 입장 발표, 인간 행동유전학의 사회적 영향 분석을 위한 연구비 요청 등은 ELSI 실무그룹에 있어 결정적인 전환점으로 판명되었다. 콜린스는 대다수의 과학자들에 비해 인간게놈프로젝트의 사회적 영향에 관해 더 심각한 우려를 품고 있었다. 그러나 ELSI 실무그룹이 쟁점들의 우선순위를 정하게 하는 대신, 그는 자신이 가장 중요하다고 느끼는 프라이버시 문제에 노력을 쏟아부을 것을 고집했다. 콜린스는 유전자 검사 결과가 사람들에게 미치는 심리적 충격을 분석하는 것 같은 ELSI 프로젝트들이 "너무 말랑말랑하다"고 생각했다. 그가 ELSI 쟁점들에서 방향 제시의 역할을 자임하고 나선 것은 ELSI 프로그램에 대한 게놈 과학자들의 불만을 반영한 것으로 보였다. 이제 "연성 과학"이나 "무분별한 욕망의 투기", "자칭 윤리학자들의 공허한 선언"은 끝이었다.

ELSI 실무그룹과 인간게놈프로젝트의 과학위원회의 관계는 급격하게 악화되었다. 콜린스 휘하의 직원들은 『벨 커브』에 대한 우리의 입장 발표를 지나칠 정도로 오래 지연시켰다. 이 문서는 결국 헌스틴-머레이의 책이 나오고 2년이 지난 후인 1996년에 『미국인간유전학저널』에 실렸다. 인간 행동유전학에 관한 우리의 연구에 주어졌던 연구비는 회수되었다. 콜린스와 직원들의 행동은 ELSI가 누리던 의사擬似독립성을 침식했다. 과학 프로젝트에 통합된 ELSI가 가질 수 있는 장점들은 손상되었다. 이제 고양이가 생선가게를 지킬 것인가? ELSI 실무그룹과 인간게놈프로젝트의 과학위원회 간의 적대감이 커지고 있을 바로 그 무렵에, 낸시 웩슬러와 나를 포함한 이 그룹의 창립 멤버들이 임기를 마치고 물러났다. 로리 앤드류스가 낸시로부터 의장직을 승계했다. 실무그룹의 역할은 회의의 수가 1년에 한 차례로 축소되어 효과적인 기능 수행의 가능성이 사라지면서 더욱 감소했다. 독립성이 상실되는 사태를 맞자 로리 앤드류스는 1996년에 의장직을 사임했다. 콜린스는 실무그룹을 해체하고 자신이 선택한 사람들로 위원회를 다시 구성했다.

내가 ELSI 실무그룹 위원으로서 임기를 시작했을 때는 크게 희망에 부풀어 있었다. 처음 몇 년 동안 얼마 안 되는 직원과 1년에 불과 몇 차례의 회의만 갖고도 우리는 많은 성과를 거뒀다. 그런데 왜 게놈 과학자들로부터 이러한 적대감에 부딪치게 된 것일까? 분명 과학자들은 자신들의 프로젝트에 감시견이 따라붙는 상황에 익숙지 않았다. 설사 (적어도 우리가 보는 한에서는) 감시견이 주인을 위협하지 않는다고 하더라도 말이다. 게놈 과학자들의 반응은 과학자 공동체와 인문학 및 사회과학 전공자들 사이의 해묵은 간극이 표출된 또 하나의 사례에 불과할지도 모른다. 경성 과학자들에게는 "연성 과학"을 존중하는 마음이 결핍되어 있었고, 이는 우리 프로젝트의 출범 초기부터 불신을 가져온 요인이 되었다. 짐 왓슨은 자신이 ELSI를 만든 장본인이면서도 실무그룹에서 많은 활동이 있기를 기대하거나 희망하지 않았다. 로리 앤드류스는 자신이 쓴 책 『복제 시대』The Cloning Age에서 유전학 정책회의에 참석한 왓슨이 이렇게 말한 사실을 기록하고 있다. "나는 말만 끝없이 하고 일은 아무것도 하지 않는 그런 실무그룹을 원합니다. 만약 무슨 일인가를 한다면 그걸 잘못하길 바랍니다. 실무그룹의 의장으로는 셜리 템플 블랙*을 임명했으면 합니다."

　게놈 과학자들이 ELSI의 진척 속도에 조바심을 냈을 수도 있다. 사회정책을 만드는 복잡한 과정이 과학 연구의 성과와 동일한 효율성으로 달성될 수 있기를 기대해서다. "프로그램이 시작된 지 3년이 다 되어 가는데 연방 프라이버시법에서 아무런 가시적 진전도 없는 까닭은 무엇입니까?" 과학자들은 '할 수 있다'는 태도를 취한다. 우리는 기술적 문제들을 매우 빠른 속도로 해결하는 데 익숙해 있다. 우리는 실험실에서 실험을 꾸밀 때 그것이 얼마나 걸릴지를 제법 정확하게 예상할 수 있다. 실험을 끝내고 결론을 작성해 저널에 발표하는 논문이 1년에 세 편, 다섯 편, 혹

---

* Shirley Temple Black(1928~). 미국의 여배우로, 대공황이 절정에 달했던 1930년대에 흥행에 성공한 여러 편의 영화들에 아역배우로 출연해 최고의 스타 중 한 사람으로 자리매김했다. 1960년대 말부터는 외교관으로 변신해 성공적인 경력을 쌓기도 했다.

은 열 편도 될 수 있다. 프라이버시 지침과 법령을 개발하는 것 같은 "간단한" 문제가 여러 해에 걸친 연구와 숙고를 필요로 하며 법률·철학·경제·윤리 및 그 외 주제들의 전문가를 요구한다는 생각은 과학자들의 사고방식에 부합하지 않는다.

게놈 과학자들은 ELSI 활동이 자신들의 과학에 간섭할 거라는 생각을 했는지도 모른다. 인간 행동유전학과 그것이 미치는 영향에 대한 우리의 분석이 연구 그 자체에 대한 공격으로 비쳤을 수 있다. 나는 과학에서의 활동가로 살아오는 동안 이런 식의 반응을 여러 차례 접해 왔다. XYY논쟁 기간 동안 내 동료들의 반응에서부터 사회생물학 논쟁에서의 과학 대 반과학이라는 그릇된 이분법에 이르기까지, 어떤 비판의 목소리도 놀라울 정도의 불안을 자아내었다. 과학자들과 언론은 비판의 목소리를 17세기 가톨릭 교회가 갈릴레오를 공격했던 것에 비유하는 행태를 되풀이했다. ELSI 실무그룹에 있던 그 어떤 사람도 과학에 반대한 입장을 취하지 않았고, 연구를 금지하자는 논의는 한 번도 이뤄진 적이 없었는데도 말이다.

우리 실무그룹은 그 간극을 메우려 노력하는 데서 좀더 적극적일 수도 있었다. 우리는 자금줄을 쥐고 있는 사람들과 긴밀한 접촉을 유지하지 않았다. 그러나 지금 와서 돌이켜보면, 그 간극은 너무나 넓어서 우리 모임이 그것을 메울 수 있었을 것으로 보이지는 않는다.

의사소통의 실패에 대한 책임을 유전학자들에게만 떠넘길 수는 없다. 문제는 갈라선 양쪽 모두에 있었다. 윤리적·사회적 쟁점들에 관해 쓰고 발언하는 사람들 일부는 종종 과학에 대한 이해에 있어 길을 잃었다. 나는 윤리학자들이 특정한 유전학의 발전을 잘못 전달하거나 오해한 위에서 그것이 갖는 함의에 관해 강연할 때면 몸이 움츠러들곤 했다. 그러면 유전학자들은 윤리학자들의 제한된 과학 지식을 이유로 들어 다른 세계로부터 온 논평을 손쉽게 무시할 수 있게 된다. 그러나 잘못 수행된 사회적·윤리적 분석이 많은 것만큼이나 잘못 수행된 과학도 많다. ELSI 쪽에서 나온 겉만 번드르르한 분석이나 과학자들이 보이는 경멸적인 태도와 반응, 그 어느 쪽도 별로 도움이 못된다. 우리는 서로를 필요로 한다. ELSI의 문제들에 대처하기 위해서는 이 두 세계간의, 또 대중과의 상호작용과 협력이 반드시 있어야만 한다.

ELSI의 경험에서 결국 실망을 맛본 후, 나는 C. P. 스노의 『두 문화』를 다시 읽었다. 과학자와 다른 분야 사람들간의 의사소통 결핍에 대한 통찰을 얻고 싶었기 때문이다. 스노는 유명한 '리드 강연'에서, 문화적 너비를 확장하지 못하는 과학자들의 문제와 인문학에 몸담고 있는 이들의 과학 지식 결핍을 모두 지적하면서 공평하게 말문을 연다. 그는 이렇게 불만을 토로한다. "나는 두 개의 그룹 사이에서 왔다갔다 하고 있다는 느낌을 받았다. 이들은 서로 의사소통이 거의 단절되었으며, 지적·도덕적·심리적 환경에서 너무나 공통점이 없는 나머지, 사우스 켄징턴에 있는 벌링턴 하우스에서 첼시로 가느니 차라리 바다를 건너가는 편을 택할 거라고 말이다."* 그러나 그는 재빨리 방침을 바꾸어 인문학에 몸담고 있는 이들에게 점점 더 많은 비난을 가한다. 사학자 그레이엄 버넷의 말을 빌면,

---

* 벌링턴 하우스(Burlington House)는 런던 피카딜리 광장에 있는 유서 깊은 건물로 린네학회, 왕립천문학회, 왕립화학회 등 여러 개의 과학 관련 학회들이 입주해 있고, 첼시(Chelsea)는 템스 강 북쪽에 있는 런던 서남부의 자치구로, 과거 화가·문인들이 많이 살던 곳으로 유명한 곳이다.

"그는 인문 문화 쪽에서 책임을 훨씬 무겁게 느껴야 한다는 자신의 관점에 한 점의 의심도 품지 않았다." 심지어 스노는 "바로 과학 그 자체의 기질 속에 도덕적 요소가" 내재해 있다는 주장을 펴기까지 한다.

　　과학의 도덕적 권위를 내세우는 이런 식의 주장에는 지긋지긋한 느낌이 들었다. 난 자크 모노의 책 『우연과 필연』*Chance and Necessity*에서도 똑같은 태도가 드러났던 것을 기억해 냈다. 모노는 과학에 "객관성의 윤리"가 내재해 있으며, 이런 윤리는 종교와 철학이 사회의 근간으로서 누리던 지위를 대신하는 새로운 신념체계의 기반을 제공한다고 주장했다. 나는 이러한 과학주의적 언술이 나의 과학적 우상 중 한 사람으로부터 나온 것을 보고 깜짝 놀란 적이 있었다. 모노 자신의 과학 연구에는 직관, 비약, 이론의 "아름다움"을 이론 수용의 정당화 근거로 드는 등 수많은 비객관적 요소들이 스며들어 있었다. 그 자신의 과학적 방법이 그러할진대, 그가 어떻게 과학의 순수한 객관성에 대해 그토록 강한 주장을 할 수 있단 말인가? 영국 철학자 데이비드 밀러가 명백한 아이러니를 섞어 표현했듯이, "과학자들이 이성 앞에서 과학적 합리성을 칭송하는 일을 그만할 수(만) 있다면."

　　나는 스노의 분석을 받아들일 수 없었다. 1950년대에 대학에 다닐 때 스노가 묘사한 것처럼 과학자들을 향해 잘난 척하는 인문 문화의 태도를 경험한 적이 있긴 했지만, 과학자 공동체의 편협함과 속좁음도 그에 못지않게 겪었기 때문이다. 오늘날 과학의 지위가 높아지면서 지도적 과학자들도 자신들이 넉넉한 자금 지원을 받고 사회적 영예를 누리는 데서 일종의 승리주의를 종종 표시하곤 한다. 이제 형세가 역전되었다. 과학자들이 잘난 척하는 태도를 취할 차례가 된 것이다.

나는 ELSI 프로그램이 밟아 온 서글픈 경로가 이러한 두 세계간의 오랜 투쟁의 역사의 일부라는 사실을 깨달았다. 라이오닐 트릴링은 1959년 스노가 촉발시킨 "두 문화" 논쟁과 19세기에 토머스 헉슬리와 매튜 아널드 사이에 벌어졌던 논쟁간의 놀라운 유사성을 언급했다. 헉슬리-아널드 논쟁에서 한쪽은 과학의 지위 향상을 주장한 반면, 다른 한쪽은 과학기술의 사회적으로 파괴적인 측면을 비난했다. 물리학자 노먼 레빗과 생물학자 폴 그로스가 최근 촉발시킨 "과학전쟁" 논쟁은 그들이 "과학의 문화학"이라고 부른 영역에서 활동하는 학자들과 자연과학자들을 싸움붙였다. 그로스와 레빗의 책 『고등 미신』*Higher Superstition* (1994)은 "문화적" 분석의 공격이 과학의 방법론을 다른 분야의 그것과 동류로 취급함으로써 과학의 이미지를 실추시켰다고 주장했다. 그들은 과학에 미친 피해에 대해, 일반대중 사이에 반과학적 경향이 강화될 가능성에 대해, 과학에 대한 자금 지원의 축소에 대해 우려를 표했다. 심지어 과학에 지원되는 자금이 극적으로 증가하던 시기에도 과학자들은 비판이나 순수한 분석을 "과학의 진보"에 대한 위협으로 간주하곤 했다. 문화 연구에 몸담은 이들 가운데 손쉬운 공격 목표──과학을 잘못 이해한 윤리학자나 사회학자──가 있었으므로, 두 과학자는 "문화" 진영에 있는 사람들의 저술 중에서 겁주는 얘기를 손쉽게 찾아내었고, 그럼으로써 이 분야 전체를 매도하는 결과를 빚었다.

그로스와 레빗은 과학자가 아닌 사람이 과학의 세계를 분석하는 것은 거의 아무런 가치도 없다고 보았다. 그들은 심지어 비과학 학과들의 교수 종신재직권tenure 심사에서 후보자의 연구가 과학을 다루는 경우에는 과학자들이 결정 과정에서 역할을 해야 한다고 제안하기까지 했다.

그들은 비과학자들이 과학 분야의 종신재직권 심사에 참여할 권리를 갖는다는 상보적인 제안은 거부했다. 나는 이 둘 모두가 고려되지 말아야할 이유는 없다고 생각한다. 그들은 대학의 인문학 관련 학과가 해체될 경우, 폭넓은 지식을 갖춘 과학자들이 손쉽게 그 학과의 빈 자리를 메워 넣을 수 있을 거라고 제안하기도 했다.

"과학전쟁"은 일련의 책들을 둘러싼 논쟁, 일류 대학에서의 교수 임용에 관한 논쟁으로 계속 이어졌고, 급기야 악명을 떨친 대사건이 터졌다. 『고등 미신』을 읽고 고무된 물리학자 앨런 소칼이 '문화' 진영에 대해 잘 꾸며진 장난을 친 것이다. 소칼은 과학적 객관성을 공격하는 가짜 논문을 작성했다. 이 과정에서 그는 특정한 포스트모던 분석의 노선을 따르면서 자신의 논제를 뒷받침하기 위해 양자물리학의 언어를 동원했다. 그는 의도적으로 말도 안 되는 주장을 지어 내어 양자 이론의 복잡한 '담론' 속에 감춰 놓은 후 이 논문을 '문화 연구' 분야의 일급 저널에 투고했다. 저널 『소셜 텍스트』*Social Text*는 이 논문에 아무런 수정도 가하지 않고 출간했다. 그러자 소칼은 날조를 공개적으로 폭로했고 이는 과학의 문화 연구라는 분야 전체의 공허함을 드러낸 증거라고 선언했다.

이러한 논쟁들은 오랜 "두 문화" 갈등에서 나타난 진짜 쟁점들을 부각시키고 있다. 논쟁의 한편에는 토머스 헉슬리, C. P. 스노, 자크 모노, 폴 그로스와 노먼 레빗, 일부 게놈 과학자들의 부당한 승리주의가 있다. 그들은 과학을 인간적 약점을 넘어선 노력으로, 사회정책에 생명을 불어넣는 유일한 합리적 원천으로 찬양한다. 과학은 그 실용적 응용 외에도 사회에 제공해 줄 것이 많다. 회의주의적 태도, 새로운 주장에 대한 개방성, 증거를 통한 이론 검증, 심지어는 발견의 아름다움까지도 거기 포함된다. 그러나 과학이 모든 것을 알고 있는 것은 아니며, 삶의 지침을 위해 우리가 참고해야 하는 유일한 원천인 것도 아니다. 완벽한 객관성이라는 신화는 과학을 실행하고 이를 대중에게 제시하는 데 영향을 미치려는 일단의 개인적 내지 정치적 의도들을 종종 감추고 있다. 개인적·사회적·이데올로기적 편견, 순진한 열정, 완고하고 때로는 맹목적인 몰입, 금전적 이해관계 등과 같은 비객관적 요인들은 과학의 진보가 나타나고 실현되는 과정에서 종종 통제된 실험의 '규칙', 이론적 예측의 검증, 동료의 비판을 기꺼이 고려하는 태도만큼이나 중요한 역할을 한다.

논쟁의 다른 한편에는 과학을 바깥에서 연구하면서 과학 탐구의 주관적이고 문화적인 요소들을 서술하는 '문화 연구' 분야에 속한 사람들이 있다. 때때로 그들은 분석을 극단까지 몰고 간다. 그들이 제기하는 비판 중 일부는 과학이 인간의 노력 중 가장 신화적인 것에 비해서도 더 나은 타당성을 가질 권리가 없다는 이의를 제기하는 것으로 보인다.

우리가 과학 연구와 연관된 사회적 딜레마들을 해결하려면 이러한 두 '문화들'이 각자 서로의 시각에 열린 채로 공동 작업을 해야 한다는 것이 내 믿음이다. 내가 미 국립보건원의 ELSI 실무그룹 초창기에 했던 경험이나 보스턴의 〈유전자 스크리닝 연구그룹〉에서 했던 경험은 그런 노력이 성공을 거둘 수 있다는 낙관을 심어 주었다(두 문화의 간극을 메우려는 주목할 만한 한 가지 노력은 화학자 제이 라빙거와 사회학자 해리 콜린스가 편집해 최근 출간된 책 『하나의 문화: 과학에 관한 대화』*The One Culture: A Conversation about Science*에 실린 여러 논문들에서 찾아볼 수 있다).

사회학, 법학, 윤리학, 자연과학에 속한 학생, 연구자, 교사들은 여러 해 동안 〈유전자 스크리닝 연구그룹〉에서 협동 작업을 했다. 우리는 유전학이 미치는 사회적 영향과 관련된 논문들을 읽고 토론했으며, 과학, 사회학, 철학 저널에 실린 논문을 모니터하는 데서 그치지 않고 대중매체가 유전학을 설명하는 방식을 분석하기도 했다. 우리는 학술회의를 조직했고, 다른 포럼들에 참석해 발언했으며, 유전정보 이용가능성의 증가로 인해 야기된 문제들에 대응하기 위한 공공정책을 추진했다. 우리는 유전학과 연관된 사회 문제들을 탐구하고 가능한 해법을 고안하는 상이한 접근법들을 이해하는 법을 서로에게서 배웠다. 우리는 각자의 다른 관점에서 서로의 논문을 비평했고 이는 우리 모두의 사고를 한없이 풍부하게 만들어 주었다. 우리 그룹 중에서 유전학에 정통하지 못한 사람들은 유전학의 실제를 환상과 구분하는 법과 유전학 연구 그 자체의 유효성을 평가하는 법을 배웠다. 우리 중 과학자들은 과학의 사회적 맥락에 관한 새로운 시각——그러한 맥락이 과학에 어떻게 영향을 미치며 과학이 어떻게 실제 사람들에게 영향을 미치는지——을 얻었다.

'두 문화'의 만남은 쉽지 않은 일이다. 내가 활동했던 여러 그룹들은 모두 의사소통에서 나름의 어려움을 겪었다. 그럼에도 불구하고 오늘날 과학은 우리 삶의 너무나 큰 일부분을 차지하게 되어 과학자들에게만 사고를 맡겨둘 수는 없게 되었다.

13장 과학자와 메추라기 농부

나는 과학자에서 정치적 활동가로, 활동가에서 메추라기 농부로, 다시 성공한 마을 시장으로 변모한 프랑수아 윌리엄스를 방문한 일에 대한 회상으로 이 책을 시작했다. 노르망디에 있는 그의 석조 농장 주택에서 우리는 1950년대 하버드에서 실험실 파트너로 있던 시절 이후 우리의 삶의 궤적을 더듬어 보았다. 우리는 과학에 가까워지고 멀어진 우리 두 사람의 행로에서 놀라울 정도의 유사성을 발견했다. 이런 토론은 내가 과거에 했던 선택을 통해 무엇을 이뤄냈는가 하는 질문을 스스로에게 던지게 만들었다. 우리 과학자들 중 일부는 과학 발전의 결과에 영향을 미치는 사회적·윤리적 관점을 과학에 불어넣을 수 있었다고 내가 프랑수아에게 말한 것은 옳았을까? 이 질문에는 분명한 답이 없다.

원자물리학자들은 1950년대와 1960년대의 정치활동을 통해 핵무기 정책에 영향을 미쳤을지 모른다. 그러나 그들이 미친 영향의 정도는 분명치 않다. 유전학으로 오면 상황은 더욱 불분명해진다. 1960년대 이후 생물학 연구자들——학생과 나이 든 과학자 모두——사이에서 사회운동에 대한 태도의 변화가 있었던 것은 분명하다. 1969년에 유전학자들은 유전자, 인종, 지능을 연결시킨 아서 젠슨의 널리 알려진 주장을 반박했고, 이는 젠슨의 논문이 미친 사회적 영향의 일부를 완화시키는 데 충분한 힘을 가졌던 것으로 보인다. 그럼에도 불구하고 이러한 유전학의 오용과 허위전달을 공개적으로 반박했던 유전학자들은 몇 명 되지 않았고, 1950년대와 1960년대에 운동에 나섰던 물리학자 그룹에 비하면 수가 적었다.

1970년대 중반에 몇몇 저명한 유전학자들은 과학이 미치는 영향을 고려할 필요가 있다고 생각하게 되었다. 그들은 DNA 재조합 연구를 신중하게 진행해야 한다고 주장했고 특정한 실험들에 대해서는 모라토리엄을 요청했다. 나는 이 그룹이 취한 조치들은 그 이전의 여러 해 동안 젊은 유전학자들이 참여했던 과학에서의 행동주의로 그 기원을 추적할 수 있다고 믿는다. 불행하게도 DNA 재조합 논쟁은 일반대중이 이 문제에 관여하게 되면서 과학자들 사이의 심한 다툼으로 상황이 악화되었다. 이후 모라토리엄을 요청했던 과학자들 중 일부는 그런 입장을 공개적으로 취하는 것이 과학 진보에 위협이 될 수 있다고 걱정하게 되었다.

DNA 재조합 기법의 발전이 과학에서의 사회적 책임에 관한 논쟁을 촉발시킨 것은 사실이었지만, 이 기술 그 자체는 행동주의의 쇠퇴에 일조했다. 신중한 연구를 요청한 1973년의 공개서한이 나오고 나서 불과 몇 년 후에 DNA를 조작할 수 있는 새로운 힘은 생명공학 산업의 시작에 불을 붙였다. 유전학자들은——그 중 많은 수는 과거 정치적 활동에 관여했던 이들이었다——생명공학 회사의 과학 자문역을 수락하거나 자신의 회사를 창업했다. 그들은 이윤추구 기업에 관여하면서 이전까지 그들이 거리를 둘 수 있었던 시스템 속으로 좀더 강하게 통합되었다. 그러한 모험사업에 요구되는 부가적인 여행과 컨설팅이 그들 자신의 실험실 업무와 합쳐지면서 다른 활동을 위한 시간은 거의 남지 않게 되었다.

그럼에도 불구하고 유전학 공동체는 유전학의 윤리적·사회적 함의를 더 이상 무시할 수 없게 된 것처럼 보였다. 1989년에 짐 왓슨이 인간게놈프로젝트를 발족시키고 프로젝트의 윤리적·법적·사회적 함의를 다루는 실무그룹을 설립했던 초기만 해도 ELSI를 둘러싼 논쟁은 상대적으로 별로 없었다. 이러한 모험이 진정한 우려의 표현이었건, 아니면 자신의 등 뒤를 지키려는 과학자들의 정당화 수단에 불과했건 간에, 유명세를 타는 과학 프로젝트에 윤리적 요소를 통합시킨 것이 태도 변화의 상징이었음은 부인할 수 없는 사실이다. 그러나 긴장은 남아 있다. ELSI 실무그룹과 게놈 과학자들간의 힘든 상호작용은 윤리를 과학에 응용하는 데 있어서의 진전을 방해하는 근본적 갈등을 보여 주고 있다.

또한 유전학 공동체는 우생학 운동의 잊혀진 역사와 대면해 왔다. 이제 이 역사는 오늘날 유전학이 갖는 함의를 논의할 때 지속적으로 제기되고 있다. 현재는 분자생물학과 암연구 센터가 되었지만 한때 우생학기록보관소Eugenics Records Office가 위치해 있었던 롱아일랜드의 콜드스프링하버 연구소는 최근 문서고를 공개했다. 이 연구소의 웹사이트는 우생학 운동에 관한 귀중하고 상세한 설명을 제공하며 원본 문서들을 보여 준다. 우생학 시기를 전문 연구하는 과학사학자들이 컨설턴트로 활동하고 있으며 웹사이트에 논평을 제공하고 있다.

나는 또 과학에서의 사회적 책임에 대한 탐구에서 학생들의 관심이 증가하는 것을 봐 왔다. 1987년에 하버드 의대에 있는 생물학 프로그램의 대학원생 두 명이 내게 도움을 요청해 왔다. 그들은 자신들이 배우는 교과과정이 과학이 미치는 사회적 영향을 다루지 않는 데 불만을 가졌고, 내가 그들과 함께 이 주제에 관한 강의를 조직해 주었으면 했다. 우리는 힘을 합쳐 "생물학에서의 사회적 쟁점들"이라는 제목의 강의 요목을 개발했다. 이 강의는 과학철학과 과학사에 대한 배경 설명에서 시작해 유전자 스크리닝, 과학에서 여성의 지위, 인종과 유전학에 관한 쟁점들, 언론의 과학 보도와 같은 요즘의 관심사들을 다루었다. 나는 강의에 충분한 학생들을 끌어들일 수 없을 거라는 걱정이 들었다. 많은 교수들이 자기 학생들은 오로지 과학에만 매진해야 한다는 태도를 공공연히 취하는 환경을 감안한다면 더욱 그랬다. 그러나 학생들은 그러한 강의에 대한 관심이 존재한다며 나를 설득했다. 그들의 말은 옳았다. 우리는 충분한 학생들을 모을 수 있었고 그 수는 해가 갈수록 점점 더 많아졌다. 로베르토 콜터라는 젊은 교수는 나와 함께 강의에서 주도적인 역할을 하겠다는 열의를 보였고 그 후부터 우리는 공동으로 강의를 진행하고 있다. 콜터는 과테말라에서 태어나 교육을 받았는데, 그곳에서는 정치가 삶의 모든 측면들에 스며들어 있다.

1997년에 하버드 의대의 박사과정 프로그램 이사회는 우리가 가르치는 "생물학에서의 사회적 쟁점들"을 대학원생들의 비판적 독서에 중요한 강의로 지정했다. 지난 몇 년 동안 수강생의 수는 극적으로 증가했고 대학원생과 학부생 모두가 참여하는 강의가 되었다. 내가 이 책을 쓰고 있는 2001년에는 이 수업을 듣고 과학과 사회의 쟁점들을 좀더 탐구하려는 열정을 갖게 된 일부 학생들이 이 주제에 관한 일련의 정기 학술회의를 발족시키는 데 자문 역할을 해달라고 내게 요청해 오기도 했다.

막 대학을 졸업해 전문화를 이제 시작하는 단계에 있는 학생들이 세상에 대해 좀더 폭넓은 관점을 갖고 있는 것은 그리 놀라운 일이 아니다. 그러나 나는 유전학자들의 폭넓은 공동체에서도 다른 변화의 신호들을 감지해 왔다. 지금의 환경에서는 과학이 미치는 사회적·윤리적 영향에 대한 우려가 적어도 금기시되는 주제는 아니다. 때로는 과학자가 그런 우려를 갖는 것이 칭찬을 받을 만한 일로 인식되기도 한다. 나는 1993년에 미국유전학회의 메달을 받았는데, 저널 『유전학』*Genetics*에 실린 수상자 발표에서는 내게 상이 주어진 이유를 "기초생물학에서의 발견, …… 유전학의 기술을 교육하는 데 대한 헌신, 그리고…… 과학이 일반의 복지에 미치는 영향에 대한 관심"이라고 쓰고 있었다. 그러한 공개 선언은 과학자들의 사회적 행동주의를 인정하고 있다. 이전 같았으면 이런 과학자들은 연구 경력을 "등한시한다"는 이유로 경멸을 받았을 것이다.

프랑수아가 던진 중심 질문——과학에서의 사회적 쟁점을 적극적으로 제기해 온 과학자들이 사회적 피해를 예방하는 데 성공을 거둔 적이 있는가?——은 확실하게 답하기 어렵다. 나는 만족할 만한 이유와 실망할 만한 이유를 모두 볼 수 있었다. 프랑수아의 선택에 대해서는 부러움을 느낀다. 그는 칠레에서 사회 변화가 억압되는 것을 보고 실망했지만, 노르망디의 마을에서는 가시적인 진전을 이뤄 내는 만족감을 맛보았다. 새로운 주택, 휴양 시설, 소규모 산업, 그리고 진취적 정신 등은 그곳의 사람들의 삶을 더 낫게 만들었다. 과학계 내에서 분위기를 바꾸려 애써 온 우리들 같은 경우에는 구체적으로 무엇을 이뤄 냈는지를 쉽게 판단내리기 어렵다. 아마도 가장 중요한 것은 옳은 일을 했다는 데 있는지 모른다. 그것이 성공했건 그렇지 못했건 간에 말이다. 나는 과학에 남기로 했던 내 선택에 만족한다. 내가 에너지의 일부를 내가 속한 분야 내에서 사회적·정치적 행동주의에 쏟지 않았다면 과학을 계속할 수 있었을지 확신이 서지 않는다.

과학 연구자로서의 내 경력에 관해, 나는 독자들이 이 책을 덮으면서 내가 결코 헌신적인 과학자가 되지 못했다는 인상을 받지 않을까 걱정스럽다. 내가 과연 과학에 남을 수 있을지 의심을 품었던 오랜 기간과 일부 과학 영역에서 내가 비판자로서 했던 역할은 내가 실상은 '반과학적' 인물이라는 인상을 주었을 수 있다. 1980년의 『스미소니언』 기사에서 그랬던 것처럼 말이다. 내가 느낀 불확실성의 감각은 내가 과학자가 되기로 완전히 결심을 굳힌 후에도 지속되었다. 나는 우연한 사건들——하버드의 로웰 헤이거와 얘기해 보라는 프랑수아 윌리엄스의 제안, 아트 파디와 함께 버클리에서 프린스턴으로 옮겼던 일, 내가 과학을 막 떠나려던 참에 내 연구가 런던에서 주목을 끌었던 것——이 없었다면 내가 다른 길을 걸었을지도 모른다는 사실을 잊은 적이 없었다.

심지어는 50대에 접어들어서도 나는 내 인생에서 어떤 지점, 가령 흔히 정년퇴임을 하는 연령인 65세에 이르면 다른 경력을 한번 시도해 볼 수도 있을 거라는 상상을 했다. 작가가 되는 건 어떨까? 나는 200편이 넘는 과학 논문 외에 과학의 사회적·윤리적 쟁점들에 관한 논문을 70편 넘게 발표했고 과학과 사회에 관한 강연을 해달라는 요청도 정기적으로 받았다. 바브라와 나는 여행기를 여러 편 공동으로 써서 발표하기도 했다. 내가 할 수 있는 일은 많았다. 갈등을 느낀 나는 책상 옆에 서로 대조되는 두 가지 전망을 적은 종이를 붙여 놓아 내가 할 수 있는 선택의 가능성을 상기시켰다.

그 중 하나는 리하르트 휠젠벡이었다. 그는 1916년 취리히에서 다다 운동의 창립 멤버로서 했던 역할로 가장 유명하지만, 나중에 뉴욕에서 정신분석 전문의가 되었다. 그는 자서전인 『다다 드러머의 회고록』 *Memoirs of a Dada Drummer*에서 30년이 지난 후에 자신의 혁명적 정신을 질식시키는 전문직을 떠난 이유를 설명했다. 1960년대 말에 그는 67세의 나이로 유럽으로 돌아갔다.

다시 한번 히피가, 다다이스트 히피가 되고 싶었다. 내 식대로 짧은 머리에 좋은 옷을 차려입었지만 그래도 히피는 히피다. 난잡하고 혼란스러우며 오작동을 일으키고 싶은 욕구는 미국의사협회와 동료들에 의해 계속 방해받고 있는데도 불구하고 도저히 어쩔 수 없었다.

다른 하나는 84세를 일기로 사망한 저명한 미국의 미생물학자 핼런드 우드 박사에 대한 조사弔辭였다.

생애의 마지막 몇 주 동안 그는 에너지를 끊임없이 갉아먹는 림프종과 싸우면서도 실험실과 계속 연락을 유지했다. 그 주에 계획된 실험의 세부사항을 체크하면서 말이다. 죽기 바로 전날에 그는 병원에서 좋은 소식을 들었다. 그가 수정 중이던 논문 원고 중 하나가 『생화학 저널』 *Journal of Biological Chemistry*에 게재가 결정되었다는 것이었다.

어느 쪽으로 가야 할까? 최후의 순간까지 과학을 계속할 것인가, 사회적 행동주의에 완전히 투신할 것인가, 아니면 과학과는 무관한 다른 열정을 추구할 것인가? 정말로 갈등이 있기는 한 것인가? 이에 대한 답변은 이상한 변화의 순간에 내 의식의 표면으로 떠올랐다. 이렇게 서로 으르렁거리는 경향들을 화해시키는 데 도움을 준 순간이었다. 대략 15년 전쯤에 있었던 일이다. 나는 학과 도서실에서 최신 과학 저널을 읽다가 우아한 과학 논문을 발견했다. 특출한 논문은 아니었지만 아주 만족스러운 과학의 단편이었다. 그 논문을 다 읽었을 때 난 소리내어 혼잣말을 했다. "이 논문이 정말 맘에 드는군. 난 과학을 사랑해." 그 이전에는 결코 그런 생각을 입밖에 내본 적이 없었다. 그 순간 나는 매우 오랜 기간 동안 내가 과학을 사랑해 왔지만 그것을 완전히 깨닫지를 못했다는 사실을 알게 되었다. 나는 과학을 점점 더 사랑하게 되었다.

책의 앞부분에서 나는 1961년 버클리에서 아트 파디가 학생 중 한 사람에게 했던 일장연설을 소개한 바 있다. 그는 과학자를 상승하거나 추락하는 열기구에 비유했다. 난 과학으로의 몰입에 관한 이 은유적 훈계의 다음 수혜자가 내가 될 거라는 걱정을 하기 시작했다. 아트가 프린스턴으로 실험실을 옮긴 후에 나는 그 연설과 비슷한 것을 조금 다른 형태로 들었다. "이보게, 존." 하고 그는 말했다. "자네가 바깥에서 하는 활동들──라디오를 들으며 책을 읽거나 합창단에서 노래를 하거나 하는──중 일부를 버리지 않는다면 자네는 결코 노벨 상을 타지 못할 거야." 글쎄, 내가 노벨 상을 못 탔는지는 몰라도 기구는 위로 상승했다. 모래주머니와 그 밖의 것들을 죄다 싣고서 말이다. 내 모래주머니들은 심지어 도움이 되기까지 했다.

현재 내가 실험실 연구에서 느끼는 흥분은 과거 어느 때보다도 강하다. 나는 더 이상 갈등을 느끼지 않으며, 다른 삶을 더 이상 꿈꾸지도 않는다. 나는 과학을 하는 즐거움을 전달하고 과학의 방법을 문제들에 관해 사고하는 중요한 방식으로 설명하는 데 그 어느 때보다도 더 몰두하고 있다. 그러나 동시에 나는 과학자들과 대중이 과학의 한계나 사회가 과학 실행에 미치는 영향에 대해 더 잘 이해할 필요가 있음을 알고 있다. 자크 모노나 C. P. 스노 같은 일부 과학자들은 과학에 근본적인 '윤리적' 내지 '도덕적' 원칙들이 내재되어 있어 사회윤리의 근간을 제공한다고 주장한 바 있다. 나는 우리 과학자들이 하는 일을 사랑하며 이 점에서 과학이 뭔가 줄 것이 있다고 믿지만, 과학의 힘에 대해서는 덜 오만한 태도를 선호한다. 우리는 과학이 할 수 있는 일과 할 수 없는 일에 대해 좀더 겸손해야 하며, 과학의 객관성을 지나치게 강조하거나 과학을 사회 문제들에 대한 유일한 해결책으로 선언하는 일이 없도록 해야 한다. 우리는 나의 과학 영웅인 프랑수아 자코브의 현명하게 절제된 표현을 명심해야 한다. "과학은 모든 질문에 답할 수 없다. 그러나 과학이 어느 정도의 지침을 제공하고 특정한 가설을 제외시킬 수는 있다. 과학의 추구에 관여하는 것은 우리가 실수를 덜 하도록 도와줄 수 있다. 이것은 일종의 도박이다." 이 정도면 나를 만족시키기엔 충분하다.

참고문헌

1장 메추라기 농부와 과학자

Isenberg, S., *A hero of Our Own: The story of Varian Fry*, New York: Random House, 2001.

2장 과학자가 되다

Beckwith, J. R., "A deletion analysis of the lac operator region in E. coli.", *Journal of Molecular Biology*, 1964, 8: 427~430.

Beckwith, J. R., E. R. Signer, and W. Epstein, "Transposition of the lac region of E. coli.", *Cold Spring Harbor Symposium on Quantitative Biology*, 1966, 31: 393~401.

Judson, H. F., *The Eighth Day of Creation*, New York: Simon and Schuster, 1979.

Pardee, A. B., F. Jacob and J. Monod, "The genetic control and cytoplasmic expression of 'inducibility' in the synthesis of β-galactosidase by E. coli.", *Journal of Molecular Biology*, 1959, 1: 165~178.

Shapiro, J., L. MacHattie, L. Eron, G. Ihler, K. Ippen, and J. Beckwith, "The isolation of pure lac operon DNA", *Nature*, 1969, 224: 768~774.

Watson, J. D., *The Double Helix; A Personal Account of the Discovery of the Structure of DNA*, New York: Touchstone Books, 2001.

Weiner, C., "Social responsibility in genetic engineering: historical perspectives", ed. A. Nordgren, *Gene Therapy and Ethics*, Uppsala: Acta Universitatis Uppsaliensis, 1999, pp. 51~64.

3장 사회운동에 나서다

Beckwith, J., "The radical science movement in the United States", *Monthly Review*, 1986, 38(3): 118~128.

Krimsky, S., *Genetic Alchemy: The Social History of the Recombinant DNA Controversy*, Cambridge: MIT Press, 1982.

Lear, J., *Recombinant DNA: The Untold Story*, New York: Crown, 1978.

Moore, K., "Organizing integrity: American science and the creation of public interest organizations, 1955~1975", *American Journal of Sociology*, 1996, 101: 1592~1627.

Moore, K. and N. Hala, "Organizing identity: the creation of Science for the People.", eds. M. Ventresca and M. Lounsbury, *Social Structure and Organizations Revisited*, New York: Elsevier (in press), 2002.

Snow, C. P., *The Two Cultures and the Scientific Revolution*, New York: Cambridge University Press, 1959.

4장 천사는 어느 편인가?

Beckwith, J. R., "Gene expression in bacteria and some concerns about the misuse of science", *Bacteriological reviews*, 1970, 34: 222~227.

5장 삶의 타란텔라

Acton, H., *The Bourbons of Naples*, London: Prion, 1998.

6장 과학은 정치보다 뒷전인가?

Beckwith, J., "The radical science movement in the United States", *Monthly Review*, 1986, 38(3): 118~128.

Jacob, F., *Of Flies, Mice, and Men*, Cambridge: Harvard University Press, 1998.

7장 유전학의 어두운 역사, 우생학

Allen, G., "Genetics, eugenics and class struggle", Genetics, 1975, 79:29~45.

Baur, E., E. Fischer and F. Lenz, *Human Heredity*, New York: MacMillan, 1931.

Chase, A., *The Legacy of Malthus: The Social Costs of Scientific Racism*, New York: Knopf, 1997.

Kevles, D., *In the Name of Eugenics: Genetics and the Uses of Human Heredity*, Berkeley: University of California Press, 1985.

Kühl, S., *The Nazi Connection: Eugenics, American Racism, and German National Socialism*, New York: Oxford University Press, 1994.

Larson, E. J., *Sex, Race, and Science: Eugenics in the Deep South*, Baltimore: Johns Hopkins University Press, 1995.

Ludmerer, K., *Genetics and American Society*, Baltimore: Johns Hopkins University Press, 1972.

Müller-Hill, B., "Human genetics and the mass murder of Jews, Gypsies, and others.", eds. M. Berenbaum and A. J. Peck, *The Holocaust and History: The Known, the Unknown, and the Reexamined*, Bloomington: Indiana University Press, 1998, pp. 103~114.

_____Murderous *Science: Elimination by Scientific Selection of Jews, Gypsies, and Others in Germany, 1933~1945*, Cold Spring Harbor, N.Y.: Cold Spring Harbor Laboratory Press, 1998.

_____"The blood from Auschwitz and the silence of the scholars", *History of Philosophy and the Life Sciences*, 1999, 21: 331~365.

Waldinger, R., "The High Priests of Nature: Medicine in Germany, 1883~1933", B. A. thesis, Harvard University, 1973.

8장 범죄자 염색체의 신화

Beckwith, J. and J. King, "The XYY syndrome: a dangerous myth", *New Scientist*, 1974, 64: 474~476.

Borgaonkar, D. S. and S. A. Shah, "The XYY chromosome male-or syndrome", *Progress in Medical Genetics*, 1974, 10: 135~222.

Brunner, H. G., M. Nelen, X. O. Breakefield, H. H. Ropers and B. A. van Oost, "Abnormal behavior associated with a point mutation in the structural gene for monoamine oxidase A", *Science*, 1993, 262: 578~583.

Engel, E., "The making of an XYY", *American Journal of Mental Deficiency Research*, 1972, 77: 123~127.

Freedman, A. M., H. I. Kaplan and W. I. Sadock, *Modern Synopsis of Comprehensive Textbook of Psychiatry*, Baltimore: William and Wilkins, 1972.

Goddard, H. H., *The Kallikak Family: A Study of the Heredity of Feeble-mindedness*, New York: Macmillan, 1912.

Jacobs, P. A., "The William Allan Memorial Award Address: human population cytogenetics, the first twenty-five years", *American Journal of Human Genetics*, 1982, 34: 689~698.

Jacobs, P. A., M. Brunton, M. M. Melville, R. P. Brittain and W. F. McClemont, "Aggressive behavior, mental subnormality, and the XYY male", *Nature*, 1965, 208: 1351~1352.

Pyeritz, R., H. Schreier, C. Madansky, L. Miller, and J. Beckwith, "The XYY male: the making of a myth", ed. Ann Arbor Science for the people, *Biology as a Social Weapon*, Minnneapolis: Burgess, 1977, pp. 86~100.

Suzuki, D., P. Knudson, *Genethics: The Ethics of Engineering Life*, Toronto: Stoddart, 1988.

Witkin, H. A., S. A. Mednick, F. Schulsinger, E. Bakkestrom, K. O. Christiansen, D. R. Goodenough, K. Rubin and M. Stocking, "Criminality in XYY and XXY men", *Science*, 1976, 193: 547~555.

9장 그것은 당신의 DNA 안에 있는 악마다

Allen, E., B. Beckwith, J. Beckwith, S. Chorover, D. Culver, M. Duncan, S. Gould, R. Hubbard, H. Inouye, A. Leeds, R. Lewontin, C. Madansky, L. Miller, R. Pyeritz, M. Rosenthal and H. Schreier, "Against 'Sociobiology'", *New York Review of Books* 13, November 1975, pp. 182, 184~186.

Barash, D. P., *Sociobiology and Behavior*, New York: Elsevier, 1977.

Beckwith, B., "He-man, she-woman: Playboy and Cosmo groove on genes", *Columbia Journalism Review*, February 1984, p. 46~47.

Beckwith, J., "The political uses of sociobiology in the United States and Europe", *The Philosophical Forum*, 1981, 13: 311~321.

Caplan, A. L., *The Sociobiology Debate*, New York: Harper & Row, 1978.

Chagnon, N. A., *Yanomanö: The Fierce people*, New York: Holt, Rinehart, and Winston, 1968.

Education Development Center, *Exploring Human Nature*, Cambridge: EDC, 1973.

Freeman, D., *Margaret Mead and Samoa: The Making and Unmaking of an Anthropological Myth*, Cambridge: Harvard University Press, 1983.

Hrdy, S., *The Woman That Never Evolved*, Cambridge: Harvard University Press, 1981.

Kitcher, P., *Vaulting Ambition: Sociobiology and the Quest for Human Nature*, Cambridge: MIT Press, 1985.

Sociobiology Study Group, *Biology as Destiny: Scientific Fact or Social Bias?*, Cambridge: Science for the People, 1984.

Tierney, P., *Darkness in EL Dorado: How Historians and Journalists Devastated the Amazon*, New York: W. W. Norton, 2000.

Wilson, E. O., *Sociobiology: The New Synthesis*, Cambridge: Harvard University Press, 1975.

_____On *Human Nature*, Cambridge: Harvard University Press, 1978.

10장 이제 무섭진 않아요

Beckwith, B., "Quicksand? Don't sink, just 'dance' over it", *Smithsonian*, November 1999, p. 164.

Beckwith, J., "Villains and heroes in the culture of science", *American Scientist*, 1995, 83: 510~513.

Beckwith, J. and J. S. Alper, "Reconsidering genetic antidiscrimination legislation", *Journal of Law, Medicine, and Ethics*, 1998, 26: 205~210.

Billings, P. R., M. A. Kohn, M. deCuevas, J. Beckwith, J. S. Alper and M. R. Natowicz, "Discrimination as a consequence of genetic testing", *American Journal of Human Genetics*, 1992, 50: 476~482.

Cook-Deegan, R., *The Gene Wars: Science, Politics, and the Human Genome*, New York: Norton, 1994.

Geller, L. N., J. S. Alper, P. R. Billings, C. I. Barash, J. Beckwith and M. R. Natowicz, "Individual, family, and societal dimensions of genetic discrimination: a case study analysis", *Science and Engineering Ethics*, 1996, 2:71~88.

Hall, S. S., "James Watson and the search for biology's 'Holy Grail.'", *Smithsonian*, February 1990, pp. 41~49.

Müller-Hill, B., "Genetics after Auschwitz", *Holocaust and Genocide Studies*, 1987, 2:3~20.

Rosenfeld, A., "Sociobiology stirs controversy over limits of science", *Smithsonian*, September 1980, pp. 73~80.

Suzuki, D., *Metamorphosis: Stages in a Life*, Toronto:Stoddart, 1987.

Wexler, A., *Mapping Fate: A Memoir of Family, Risk, and Genetic Research*, Berkeley:University of California Press, 1987.

11장 과학에서의 스토리텔링

Bardwell, J. C. A., K. McGovern and J. Beckwith, "Identification of a protein required for disulfide bond formation in vivo", *Cell*, 1991, 67:581~589.

Derman, A. I. and J. Beckwith, "Escherichia coli alkaline phosphatase fails to acquire disulfide bonds when retained in the cytoplasm", *Journal of Bacteriology*, 1991, 173:7719~7722.

Edgar, R. S., "Conditional lethals", eds. J. Cairns, G. S. Stent and J, D. Watson, *Phage and the Origins of Molecular Biology*, Cold Spring Harbor, N.Y.:Cold Spring Harbor Laboratory of Quantitative Biology, 1966.

Emr, S., M. Schwartz and T. J. Silhavy, "Muntations altering the cellular location of the (phage) lambda receptor:an Escherichia coli outer membrane protein", *Proceedings of the National Academy of Sciences of U.S.A.*, 1978, 75:5802~5806.

Jacob, F., *The Statue Within*, New York:Basic Books, 1988.

Judson, H. F., *The Eighth Day of Creation*, New York:Simon and Schuster, 1979.

Kolata, G., "Selling growth drug for children: the legal and ethical questions", *New York Times* 15, August 1994, p. 1.

Michaelis, S., H. Inouye, D. Oliver and J. Beckwith, "Mutations that alter the signal sequence of alkaline phosphatase in Escherichia coli", *Journal of Bacteriology*, 1983, 154:366~374.

Oliverm, D. B. and J. Beckwith, "E. coli mutant pleiotropically defective in the export of secreted proteins", *Cell*, 1981, 25:2765~2772.

Tian, H. P., D. Boyd and J. Beckwith, "A mutant hunt for defects in membrane protein assembly yields mutations affecting the bacterial signal recognition particle and Sec machinery", *Proceedings of the National Academy of Science, U.S.A.*, 2000, 97:4730 ~4735.

Allen, A., B. Anderson, L. Andrews, J. Beckwith, J. Bowman, R. Cook-Deegan, D. Cox, T. Duster, R. Eisenberg, B. Fine, N. Holtzman, P. King, P. Kitcher, J. McInerney, V. McKusick, J. Mulvihill, J. Murray, R. Murray, T. Murray, D. Nelkin, R. Rapp, M. Saxton and N. Wexler, "The Bell Curve: statement by the NIH-DOE Joint Working Group on the Ethical, Legal, and Social Implications of Human Genome Research", *American Journal of Human Genetics*, 1966, 59: 487~488.

Andrews, L. B., *The Clone Age: Adventures in the New World of Reproductive Technology*, New York: Henry Holt, 1999.

Andrews, L. B., J. E. Fullarton, N. A. Holtzman and A. G. Motulsky, *Assessing Genetic Risks: Implications for Health and Social Policy*, Washington, D. C.: National Academy Press, 1994.

J. Alper, C. Ard, A. Asch, J. Beckwith, P. Conrad and L. N. Geller, eds., *The Double-Edged Helix: Social Implications of Genetics in a Diverse Society*, Baltimore: Johns Hopkins University Press, 2002.

Beckwith, J., "The responsibilities of scientists in the genetic and race controversies", eds. E. Smith and W. Sapp, *Plain Talk about the Human Genome Project*, Tuskegee: Tuskegee University Press, 1997, pp. 83~94.

Bowman, J. E. and R. F. Murray, *Genetic Variation and Disorders of Peoples of African Origin*, Baltimore: Johns Hopkins University Press, 1990.

Burnett, D. G., "A view from the bridge: the two cultures debate, its legacy, and the history of science", *Daedalus*, 1999, 128(2): 193~218.

Cook-Deegan, R., *The Gene Wars: Science, Politics, and the Human Genome*, New York: Norton, 1994.

Gross, P. R. and N. Levitt, *Higher Superstition, The Academic Left and Its Quarrels with Science*, Baltimore: Johns Hopkins University Press, 1994.

Hacking, I., *The Social Construction of What?*, Cambridge: Harvard University Press, 1999.

Herrnstein, R. J. and C. Murray, *The Bell Curve*, New York: Free Press, 1994.

Juengst, E., "Self-critical federal science? The ethics experiment within the U.S. Human Genome Project", *Social Philosophy and Policy*, 1996, 13: 66~95.

Labinger, J. A. and H. Collins, *The One Culture: A Conversation about Science*, Chicago: University of Chicago Press, 2001.

McKusick, V. A., *Mendelian Inheritance in Man: A Catalog of Human Genes and Genetic Disorders*, 12th ed., Baltimore: Johns Hopkins University Press, 1998.

Miller, D., "Being an absolute skeptic", *Science*, 1999, 284: 1625~1626.

Monod, J., *Chance and Necessity*, New York: Knopf, 1971.

NIH/DOE Working Group on Ethical, Legal, and Social Implications of Human Genome Research, "Genetic information and health insurance", *Human Gene Therapy*, 1993, 4:789~808.

Sokal, A., "Transgressing the boundaries: toward a transformative hermeneutics of quantum gravity", *Social Text*, 1996, 46/47: 217~252.

Snow, C. P., *The Two Cultures and the Scientific Revolution*, New York: Cambridge University Press, 1998.

Trilling, L., *The Moral Obligation to Be Intelligent*, New York: Farrar, Straus & Giroux, 2000.

13장 과학자와 메추라기 농부

Beckwith, B. and J. Beckwith, "Detectives of the desert: tracking Indian rock art is an art in itself", eds. S. O'Reilly and T. O'Reilly, *Travelers' Tales of the Southwest, San Francisco: Travelers' Tales*, 2001, pp. 181~190.

Cold Spring Harbor Laboratory, "Image archive on the American Eugenics Movement", Available at http://vector.cshl.org/eugenics.

Huelsenbeck, R., *Memoirs of a Dada Drummer*, Berkeley: University of California Press, 1991.

Jacob, F., *Of Flies, Mice, and Men*, Cambridge: Harvard University Press, 1998.

인명 찾아보기

용어 찾아보기

생명공학 회사 219, 253
생물학
　~결정론 197
　~적 진화 191
생화학 38, 53, 120
secA 244
『소셜 텍스트』(Social Text) 279
소수민족 입학 추천제 81
『스미소니언』 213~217, 231
시스테인(cystein) 242, 247
신생아 스크리닝 프로그램 166, 177~185
신호 서열(signal sequence) 237~243

[ㅇ]
아라비노스(arabinose) 126
IIGB(Instituto Internazionale di Genetica e
Biofisica) 104~107, 110, 112~114
RNA(리보핵산) 49, 124
　~중합효소 104
알칼리성 인산가수분해효소(alkaline
phosphatase) 236~237, 239, 241
알캅톤뇨증(alkaptonuria) 148
야노마모 인디언(Yanomamo) 206
억제자(repressor) 42~43, 233
　~ 모델 43, 49
「에일리언 3」 165~166, 171
XYY신드롬 165~188
　~과 대중매체 169~171, 187
　~과 부모들 178~180
　~과 사회 정책 175
연성 과학 192, 269, 273~274
열성 유전질환 265
우생법 143, 167
우생학 144, 150, 198

~과 계층 문제 148~149
~과 좌파 인사 149
~운동 142~164
~적 사회정책 156
『우연과 필연』(Chance and Necessity) 277
『운명으로서의 생물학』 206
『운명의 지도를 그리다』(Mapping Fate) 229
원자폭탄 72, 85, 144
『위대한 인종의 종말』(The Passing of the
Great Race) 145
유전자
　~검사 261~267
　~발현 49, 119
　~복제 247
　~분리 24~25, 61, 85, 87
　~스크리닝(genetic screening) 173,
　224~225, 230
　~융합(gene fusion) 125~126, 239, 244
　~정제(gene purification) 60~61
　~조작 61, 63, 254
　~조절 118, 233
　~차별 224~226
　표지~(genetic maker) 124, 173
〈유전자 스크리닝 연구그룹〉 223, 225, 281
유전학 121
　~교과서 146
　~의 사회적 영향 158
　~의 오용 159, 162, 271
『이기적 유전자』 209
이민억제법 153, 197
ELSI 실무그룹 216, 219, 221, 231, 258~276
　~에 대한 과학자들의 적대감 267
　~의 연구 프로그램 개발 261
인간게놈 220~221, 271